KB096762

청소년을 위한 통일인문학

소통·치유·통합의 통일 이야기

청소년을 위한
통일
인문학

건국대학교 통일인문학연구단 지음

HUMANITIES FOR UNIFICATION

통일 이야기를 시작하며

통일에 대한 무관심

최근 많은 이들이 젊은 세대의 통일에 대한 무관심을 지적합니다. 통일에 관련된 여러 설문조사에서 드러나듯, 통일의 필요성을 묻는 질문에 대한 젊은 세대의 응답률이 낮은 것은 사실입니다. 그러나 통일에 대한 무관심이 과연 젊은 세대만의 문제일까요? 젊은 세대의 응답률이 상대적으로 낮을 뿐, 모든 세대를 통틀어 응답률은 과거보다 현저하게 낮아졌습니다. 최근 들어 늘어나고 있는 '통일 회의론'은 이 점을 잘 보여주고 있습니다. 같은 민족이기 때문에 통일해야 한다는 것은 이제 더 이상 설득력이 없다는 주장도 있습니다. 또 통일이 되면 북한의 어려운 경제를 한국이 책임져야 하기 때문에 한국 주민의 삶의 질이 나빠진다는 우려도 있습니다. 나아가 통일은 평화를 위협하며, 통일보다는 평화 공존이 우선되어야 한다는 주장도 있습니다.

'통일 회의론'은 경제·민족·평화 등 다양한 측면에서 제기되지만, 그 바탕에는 공통점이 있습니다. 그것은 통일을 서로 다른 두 체제의 통합으로 이해하는 점입니다. 사실 그동안 남북을 막론하고 기존의 통일론은 정치경제 체제 중심이었습니다. 그래서 많은 이들은 통일을 이야기하면, 이질적인 두 체제가 통합된 하나의 국가를 떠올리는 데 익숙합니다. 대부분의 통일 관련 설문조사에서 전제된 통일 개념도 그러합니다. 하지만 70여 년 동안 적대를 되풀이한 남북 관계를 염두에 둘 때 다음과 같은 의문이 자연스럽게 생겨납니다. 이질적인 두 체제가 단번에 하나의 국가 체제로 통일된다는 것이 현실적으로 과연 가능한가? 또 가능하더라도 전쟁 등 엄청난 혼란을 동반할 수밖에 없지 않은가? 건전한 상식을 가진 사람이라면 이런 의문이 당연할 것입니다. 통일에 대한 최근의 무관심에는 통일 문제의 정략적 이용, 북한에 대한 혐오감의 증대 등 여러 요인이 작용하고 있습니다. 그러나 체제 통합 위주의 통일 개념도 통일에 대한 무관심과 회의를 낳게 만드는 중요한 요인이 되고 있습니다.

통일에 대한 발상의 전환

통일을 서로 다른 두 개의 정치경제 체제가 하나로 통합되는 것으로 여길 때, 통일의 노력은 오히려 갈등과 대립을 불러올 수 있습니다. 체제가 같은 나라들 사이에서도 평화통일의 사례는 역사적으로 드뭅니다. 하물며 체제가 서로 다른 경우는 말할 필요도 없을 것입니다. 특히 한반도의 경우, 체제 갈등이 동족상잔의 전쟁으로 비화된 경험을 갖고 있습니다. 그렇기 때문에 체제 통합을 지향한 통일은 그것이 쟁점화될수록 오히려 통일에서 멀어질 공산이 큽니다.

하나의 체제로 통합된 단일 국가를 목표로 하는 통일 개념을 가지고 통일을 원하느냐고 물을 때, '관심 없다'라는 대답은 오히려 건전하지 않을까요? 그런 식의 통일은 현실적으로 어려울 뿐만 아니라 파국적 혼란이 예상되기 때문입니다. 체제 통합적 통일론에는 왜 통일을 해야 하며, 통일이 나의 삶과는 어떤 관계를 지니느냐에 대한 인문학적 성찰이 빠져 있습니다. 그래서 통일의 필요성을 묻기 전에, 무엇보다 통일에 대한 새로운 이해가 필요합니다. 다시 말해 통일을 체제와 이념을 하나로 만드는 일회적 사건으로 보는 기존 통일론에 대한 발상의 전환이 필요합니다.

분단은 체제 분열인 동시에 사람의 분열

남북 분단은 정치·경제·사회의 모든 영역에서 우리의 삶을 규정해 왔습니다. 분단의 흔적은 비록 우리가 인식하고 있지 못하지만 일상생활 곳곳에 영향을 미치고 있습니다. 우리는 분단이 얼마나 부자연스러운지, 또 얼마나 우리의 사고를 불구로 만드는지 체험적으로 느끼고 있지 못합니다. 오랫동안 분단 현실을 살면서 의식과 생활 습관이 길들여져 있는 탓입니다. 그래서 분단 현실이 초래한 유형, 무형의 고통을 고통으로 생각하지 않고 익숙한 것으로 여기는 경향조차 있습니다.

그러나 분단은 단순히 체제 대립을 넘어, 적대와 원한, 경제적 격차에서 오는 괴리감, 이산가족의 상처 등 남북 주민의 정서와 욕망에 깊은 흔적을 남기고 있습니다. 70여 년 동안 분단이 지속되면서, 우리는 북한을 무시하거나 두려워하거나 미워하는 정서를 내면화시켜 왔습니다. 그 결과 그들과 더불어 사는 것을 탐탁지 않게 여기는 마음의 습성이 광범하게 유포되어 있습니다. 이외에도 분단이 우리 자신의 마음과 신체에 남겨놓은 무형의 흔적들은 무수히 많습니다. 한 마디로 분단은 단순히 체제의 분열만이 아니라 그 속에 살고 있는 사람의 분열이기도 하다는 것입니다. 이처럼 분단이 체제 대립으로 환원될 수 없다면, 통일 역시 체제 통합만으로 이해될 수 없을 것입니다. 다시 말해 통일은 단순히 체제의 통합만이 아니라 남북 주민이 하나의 공동체를 이루며 살아가는 사회문화적 통합, 곧 '사람의 통일'입니다.

'사람의 통일'과 소통 · 치유 · 통합

독일은 통일이 된 후 25년이 지난 지금도 심각한 갈등을 겪고 있으며, 결과적으로 '미완의 통일'이라는 평가를 받고 있습니다. 독일 통일의 후유증이 큰 이유는 과거 동독과 서독에 살던 사람들 사이의 갈등과 대립 때문입니다. 비록 체제 통합은 이루어졌지만 사람의 통일이 이루어지지 않았기 때문입니다. 그런데 한반도는 독일에 비해 분단 기간이 더 길고, 상호 적대성이 훨씬 첨예한 지역입니다. 그렇기 때문에 분단 역사에서 빚어진 남북의 상처를 보듬지 않거나 적대적 정서를 그대로 둔 채 이루어지는 통일은 혼란과 파국을 낳을 가능성이 매우 높습니다. 한반도 통일 과정에서 남북이 서로를 이해하는 소통의 노력과 적대의 상처를 보듬는 치유의 노력이 절실히 필요한 이유도 여기에 있습니다. 다시 말해 통일한반도를 건설하는 과제는 남과 북에 거주하는 사람들의 몸과 마음을 하나로 모아가는 '사람의 통일'을 반드시 요구합니다.

'사람의 통일'은 체제 통합을 떠받치는 바탕입니다. 그렇기 때문에 남북의 평화 공존이 절실한 지금의 현실에서 필요할 뿐만 아니라, 사회 통합의 새로운 과제에 직면하게 될 통일 이후의 미래를 위해서도 필요합니다. 통일의 과정은 예측 불가능하기 때문에 체제 통합이 먼저 이루어질 수도 있습니다. 하지만 체제 통합은 다시금 구성원들 사이의 정서와 욕망의 소통 그리고 통합을 요청할 수밖에 없습니다. 이런 점에서 '사람의 통일'은 통일을 준비하는 과정에서도, 그리고 통일 이후를 대비하는 과정에서도 모두 중요한 의미를 지니고 있습니다.

'사람의 통일'이라는 관점에서 이루어지는 통일론은 우선, 분단 체제를 살아가는 사람들의 분열된 정서와 욕망이 무엇인지에 주목합니다. 남북의 상호 이해를 가로막는 믿음과 성향들이 무엇이며, 또 이런 성향들을 낳는 적대적인 사회심리가 무엇인지를 성찰합니다. 또한, 이러한 성찰을 통해 서로의 사회문화적 차이를 소통하고, 분단 상황 속에서 발생한 적대 감정을 치유하는 방안을 모색합니다. 그리하여 '사람의 통일'론은 궁극적으로 통일한반도의 가치 · 정서 · 생활문화의 통합적 비전을 제시하고자 합니다. 요컨대 사람의 통일론은 남북 주민들 사이의 소통, 분단 상처의 치유 그리고 가치 · 정서 · 생활상의 공통성을 창출하려는 소통 · 치유 · 통합의 노력이라고 할 수 있습니다.

2015년 5월 15일
건국대학교 통일인문학연구단장 김성민

2. 통일한반도를 위한 치유의 이야기
공포와 적대감에서 희망과 포용, 상생으로

3. 통일한반도를 위한 통합의 이야기
서로 다르지만 함께, 사람 중심의 통합을 향해

소통의 의미는 '트여서 통함(疏: 트일 소+通: 통할 통)'입니다. 소통은 둘 이상이 마주하였을 때의 일이며, 둘 사이에 무언가가 가로막혀 있다는 점이 전제되어 있습니다. 그러나 사람들은 소통의 출발점이 되는 '둘'과 '막힘'을 고려하지 않은 채 무조건 만나서 대화를 하는 것이 만사형통의 길이라고 생각할 때가 많습니다. 남과 북의 만남과 대화에서도 마찬가지입니다. 역사적으로 남북 대화는 오히려 상호 불신과 적대가 증대된 경우가 더 많았습니다. 막힌 바가 트여서 진심이 양자 간을 통하고 흐르는 소통이 잘 이루어지지 않았다는 것입니다. 역사의 회오리바람에 나부껴 갈라지고 멀어진 우리는 이제 '둘의 철학'을 견지하면서 새로운 '소통의 전략'을 세워야 할 때입니다. 이에 통일인문학은 '배우면서 가르치는 소통'을 제안합니다.

01

통일한반도를 위한 소통의 이야기

배우면서 가르치는 소통을 위하여

소통 의 의미는 '트여서 통한다(疏: 트일 소+通: 통할 통)'는 것입니다. 그래서 소통은 서로 다른 둘 이상이 마주하였을 때 생기는 일이자, 그러한 둘 사이에 무언가가 가로막혀 있다는 것을 의미합니다. 그러나 대부분의 사람들은 소통의 출발점이 되는 '둘'과 '막힘'을 고려하지 않습니다. 오히려 무조건 만나서 대화만 하면 만사가 술술 풀릴 것처럼 생각할 때가 많습니다. 남북의 만남과 대화에서도 마찬가지입니다.

역사의 흐름 속에서 살펴보면, 남북의 만남이 오히려 상호 불신과 적대감을 조장한 경우가 더 많았습니다. 막힌 것이 트이고 진심이 양자 간을 통하고 흘러가는, 진실한 소통이 원활하게 이루어지지 않았기 때문입니다. 우리는 역사의 회오리바람에 나부껴 갈라지고 멀어졌습니다. 통일을 위해서는 이제 '둘'이라는 전제 조건을 확인하면서 진정한 소통의 방법을 고민해야 합니다.

진정한 소통은 먼저 둘을 인정하는 데에서 출발해야 합니다. 그런 이후 둘 사이를 가로막고 있는 장애물이 무엇인지를 파악해서 이것을 제거하는 방향으로 소통의 전략을 만들어가야 합니다. 소통의 진정한 목적은 무엇일까요? 단순히 둘 사이를 통과하여 흐르는 말로써 '대화'하는 것

···› 남북 소통의 창, 남북군사실무회담 장면(2011년 2월 8일).
출처: 국방화보

···› 한반도 전쟁 위협을 높이는 북한의 핵실험 발표.
출처: KBS 뉴스특보, 2013년 2월 12일 보도

이 아니라 '막힌 것'이 뚫리고 트여서 '서로가 통함'을 만들어가는 데 있다고 할 수 있습니다. 한반도의 통일 역시 바로 이러한 소통의 진정한 의미를 확인할 때 비로소 가능할 것입니다.

이제 남북의 평화로운 통일을 위해서 필요한 소통이 과연 어떤 의미와 모습을 가져야 하는지 생각해 보도록 하겠습니다.

···﹥ 통일의 염원을 담은 노란 리본.
출처: 위키피디아

생각 💡 열기

다음 두 사람의 대화를 읽어 보고, 소통의 의미에 대해서 생각해 봅시다.

(7시에 만나기로 한 남자와 여자. 여자가 약속 시간에 20분 늦은 상황이다.)

남자 | 넌 항상 나를 무시해. 이렇게 혼자 기다리게 하는 일이 하루 이틀이야?

여자 | 무슨 소리야. 너야말로 나를 조금도 배려하지 않잖아? 먼저 무슨 일이 생긴 것은 아니냐고 물었어야 하는 것 아니야?

⋯➡ 남북정상회담을 소재로 한 영화 「나의 독재자」에서
출처: 「나의 독재자」 홈페이지

남자 | 넌 참 뻔뻔스럽구나. 사과는 못할망정 도리어 화를 내네. 정말 나를 무시하는구나.

여자 | 아휴, 진짜……. 너와 말을 못하겠어. 뭐가 그렇게 못마땅해서 매번 시비를 거니?

남자 | 항상 내가 요구했던 일을 제대로 들어준 적이 있어야지. 그래, 나를 무시하는 마음이 깔려 있으니깐 내 말도 귀담아 듣지 않겠지.

두 사람의 대화는 어떻습니까? 소통을 '둘' 사이의 '막힘'이 트이고 통하는 것이라고 할 때, 지금 이 두 사람의 대화는 제대로 소통을 하는 것일까요? 이와 관련하여 다음 질문에 대해 답해 봅시다. 그리고 두 사람 사이에 막힌 것이 트이고 통하는 대화를 상상해 봅시다.

남자의 입장은 어떠한가요?

여자의 입장은 어떠한가요?

남자가 여자의 입장을 이해하고 수용한다면 약속에 늦은 여자에게 어떻게 말을 하였을까요?

여자가 남자의 입장을 이해하고 수용한다면 남자의 불평에 대해 어떻게 대답하였을까요?

이상으로 우리는 남자와 여자 사이에 발생할 수 있는 불통不通의 상황을 살펴보았습니다. 여기서는 남녀 사이의 상황을 가정했지만 우리 주변에는 너무나도 많은 불통의 상황이 있을 것입니다. 이런 상황에 부딪힐 때 우리는 어떻게 대처할 수 있을까요? 서로 목소리만 높이고 자신의 주장만 내세워서는 분명히 서로 간의 소통을 이끌어 가지 못했을 것입니다.

이제 남과 북의 상황에 대해 생각해 볼까요? 지금까지 남과 북은 마치 화성에서 온 여자와 금성에서 온 남자처럼 서로 어긋나는 대화와 일방적인 자기주장만을 해왔습니다. 물론 많은 사람이 남북의 통일에 대해 이야기해 온 것이 사실입니다. 그리고 그중에는 의미 있는 이야기도 있었습니다.

하지만 남북은 여전히 갈등하고 대립하고 있으며 서로 간에 적대감을 보이고 있습니다. 서로 다른 입장을 가지고 자기주장이 맞다고 목소리를 높이고 있는데, 과연 단순히 만나서 대화하는 것만으로 화해와 협력을 이끌어낼 수 있을까요? 진정한 소통은 무엇이며 진정한 소통을 위해서는 어떤 방법이 필요할까, 다시 한 번 생각해 보게 됩니다.

그렇다면 남북이 이처럼 심각한 갈등을 보이는 이유는 무엇일까요? 남북의 통일을 위해서 지금과는 다른 어떤 방식의 소통이 필요한 것일까요?

진정한 소통이란 무엇인가?

2000년 6 · 15 남북공동선언 이후 남북 관계는 얼마 동안 탈냉전 분위기였습니다. 그런데 이것이 무색하게도 최근에는 남북 관계의 위기 상황이 이어지고 있습니다. '만남과 대화'의 확대만을 주장할 것이 아니라 그 대화가 진정한 소통이 되기 위해서 우리는 어떻게 관계를 맺고 대화를 해야 하는지를 생각할 필요가 있습니다.

소통의 의미

우선, 소통이라는 단어의 사전적 의미에 대해 알아둘 필요가 있습니다. '소(疏, 트일 소)+통(通, 통할 통)'이란, 말 그대로 '트여서 통하다'라는 뜻입니다. 그래서 우리말 사전에서는 의사소통意思疏通을, "가지고 있는 생각이나 뜻이 서로 통함"이라고 설명하고 있지요. 흔히들 소통을 '대화' 내지는 '대화를 통해 이루어지는 어떤 단계'라고 이해합니다. '대화'를 의미하는 영어 'dialogue' 역시 어원적으로 'dia+logos'의 합성어로서, 둘 사이를 '통과하여dia 흐르는 말logos'이라는 뜻이 있습니다. 따라서 소통은 서로 다른 두 사람 간의 관계를 연결해 주는 매체이자 서로를 묶어 주는 힘입니다. 특히 한국전쟁과 분단 이후 너무나도 달라져 버린 우리에게 이러한 소통은 반드시 필요합니다.

많은 사람이 남북의 대화가 반드시 필요하다고 말합니다. 예를 들어, 많은 이들은 남북의 적대적 관계를 청산하고 '평화'를 진전시키기 위해서는 무엇보다도 먼저 대화를 나누어야 한다고 주장합니다. 이것은 지극히 당연한 말입니다. 하지만 대화 그 자체로 문제가 해결되는 것은 아닙니다. 대화는 종종 서로의 관계를 이전보다 더 악화시키기도 하기 때문입니다. 바로 이런 점에서 소통의 진정한 의미에 대해 알아볼 필요가 있습니다.

진정한 '소통'을 위한 전제 조건

진정한 소통을 위해서는 몇 가지 전제 조건이 있습니다. 이러한 전제 조건은 사실 모두 소통의 사전적 정의로부터 나오는 것이기도 합니다. 앞서 말했듯 '소통'이 '트여서 통함'을 의미한다면, '통'은 언제나 '서로 다른 둘'을 전제합니다. 만약 서로 동일한 둘이라고 한다면 '통함'은 가능하지 않기 때문이죠. 예를 들어보겠습니다. 같은 위치와 부피를 가지고 있는 두 개의 물통을 연결한다면, 그 둘 사이에서 물은 흐르지 않습니다. 반대로 서로 다른 위치와 부피를 가지고 있는 물통이라고 한다면, 이 둘을 연결할 때 서로 통하게 되겠죠. 이렇듯, 소통이란 의미에는 서로 다른 두 개체가 있다는 것을 전제로 합니다. 하지만 사람들은 소통의 출발점이 되는 '둘'이나 '다름'에 대해서는 생각하지 않고 무조건 '대화나 소통이 중요하다'는 식으로 생각합니다.

또한, 소통에는 서로 통하지 못한다는 의미의 '막힘'이 전제되어 있습니다. 소통이 '통'을 목적으로 하면서도 '트임'을 의미하는 '소'를 동시에 이야기하는 것 역시 바로 이런 '막힘' 때문입니다. 따라서 소통은 '둘', '다름' 이외에 '막힘'이라는 것을 전제하고서 출발하는 대화라고 할 수 있습니다. 이때 소통의 목적은 바로 이러한 '막힌 것'이 트여서 '서로가 통함'을 만들어가는 데 있는 것이죠. 바로 이런 점에서 소통은

일러두기

대화

사적인 화법의 대표적인 형태로 일상 언어생활에서 가장 널리 행해지는 말하기 방식이다. 비공식적인 대화에는 담소, 환담, 담화 등이 있고, 공식적인 대화에는 방송 대담, 회견, 면담, 면접 등이 있다. 대화를 잘하기 위해서는 대상과 상황을 고려하여 대화의 목적을 명확하고 구체적으로 설정해야 한다. 또한, 대화의 목적과 대상, 상황에 따라 화제를 조절해야 한다. 이를 위해 평소에 다양한 분야에 관심을 두고 화제를 대화 상황에 맞게 동원할 수 있어야 한다. 대화는 다른 유형의 화법에 비해 가장 전통적이다. 대화에 대한 관심과 응용의 역사는 그리스 시대의 소크라테스 대화법에까지 소급된다. 물론 그 이전에도 대화의 중요성과 유용성에 대한 많은 관심과 연구가 있었을 것이다. 그런데 그리스 시대에 철학의 발달과 더불어 대화술이 중요시되었다는 점은 화법의 한 유형으로서의 전통성과 정통성을 이해하는 데 많은 도움을 준다. 또한 대화는 교류적, 상호 협력적이며 친화적이다.

출처: 『Basic 고교생을 위한 국어 용어사전』

일러두기

6 · 15 **남북공동선언**

한국의 김대중 대통령과 북한의 김정일 국방위원장이 합의하여 발표한 공동선언이다. 2000년 6월 15일 공식 발표되었다. 분단 55년 만에 처음 만난 남북의 두 정상이 백화원 영빈관에서 3시간 50분에 걸친 마라톤 정상회담 끝에 합의한 5개 항의 내용을 담고 있다. 그 내용은 첫째, 통일 문제의 자주적 해결, 둘째, 1국가 2제제의 통일 방안 협의, 셋째, 이산가족 문제의 조속한 해결, 넷째, 경제 협력 등을 비롯한 남북 간 교류의 활성화 등 두 정상 간에 합의된 사항이다. 또, 합의 사항을 조속히 실천에 옮기기 위한 실무 회담을 열 것과 북한의 김정일 국방위원장의 서울 방문 등에 관한 합의 사항도 포함하고 있다.

단순히 '동의', '합의', '하나 됨'을 추구하는 것이 아닙니다. 오히려 그것은 서로 다른 둘이 함께 대화를 나누며, 서로 통하는 단계로 나아감을 의미합니다. 그러므로 진정한 소통의 전제 조건을 확인하고 그에 맞는 소통의 과정과 방법을 찾는 일이 무엇보다 필요합니다.

남북의 진정한 소통을 위한 출발점

현재까지 남북간의 교류는 그리 많지 않았으며 만남과 대화가 간헐적으로 이루어져 왔습니다. 그런데 남북 정상이 만나 체결한 2000년 6 · 15 남북공동선언에도 불구하고 남북 관계의 위기 상황은 끊임없이 지속되고 있습니다. 이런 점에서 볼 때 남북의 통일을 앞당길 수 있는 진정한 소통이 되기 위해서는 단순히 '만남과 대화'의 확대만을 주장하지 말아야 합니다. 우리가 어떻게 관계를 맺고 어떠한 방식으로 대화를 해야 하는가를 진지하게 생각할 필요가 있습니다. 남북의 대화가 진정한 소통이 될 수 있기 위해서는 앞서 말한 소통의 전제 조건을 통해서 도출되는 출발점을 다시 확인할 필요가 있다는 것입니다.

무엇보다 남북의 대화가 '막힌 것'을 뚫고 흐르는 말이 될 수 있도록 하기 위해서는 남북이 통할 수 있는 '소통의 방법'이 필요합니다. 기본적으로 '서로 다른 둘'이라는 말이 의미하듯, 서로 간의 '차이'를 배제하는 것이 아니라 '인정'이 필요하죠. 뿐만 아니라, 둘 사이를 가로막고 있는 장애물이 무엇인지 확인하고 그것을 극복하려는 노력 역시 필요합니다.

예를 들어, 분단 이후 70여 년 동안 달라진

⋯ 남북의 대화 장소이자 대치 장소인 판문점.
출처: 통일부 블로그

남북 주민의 서로 다른 가치관, 정서, 생활상을 살피는 노력과 함께, 남
북의 소통을 가로막는 장애물의 실체를 파악하고 그것을 극복하려는
관심과 노력이 동시에 이루어져야 하는 것입니다. 이럴 경우에만 남북
이 평화롭게 상생할 수 있으며 공동의 목적인 '통일'에 대해서 이야기
할 수 있는 분위기가 마련될 수 있습니다.

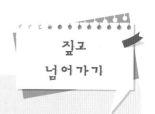
짚고
넘어가기

6 · 15 선언 이후 남북 관계의 위기 상황은 무엇이 있었을까?

제2연평해전: 월드컵 폐막 전날인 2002년 6월 29일 서해 북방한계선(NLL)을 침범한 북한 경비정과 우리 해군 사
이에 벌어진 전투. 이날 오전 9시 54분께 북한 경비정 2척이 북방한계선을 넘어 서해 연평도 서쪽 14마일과 7마
일 부근에 나타나, 우리 고속정 편대가 현장에 출동, 북쪽으로 돌아가라는 경고 방송을 하던 중. 북한 경비정 1척
이 돌연 선제공격을 가해 옴에 따라 양측 사이에 25분간 교전이 벌어졌다. 북 경비정의 선제공격으로 우리 고속
정(PKM 참수리급) 1척이 조타실을 맞아 불이 났으며, 북 경비정 1척에서도 화염이 발생했다. 북 경비정은 오전
10시 50분께 사격을 계속하면서 북방한계선을 넘어 북상했고, 10시 56분 상황이 종료되었다.

출처: 『한국근현대사사전』

금강산 관광: 1998년 11월 18일 시작된 금강산 관광은 한국의 민간인들이 북한을 여행한다는 의미에서 남북 분
단 50년사에 새로운 획을 그은 사건이다. 이 관광은 한국의 기업인 현대그룹의 오랜 노력과 정부의 햇볕정책이
맞물려 그 결실을 맺었는데, 1989년 1월 현대그룹의 정주영 명예회장이 방북하여 금강산 남북공동개발 의정서를
체결하면서 그 씨앗이 잉태되었다. 그 후, 1998년 2월 14일 정몽헌 회장이 중국 베이징[北京]에서 북한 측과 첫
협의를 거친 다음. 6월 23일 금강산 관광 계약이 체결되었음을 발표하였다. 당해 8월 6일 통일부는 현대상선, 현
대건설, 금강개발의 협력사업자를 승인하였고, 10월 13일 장전항 공사를 위한 자재와 장비를 실은 배가 출항하였
다. 이어 11월 14일 금강산 관광선인 금강호의 시험 운항을 마치고, 11월 18일에 금강호가 처음으로 출항하였다.
1999년 2월 28일에는 금강산 온정리휴게소 및 금강산 문화회관 준공식을 하는 등 순조롭게 진행되던 금강산 관
광은 관광 시작 7개월 만인 6월 20일 관광객 민영미(閔泳美) 씨가 북한 환경감시원에게 귀순 공작을 했다고 억류
되면서 잠정적으로 중단되었다가. 현대 측과 북한이 베이징에서 관광 세칙과 신변안전보장 합의서를 체결한 후
다시 진행되었다. 그러나 2008년 7월 11일 관광객 박왕자 씨가 북한군의 피격으로 사망하는 사건이 발생하면서
금강산 관광이 잠정 중단되었다.

출처: 『두산백과』

통일을 지향하는 남북의 독특한 관계맺음

남북이 같은 민족인데도 언어와 문화가 다른 타국과의 관계보다 남북의 관계에서 더 심한 갈등이 벌어지게 된 이유가 무엇일까요? 혹시 사랑하는 사람과의 만남에서 서로에 대한 기대가 어긋났을 때의 마음과 같은 것은 아닐까요?

통일을 지향하는 특수한 관계

남북의 대화가 진정한 소통이 되기 위해서는, 우선 남북이 맺고 있는 관계의 독특한 성격을 알 필요가 있습니다. 남과 북의 관계맺음은 '한국'과 '북한'이라는 두 국가 간의 관계맺음입니다. 그런데 남과 북의 관계는 일반적인 국가 간의 관계와 비교하면 큰 차이를 보이죠. 예를 들어, 한국은 다른 나라와의 관계를 관장하는 '외교부'를 두고 있습니다. 하지만 북한과의 관계는 다른 나라와는 달리 '통일부'에서 주관하고 있습니다. 바로 이런 점은 남과 북의 관계가 다른 나라와의 관계와 다르기 때문입니다.

남북의 관계는 통일을 지향하는 관계입니다. 통일을 지향한다는 것은 남과 북이 맺고 있는 '두 나라의 관계'가 잠정적이라는 것을 의미합니다. 또한, 둘의 관계가 단순한 두 국가의 관계를 넘어서는 독특한 성격을 가지고 있음을 의미하죠. 예를 들어 남과 북의 국경선이면서도 통일이 되면 이내 사라질 수밖에 없는 '휴전선'은 남북 관계의 '잠정적 성격'을 드러내는 대표적인 상징입니다. 그래서 1991년 합의된 〈남북 기본합의서〉는 남북의 관계를 '통일을 지향하는 과정에서 잠정적으로 형성되는 특수 관계'로 규정하고 있습니다.

흔히 우리는 남과 북을 가리켜 '분단국가'라고 하죠. 남북 관계에서 존재하는 한국과 북한이라는 국가는, 적어도 이 관계 속에서는 '정상 국가'가 아닙니다. 통일 이전까지 '잠정적으로 존재하는' '비정상 국가'이기 때문이죠. 물론 오해해서는 안 됩니다. 이때 '비정상 국가'라는 말은 두 국가의 독립성과 주체성을 부정하는 것이 아니기 때문입니다. 이 말의 진정한 의미는 '한반도의 통일'이라는 우리들의 강한 희망을 표현하고 있는 것입니다.

'하나의 민족, 두 국가' 사이에서 발생하는 갈등 관계

남북의 관계맺음이 '통일을 지향하는 과정에서 잠정적으로 형성되는 특수 관계'라고 할 때, 이 말은 남북 관계의 또 다른 특징을 보여주기도 합니다. 남과 북의 관계는 서로에 대해 무관심한 관계가 아니라, 상대에게 '특별한 관심'을 가지고 있는 관계입니다. 이 특별한 관심은 곧 통일에 대한 열망 때문에 생겨납니다. 남과 북은 분단되기 이전에 오랫동안 '하나의 민족'이 '하나의 나라'를 유지해 왔습니다. 그러므로 통일에 대한 열망이 매우 클 수밖에 없습니다.

하지만 두 국가로서 남북 관계는 언제나 우호적이지는 않았습니다. 분단 이후 적대적인 남북 관계는 하나의 민족으로 통일하려는 욕망이 끊임없이 좌절되어 온 역사이기도 했습니다. '같은 민족'으로서 통일에 대한 강한 열망은 종종 서로에 대한 적대와 긴장을 불러일으키는

일러두기

통일부는 어떠한 일을 하는가?

통일부는 1960년 4·19 이후 사회 각계에서 본격적으로 제기되었던 다양한 통일 논의를 정부 차원에서 수렴하여, 체계적이고 제도화된 통일 정책을 수립·추진하기 위해 범국민적 합의를 거쳐 출범하게 되었다. 통일 정책, 남북 회담, 남북 교류 협력, 북한 인권·이산가족·납북자 문제 등 남북 간 인도적 문제 해결, 북한 이탈주민 정착 지원, 북한 정보 수집 및 분석, 통일 교육, 남북 간 출입 관리 등의 업무를 주관한다. 튼튼한 안보를 바탕으로 남북 간 신뢰를 형성하여 남북관계를 발전시키고, 한반도에 평화를 정착시키며, 통일의 기반을 구축하기 위해 힘쓴다.

출처: 통일부 홈페이지

···→ 2006년 6 · 15 남북당국공동행사 남북통일대회.
출처: 통일부 홈페이지

원인이 되기도 했습니다.

현실적으로 남과 북은 '하나'가 아닙니다. 비록 하나의 민족이라고 할지라도 이미 분단된 지 70여 년 동안 서로 다른 국가의 국민으로 살아왔기 때문입니다. 언어와 생활풍속, 사회적 규범과 가치관, 정치경제 체제에 이르기까지 남북 모두는 각기 다른 방식으로 그것을 유지 · 발전시켜 왔습니다. 하지만 무엇보다 남과 북은 '민족은 하나다'라는 표어에서도 드러나듯이, 강한 민족적 동일화의 욕망을 가지고 있습니다. 그런데 그런 같은 민족에 대한 욕망은 종종 남북 간의 차이를 부정하면서 갈등을 유발하기도 합니다.

우리는 모르는 사람을 만났을 때, 자신과 다른 점을 객관적으로 파악하고 그것을 잘 이해하면서 소통을 하는 반면, 사랑하는 사람과의 관계에서는 자신과 다른 매우 사소한 차이도 용납하지 않고 종종 화를 내기도 합니다. 이것은 사랑하는 대상과 일치감을 느끼고 싶은 욕망이죠. 하지만 이러한 욕망은 오히려 소통을 방해합니다. '같음'에 대한 기대치가 클수록 '차이'는 커져 보이고, '다름'이 유발하는 박탈감은 커지기 때문입니다. 내가 사랑하는 사람이 나를 멀리 하거나 배제하는 행동을 할 때 느끼는 섭섭함이 다른 이들이 그러한 행동을 했을 때보다 크게 다가오는 경우를 생각하면 이해하기 쉬울 것입니다. 따라서 남북 간의 차이가 극명하게 드러날수록 같은 민족으로서의 일치감에 대한 기대감은 좌절되고, 그 결과 적대감이 커지게 됩니다.

바로 이러한 점에서 같은 민족인 남북 간의 관계가 다른 국가 간의 관계보다 복잡하다는 것에 주목해야 합니다. 우리에게 필요한 일은 무엇보다 '하나의 민족, 두 국가'라는 현실 속에서 '통일을 지향하는 잠정적인 관계'를 맺고 있는 남북 관계의 특수성을 이해하는 것입니다. 그리고 이를 통해 남북의 소통적 관계를 새롭게 형성하기 위해 노력해야만 합니다.

짚고
넘 어 가 기

사랑과 증오의 변증법

사랑의 반대말은 증오가 아니다. 사랑의 반대말은 무관심이다. 잘 모르는 사람들은 서로의 삶에 대해 무관심하다. 그러나 어떤 사람이 자신에게 가까운 사람이 되면 될수록 그들의 삶에 개입하기 시작한다. 모르는 남녀가 만나 사랑을 하게 되면 그만큼 서로의 삶에 간섭하게 되고 그것이 서로를 피곤하게 만든다. 게다가 사랑하게 되는 만큼 서로는 서로에 대해 뭔가를 기대한다. 남이면 섭섭하지 않았을 이야기도 형제나 부모, 연인이 하면 매우 아프다. 그래서 사랑하는 만큼 그 기대가 무너졌을 때 사람들은 상대에 대한 그만큼의 미움을 가지게 된다. 사랑과 증오는 서로 정반대되는 감정이지만 동전의 양면처럼 서로 붙어 있으면서 종종 바뀐다. 변증법은 바로 이처럼 서로 역전되는 관계를 표현하고 있다. 남과 북 사이에도 이런 사랑과 증오의 변증법이 작동한다. 남과 북은 같은 민족이다. 그래서 일본이나 미국이 했으면 섭섭함이 덜 했을 것도 북이 하면 더 미워지는 것이다. 남북 관계에서 이런 사례들이 무엇이 있을까 한 번 생각해 보자.

가르치고 배우는 소통의 쌍방향성

통일을 위해서 많은 사람이 '민족 동질성'을 회복해야 한다고 말합니다. 분단의 시간 동안 끊어진 민족의 유대감을 이어가기 위해 한민족 삶의 동질성을 회복해서 공감대를 형성해야 한다고 주장하는 것입니다. 남과 북이 같아야 한다는 기대감이 과연 남북의 진정한 소통을 위한 것인지 생각해 봅시다.

'다름'에 대한 이해로부터 시작되는 소통

이제까지 남북의 관계맺음은 '모두 다 한민족'이라는 전제로부터 시작되었죠. 여기서 민족 동질성에 대한 욕망은 분단을 극복할 수 있는 출발점이 될 수 있습니다. 하지만 앞서 살펴봤듯이, 소통은 서로 다른 두 개체 사이의 막힘을 뚫는 대화 방식입니다. 그러므로 남북의 대화와 교류의 시작이 '같은 민족'이라는 전제로부터 출발하게 된다면, 오히려 역효과를 불러올 수 있죠. '동일한 민족 문화', '동일한 민족의식' 등을 주장하는 소통 방식은 결국 자신이 생각하는 '민족 전통'만을 기준으로 내세우기 쉽습니다. 그리하여, 상대가 가진 '다름'들을 이질적인 것 내지 변질하여 버린 것으로 생각하고 이를 거부할 공산이 큽니다.

예를 들어, 잘 모르는 남이라면 전혀 문제가 되지 않았을 말이나 태도가 사랑하는 사람 사이에는 갈등을 불러일으키는 경우가 있습니다. 뿐만 아니라 막상 갈등이 시작되면 대화로 문제를 풀기보다는 싸우는 것 자체가 싫어서 대화를 중단하고 싶어질 때도 있습니다. '사랑한다면서 그것도 몰라'라는 섭섭한 감정이 흐르기 때문이죠. 그런데 '그것도 몰라'라는 감정은 '나와 상대방은 하나'라는 강한 욕망으로부터 비롯된 것입니다. 하나이기 때문에 내가 말하지 않아도 상대가 알아야 하며, 내 취미나 현재의 감정을 고려하여 배려해 주기를 바라는 것이죠.

하지만 우리가 잘 알고 있듯이 인간은 홀로 살지 않습니다. 인간은 끊임없이 이동하며 다른 사람들과의 관계를 만들고 그런 접촉들을 통해 각기 다른 삶을 만들어갑니다. 제사·의복·민요도 전라도냐 경상도냐에 따라 다릅니다. 또, 같은 전라도라 하더라도 각 지역에 따라 조금씩 다릅니다. 같은 민족인 남과 북 역시 마찬가지입니다. 남북 모두는 각기 다른 상황 속에서 언어·관습·문화·가치관·풍속 등을 재구성해 왔습니다. 다시 말해 남과 북은 서로 하나의 민족이라고 생각하고 만나 왔지만, 우리는 다른 역사적 조건 속에서 나름의 가치 체계와 삶의 방식, 문화들을 재창조해 왔기 때문에 서로 다를 수밖에 없다는 것입니다. 따라서 남북의 진정한 소통은 이 '다름'에 대한 이해로부터 시작되어야 합니다.

진정한 대화는 서로 다른 두 개체의 소통 방식입니다. 만약 같은 생각, 같은 가치관, 같은 문화를 가진 사람들 사이에 진정한 대화가 성립할 수 있을까요? 나와 똑같은 생각을 하는 타인이 있고 그러한 타인과 대화를 한다면 그것은 진정한 대화가 아닌, 단순히 자기만의 '독백'입니다. 이 말은 반드시 '서로 달라야' 대화가 가능하다는 뜻입니다. 따라서 진정한 소통의 시작은 바로 둘 사이에 차이가 존재한다는 사실로부터 출발합니다. 우리는 '다르기 때문에' 대화를 하며 서로에게 생산적인 관계가 될 수 있다는 매우 평범한 진리를 잊어버리는 경향이 있습니다.

···▶ 우분투(UBUNTU)는 "I'm, because you are!(네가 있기에 내가 있다!)"라는 뜻이다. 진정한 소통은 나와 다른 타자 사이에서 이루어지는 대화이다.

출처: 크리에이티브 커먼즈 라이선스

가르치고 배우는 소통적 관계 만들기

우리가 서로 똑같다면 '대화'를 할 필요도 없을 뿐만 아니라 설사 대화를 한다고 해도 새로운 것이 만들어질 수 없습니다. 하지만 우리가 대화를 하는 가장 분명한 이유는 대화 상대자와 나 사이에 어떤 새로운 것을 만들기 위함입니다. 이때 새로운 것은 서로에 대한 이해일 수도 있고, 보다 진전된 상호관계일 수도 있습니다. 그런데 이러한 '새로운 것'은 오직 대화 상대자와 내가 서로 다르기 때문에 생깁니다. 다시 말해 '다름'은 '새로운 것'을 만들어 내기 위한 전제조건인 셈입니다. 따

청소년을 위한 통일인문학

라서 이 '다름'을 배제하는 것이 아닌, 그것을 인정하는 것에서 출발할 필요가 있습니다. 그렇다면 새로운 것을 만들어 내기 위한 소통은 어떠한 방식이 되어야 할까요? 그것은 '가르치고 배우는 쌍방향적인 소통'에서 시작합니다. 새로운 것이 만들어지기 위해서는 양쪽 모두 자신에 대해 알려주고 상대방에 대해 알려주는 열린 자세가 필요하기 때문입니다.

바로 이런 점에서 남북의 소통도 '가르치고 배우는 소통적 관계'를 대화의 기본 원리로 삼아야만 합니다. 가르치고 배우는 소통적 관계는 우선 나의 기준만이 합리적이고 옳다고 주장하는 것이 아니라 상대방의 기준을 배우고 이해하려는 자세에서 출발합니다. 나의 기준이 언제나 옳다고 하는 자세는 상대방과의 대화를 힘들게 하기 때문입니다. 남북의 대화 역시 상대의 주장과 판단, 기준과 규칙이 발생하게 된 역사적 맥락과 차이를 이해하고 그에 따른 새로운 대화의 방식으로 만들어가야 합니다. 이것은 서로 가르치고 배우면서 상대방을 이해하는 과정이며, 통일한반도의 새로운 규칙을 만들어가는 과정이라고 할 수 있습니다.

결국 '가르치고 배우는 소통적 관계'는 공생적이고 호혜적인 소통 방식을 의미합니다. 구체적으로 말해 남북의 소통은 각자의 서로 다른 차이들을 나누고 이해하면서 함께 사는 삶을 만들어가는 과정인 것입니다. 남북은 이미 역사적으로 분단과 전쟁의 상처를 겪었습니다. 뒤에서 살펴보겠지만 이것은 곧 남북이 잊고 있었던 형제애적 관계의 회복이 중요함을 의미합니다. 따라서 남북의 소통이 새로운 통일한반도를 이루기 위한 시작점이 되기 위해서는 바로 이러한 새로운 소통 방식이 필요합니다.

북한 영화에 비친 북한 주민 모습

70여 년 동안 남과 북은 서로 갈라져 있었습니다. 그동안 남북 주민들의 의식과 생활상은 서로 많이 달라졌습니다. 우리는 이제 서로 달라진 지점을 살피는 노력과 함께, 남북의 소통을 가로막는 장애물을 파악하고 그것을 극복하려는 관심과 노력을 기울여야 합니다. 북한의 영화「이런 현상을 없앱시다: 겉멋이 들어」를 감상해 봅시다. 그리고 북한 주민들의 의식과 생활의 특징을 이해해 보고 북한 주민과 복식에 관해 대화를 나눈다고 상상해 봅시다. 어떤 점에 주의를 기울여야 할까요?

「이런 현상을 없앱시다: 겉멋이 들어」줄거리

패션 자료를 보면서 양장 옷을 입던 현옥은 옷을 디자인하는 친구 순이를 불러 도움을 부탁한다. 현옥은 옷에다 알지도 못하는 영어 글자를 새겨달라고 부탁한다. 순이가 무슨 뜻이냐고 하면서 거절하자 자기 손으로 글자를 새겨 달고 나온다. 파마머리에다 화

→ 영화「이런 현상을 없앱시다」의 한 장면.

려한 나팔바지에 영어가 쓰인 옷과 가방을 들고 나왔지만 친구들은 우리 옷에 맞지 않은 별난 차림이라고 핀잔을 준다. 친구들의 이야기를 들은 현옥은 옷을 갈아입으러 집으로 간다. 집으로 가던 현옥은 열쇠를 두고 온 것을 알고 엄마에게 가려다 순이를 만난다. 순이는 현옥에게 열쇠를 주면서 자기 집에 가서 자기 옷을 입으

라고 말한다. 친구 집에 간 현옥이 옷을 갈아입으러 들어간 사이 도둑으로 오해를
받고 방안에 갇힌다. 경찰과 사람들이 찾아와 한바탕 웃음거리가 된 다음에야 비로
소 미감에 맞는 옷을 입는 것이 중요하다는 것을 알게 된다.

출처: 조선 2 · 8예술영화촬영소 대덕산창작단/1988/조선중앙TV

Q1. 이 영화에서 북한 주민들은 의복에 대해 어떤 생각을 가지고 있나요?

Q2. 한국의 복식 문화는 어떠한가요? 이 영화에서 나타나는 북한의 복식 문화와 어떠한
공통점과 차이점이 있을까요?

Q3. 위에 답한 내용을 바탕으로, 북한 주민들과 의복에 대해 대화할 때 유의해야 할 지점
은 무엇이 있을지 생각해 보고 토론해 봅시다.

활동 제목	북한 영화에 비친 북한 주민 모습
활동 목표	영화 속에 나타난 북한의 모습을 보고 서로에 대한 대화의 방식을 생각해 보기
활동 내용	「이런 현상을 없앴시다: 겉멋이 들어」는 북한의 복식 문화에 대해 잘 이해할 수 있는 영상 자료이다. 이를 감상하고, 북한의 복식 문화가 지닌 특수성을 고려하며 그들과 대화를 나눌 때 생각해야 할 점에 대해 토론해 본다.
활동 방식	① 영화를 감상하고, 줄거리를 어떻게 기억하고 있는지 돌아가며 이야기한다. ② 갈무리 활동에 제시된 Q1.과 Q2.의 질문에 대한 생각을 정리하고, 한 문항씩 발표를 진행한다. Q2.에 대해서는 차림새에 관해 주변사람들의 평판을 중요하게 여기는 점은 한국과 유사하고, 한국은 패션 선진국의 문화를 선호한다는 점에서 북한과 차이를 보인다고 생각할 수 있다. ③ 본격적인 토론의 장을 열어, Q3.에 대해서 발표하고 토론하는 시간을 갖는다. 자유로운 토론을 지향하며, 단, 남과 북의 차이점을 고려하지 않는 대화 방식에 대해서 주의한다.
참여 인원	집단 토론
준비물	연습장, 필기도구

다름을 이해하는 소통의 발걸음

사람은 혼자서는 살 수 없는 존재입니다. 그러므로 우리는 끊임없이 다른 사람과 소통을 해야 합니다. 소통의 첫걸음은 바로 자신과 상대의 다름을 이해하는 데 있습니다. 진정한 소통과 관계맺음의 의미를 문학작품에서 살펴볼까요? 다음은 공선옥 작가의 창작집인 『나는 죽지 않겠다』에 수록된 「일가」의 줄거리입니다. 「일가」는 청소년인 '나'의 시각으로 어른들의 세계를 보여주는 작품으로 '친척 아저씨'의 갑작스러운 방문으로 겪게 되는 '나'의 심경 변화를 잘 드러낸 작품입니다. '나'와 '친척 아저씨'의 관계맺음을 소통의 관점에서 읽어보도록 합시다.

「일가」 줄거리

16세 소년인 희창은 아버지의 권유로 미옥이에게 사랑을 고백하는 편지를 쓰고 마침내 답장을 받게 되어 신이 나서 집으로 돌아온다. 그런데 과수원에서 북한 말씨를 쓰는 낯선 아저씨와 마주치고 무서운 마음에 도망치듯이 집으로 돌아온다. 하지만 그 아저씨는 자신의 당숙이라고 하면서 자신의 집에서 머무른다. 당숙이라는 사람이 염치없이 계속 머무르자 엄마와 희창은 슬슬 답답함을 느낀다. 그러던 중 미옥에게 보낸 편지 때문에 아버지와 엄마가 부부싸움을 하게 되고 엄마는 집을 나가게 되며,

→ 공선옥의 「일가」가 수록된 창작집 『나는 죽지 않겠다』의 책 표지.

희창의 당숙은 엄마가 집을 나간 것이 자신의 탓이라며 자책한다. 엄마가 집을 나간 지 사흘째 되던 날 희창은 벽에 기대어 눈물을 흘린다. 그리고 그날 밤, 희창은 당숙의 이야기를 듣다가 잠이 들었는데, 엄마가 집에 돌아오고 당숙이 떠났음을 깨닫는다.

Q1. 「일가」 속에 등장하는 당숙 아저씨에 대한 가족들의 반응을 정리해 봅시다.

Q2. '나'와 엄마가 당숙 아저씨에 대해 다음과 같이 생각한 이유는 무엇일까요? 소통과 관계맺음의 관점에서 생각해 봅시다.

Q3. 「일가」를 읽고 내(희창)가 아저씨를 생각하며 눈물을 흘리게 된 이유는 무엇일까요? 엄마가 집을 나간 후 나와 아저씨가 나눴던 대화를 기억하며 그 이유를 말해 봅시다.

활동 제목	다름을 이해하는 소통의 발걸음
활동 목표	관계맺는 대상의 특수성을 고려해서 소통의 방법을 생각해 볼 수 있다.
활동 내용	「일가」는 어느 날 불쑥 찾아왔다가 떠난 아저씨와 '나' 그리고 가족의 짧은 인연을 다룬 이야기이다. 주인공이 당숙 아저씨에게 느끼는 감정은 무엇일까? 그리고 그 감정을 느끼는 이유는 무엇일까? 나(희창)와 당숙 아저씨의 관계를 생각하며 작품을 감상해 보자. 그리고 작품을 통해 진정한 소통과 관계맺음의 의미가 무엇인지를 살펴보자.
활동 방식	① 「일가」의 작품 전체를 함께 읽어보고 줄거리를 어떻게 기억하고 있는지 돌아가며 이야기한다. ② 갈무리 활동에 제시된 Q1.과 Q2.의 질문에 대한 생각을 정리하고, 한 문항씩 발표를 진행한다. Q1과 Q2를 통해 제대로 된 소통과 관계맺음을 하기 전의 나와 가족들이 당숙 아저씨에 느끼는 감정들이 무엇인지를 확인할 수 있다. ③ 본격적인 토론의 장을 열어, Q3에 대해서 발표하고 토론하는 시간을 갖는다. 주로 친척 아저씨에 대한 나(희창)의 생각이 어떻게 변하고 있는지를 중점적으로 이야기한다. 이를 위해 아저씨와 내(희창)가 나누었던 대화를 다시 살펴보고 서로 간의 대화가 나(희창)의 생각에 어떤 영향을 미쳤을지를 고민해 본다.
참여 인원	모둠별 토론
준비물	연습장, 필기도구

생각 열기

다음 은 역사 교사와 학생들이 한반도 통일에 관해 문답식으로 주고받은 통일 이야기를 모은 책입니다.

이 책이 우리 국민들의 의식을 남북 화해와 통일 지향으로 바꾸는 데 도움이 되었으면 한다. 이 책을 써나가는 데 있어서 어느 극단의 주장에 치우치지 않고 균형 잡힌 시각을 유지하기 위해 노력했으나 다소 불편해하는 사람들도 있을 것이다. 이 점은 역사관이나 가치관, 세계관이 다르기 때문이다. 앞으로 상호 토론을 통해서 서로의 주장을 보완해 볼 수 있을 것이다. 중요한 것은 서로의 주장만 고집하다 보면 민족 통합적이고 통일 지향적인 논의는 사라질 것이라는 점이다. 통일은 보수와 진보를 떠나서 합리적인 생각을 가진 사람들이 함께 머리를 맞대는 노력을 해야 열릴 수 있다.

→ 「선생님, 통일이 뭐예요?」의 책 표지.

출처: 정경호, 『선생님, 통일이 뭐예요?』(살림터, 2013)

이 책은 저자가 몇 년 전 북한의 접경 지역 답사에 참여하고 나서 압록강에서 두만강까지 여행하는 동안, 특히 통일의 필요성을 절감한 데서 시작되었습니다. 이 책에서는 다른 나라의 통일 역사에서 배울 점을 찾고 통일 비용, 이산가족 문제, 북한의 핵 문제, 개성공단 이야기 등 구체적인 문제들에 관해 이야기하면서 통일이 바로 우리의 현실에 닥친 문제임을 알려줍니다. 이 책을 읽고 소통이 끊긴 남북 관계에 대해 되돌아보고, 진정한 소통의 필요성에 대해 생각해 봅시다.

진정한 소통을 위해서는 나의 관점에서 상대방을 이해하는 것만으로는 부족합니다. 오히려 상대와 나의 역사를 함께 나누면서 이해하려는 자세가 필요합니다. 예를 들면 한국전쟁이 왜 일어났는지, 전쟁 중에 한반도에서는 무슨 일이 벌어진 것인지 총체적으로 잘 알지 못합니다. 그렇다면 이 역사를 알기 위해 이렇게 물어볼 수 있습니다. 우리는 왜 전쟁을 경험하게 되었으며, 그리고 그런 전쟁이 한국과 북한에 어떤 상처를 남겼을까요?

⋯ 한국전쟁의 참혹함을 다루고 있는 영화 「고지전」의 이미지 컷.
출처: 네이버 영화 정보

해방, 결국 두 개의 분단국가로 막을 내리다

우리의 분단은 언제부터 시작되었을까요? 일제의 식민 통치에서 해방된 뒤, 우리 민족은 진정한 자주권을 회복하지 못했습니다. 남북의 정부는 각각 다른 과정을 거쳐 따로 수립되었죠. 해방 후 통일 정부 수립을 위해 어떤 노력이 있었는지 알아봅시다.

일제의 강점과 민족의 이산

분단은 언제부터 시작되었을까요? 보통 한국전쟁 이후 전개된 남북 분단을 그 시작으로 생각하지만, 분단은 일제 강점에서 비롯되었습니다. 1910년 8월 29일, 한일 강제병합을 시작으로 일제의 강압 통치 아래 놓인 한반도는 36년 동안 민족과 국가가 불일치하는 상황 속에서 고통받았지요. 이로 인해 한민족의 자주적인 근대화 의지는 좌절되었고, 수많은 사람이 수탈과 전쟁 동원의 고통을 겪었습니다.

일제의 강압 통치는 1945년 8월 15일에 한반도가 해방됨으로써 끝났지만, 일제에서 한반도를 해방한다는 명목으로 또 다른 외세가 한반도에 개입했습니다. 미국과 소련을 중심으로 한 냉전 구도와 좌우 대립 속에서 결국 남북에는 두 개의 정부가 수립되었습니다. 이처럼 일제 강점은 현재의 남북 분단을 초래한 근본적인 원인이 되었지요.

··· 해방을 맞은 서울 거리. 1945년 8월 16일 오전 9시, 마포형무소 앞에 모인 군중.

　일제 강점의 또 다른 폐해는 민족의 이산입니다. 현재 중국·일본·러시아 지역에 흩어져 있는 동포(재중 조선족·재일 조선인·재러 고려인)들은 대부분 일제 강점기에 한반도를 떠난 사람들입니다. 일제 강점기 때의 이주 유형은 대략 세 가지로 나뉩니다. 첫째, 정치적 탄압을 피하기 위한 망명, 둘째, 일제의 가혹한 수탈에서 벗어나 생존하기 위한 이주, 셋째, 일제의 동원 정책으로 인한 강제 이주입니다. 해외 동포들은 해방 이후에도 한반도의 전쟁과 분단 때문에 고향으로 돌아오지 못했고, 각자가 있는 거주국에서 뿌리를 내리고 살아갈 수밖에 없었습니다. 낯선 이국에서 타민족과 함께 살아야 했던 이들의 아픔 역시 일제 강점이 남긴 가슴 아픈 유산 중 하나죠.

카이로 회담과 얄타 회담

카이로 회담(1943년 11월)에
서는 한국의 독립 문제가 최
초로 논의되었고, 미국이 처
음 패전국의 식민지 국가에
대한 신탁통치를 제기하였다.
얄타 회담(1945년 2월)에서는
동아시아에 지상군을 파견할
수 있는 소련의 대일전(對日
戰) 참전 조건이 논의되었고,
포츠담 회담(1945년 7월)에서
는 소련의 참전 조건 결정과
더불어 한국을 독립시킨다는
카이로 선언의 내용이 재확인
되었다.

냉전의 중심지가 된 한반도와 신탁통치

1945년 8월 한반도에는 38선을 경계로 미국과 소련이라는 두 강대국
이 진주하였습니다. 일본을 패퇴시키고 한반도를 해방한다는 명목이
었지만, 두 강대국 모두 자국에 우호적인 국가를 한반도에 수립하겠다
는 의지를 가지고 있었지요.

연합국은 2차 세계대전의 전후 처리 문제를 카이로 회담, 얄타 회담,
포츠담 회담을 통해 논의하였습니다. 그러나 한반도 문제에 대해서는
"적절한 시기In due course에 조선을 독립시킨다"는 카이로 회담의 내용
외에는 구체적으로 합의된 것이 없었죠. 한반도를 언제 어떤 방식으로
독립시킬 것인가 하는 문제에 대해서는 2차 세계대전이 끝난 후 모스
크바에서 열린 모스크바 삼상회의(1945년 12월)에서 구체적으로 논의
되었습니다. 이 회의의 핵심은 한반도에 수립될 정부(조선임시정부)의
수립 절차, 연합국이 합의한 신탁통치 등 두 가지였습니다. 이에 미국
과 소련은 임시정부의 수립과 신탁통치의 방법에 대해 각각 안을 제
시하였고, 그 결과 다음과 같이 결정되었습니다. "1. 한반도에 민주적
인 제조치를 시행할 조선임시정부를 수립한다. 2. 조선임시정부의 수
립을 돕기 위해 미소공동위원회를 설치한다. 3. 조선임시정부와 미소
공동위원회의 협의하에 신탁통치의 내용과 방식을 결정한다. 4. 신탁
통치는 5년으로 한다."

모스크바 삼상회의의 결정 내용은 1945년 12월 27일 동아일보에
"소련은 신탁통치 주장, 미국은 즉시 독립 주장"이라는 표제로 기사화
되었습니다. 그러나 이 기사는 결정적인 오보였습니다. 신탁통치 문제
를 처음 주장한 것은 미국이었죠. 그러나 동아일보 기사를 계기로 한
반도에 신탁통치를 제기한 당사자는 소련으로 지목되었고, 신탁통치
와 소련을 반대하는 '반탁', '반소' 운동이 격렬하게 일어났습니다.

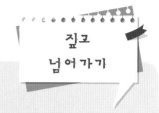
짚고
넘어가기

코리언 디아스포라(Korean Diaspora)

일제 강점기에 한민족의 이산이 더욱 심해졌다. 대표적으로 중국에 있는 조선족, 일본으로 간 조선인, 러시아 고려인과 사할린의 한인들이라 불린다. 한말 이후 일제 강점기를 거쳐 해방과 전쟁 이후 한민족들이 대규모로 해외에 이주한 것을 "한민족 디아스포라" 또는 "코리언 디아스포라"라고 한다.

1. 재중 조선족
재중 조선족의 이주 역사는 식민지 이전인 19세기 중엽부터 시작했지만, 일제 강점기 이후 폭발적으로 증가하였다. 조선총독부가 실시한 토지조사 사업으로 땅을 잃은 농민들이 생존을 위해 중국 동북 지방으로 이주하였고, 일제의 강제 이주 정책으로 수많은 조선인이 한반도를 떠나야 했다. 만주 개발을 위해 1930~1940년대에 조선인 100만 명이 강제 이주되었고, 이들 중 대다수가 고국으로 돌아오지 못하였다. 1952년 중국의 소수 민족 정책에 의해 연변 조선족 자치주가 설립되었고, 이 지역을 중심으로 재중 조선족은 삶의 터전을 마련해 갔다.

2. 재일 조선인
일반적 의미에서 재일 동포는 1965년 한일 국교 정상화 이후 이주한 뉴커머(New commer)와 그 이전에 이주한 올드커머(Old commer)로 나뉜다. 이들 중 일제 강점과 관련된 사람들은 올드커머이며, 이들은 스스로를 '재일 조선인'으로 칭했다. 자발적으로 이주한 유학생과 노동자들도 존재하지만, 대다수는 노동력 보충을 목적으로 강제 이주된 조선인이었다. 그 결과 해방 당시 일본 내에 남아 있던 조선인의 수는 230만 명에 이르렀다. 이들의 집단 귀국은 여러 차례 시도되었지만, 일본 당국의 은밀한 방해공작과 한반도의 불안정한 정세로 좌절되었으며, 현재 일본에 거주하는 재일 동포는 약 60만 명에 이르게 된다.

3. 재러 고려인 · 사할린 한인
러시아 지역의 한인 동포는 조선 후기의 삼정문란 그리고 일제의 수탈 때문에 연해주로 이주한 고려인과, 일제 강점기 때 사할린으로 강제 징용된 사할린 한인으로 나뉜다. 고려인은 1937년 일제의 간첩 혐의를 받아 중앙아시아로 강제 이주되었다. 이들은 성실성과 교육열을 바탕으로 소련의 모범적인 소수 민족으로 성장하였다. 그러나 소련 붕괴 이후 등장한 중앙아시아 민족주의에 의해 또다시 위기에 놓이면서 최근 일자리를 찾아 한국에 입국하는 고려인들이 늘어나고 있다.
사할린 한인은 1945년 사할린이 소련령이 되고 일제가 귀환 책임을 방기한 채 한국과 교류가 단절되면서 한국으로 돌아오지 못하였다. 대부분 경상도, 충청도, 전라도 등 남한 지역이 고향인 이들은 일본 정부와 한국 정부를 상대로 '고국 귀환 운동'을 벌였고, 그 결과 1992년부터 일본 적십자사와 한국 적십자사의 재정 지원으로 영주 귀국 사업이 시작되어 1세대들의 귀환이 이루어졌다.

⋯▸ 모스크바 삼상회의의 결과가 발표되자 해방된 한반도는 신탁통치에 대하여 찬탁과 반탁으로 양분되어 첨예한 갈등 양상을 보였다. 각각 신탁통치 반대(왼쪽), 지지(오른쪽) 시위.

반탁운동은 친일파가 다수 있는 우익이 주도하였습니다. 당시 한반도에서는 '친일＝매국', '반일＝애국'이라는 도식이 절대적 기준이었죠. 우익은 반탁운동을 통해 친일 정당이라는 오명을 벗고자 '친일＝매국', '반일＝애국'이라는 구도를 '찬탁＝매국', '반탁＝애국'이라는 구도로 바꾸려고 하였습니다.

한편, 좌익은 초기에는 반탁운동에 합류하였죠. 그러나 이후 그들은 '삼상회의 결정 지지'로 돌아섰습니다. 삼상회의의 핵심 중 하나는 '조선임시정부' 수립이었습니다. 그들이 보기에는 우선 '조선임시정부'를 수립하고 그 이후에 신탁통치 문제를 외세와 협의하는 것이 낫다고 판단했기 때문입니다. 결국 '신탁통치 절대 반대', '삼상회의 결정 지지'로 좌우익의 대립이 더 심해져 민족이 분열하게 되었습니다.

좌우합작운동의 실패와 분단정부 수립

좌우의 입장 차이는 일제 강점기 때부터 존재했지만, 그때에는 독립이라는 동일한 목적 아래 좌우가 함께 할 수 있었습니다. 그러나 좌익과 우익은 '해방 이후 어떠한 국가를 건설할 것인가', '모스크바 삼상회의 결정에 대해서 어떠한 입장을 내놓을 것인가'를 둘러싸고 극렬히 대립하였습니다. 그리고 국제적으로 형성된 미국과 소련의 대립, 곧 냉전은 여기에 기름을 부었죠.

임시정부 수립을 돕기 위해 1946년 5월에 열린 제1차 미소공동위원회가 아무런 성과를 거두지 못하고 휴회하였고, 이승만이 "남한만이라도 단독정부를 세우자"는 주장을 펼쳤습니다. 그러자 통일정부 수립마저 불발되고 분단정부가 수립될지도 모른다는 위기의식을 가진 세력들이 나섰습니다. 이 세력은 좌우익과는 달리 체제 지향과 이데올로기보다는 민족의 단합과 자주적인 통일정부 수립이 우선이라고 생각하는 사람들이었죠. 이들은 미국과 소련이 격하게 대립하는 마당에 우리 민족이 살아나갈 수 있는 길은 좌우합작·남북합작을 통한 민족의 단결뿐이라고 생각하고 좌우합작운동을 벌였습니다.

이들 중간파는 좌익과 우익이 극렬히 대립하던 문제에 대한 해결책을 제시하여 민족의 단결된 여론을 만들고자 하였죠. 그 결과 친일파 청산, 무상몰수 유상분배의 토지개혁, 좌우합작의 임시정부 수립 등 '좌우합작 7원칙'을 제시하였습니다. 그러나 실제적으로 힘을 가진 좌익과 우익이 적극적으로 호응하지 않고, 좌우합작운동을 주도하던 여운형마저 암살되면서 좌우합작운동은 결국 실패하였습니다.

미국은 한반도 문제를 UN에 이관하였고, UN은 인구 비례에 따른 남북 총선거를 실시하여 통일정부를 수립할 것을 제안하였습니다. 그러나 소련과 북한은 인구 비례 총선거를 실시하면 인구가 많은 남한

일러두기

신탁통치 오보 사건

신탁통치는 미국의 오래된 공식적인 전후 처리 방침이었다. 모스크바 삼상회의에서 한국 문제에 대한 최종 결정에 도달할 수 있었던 것은 소련이 미국의 제안을 수정한 새로운 안을 제출했고 이것에 미국이 동의했기 때문이었다. 사실관계가 이러했음에도 모스크바 삼상회의의 한국 문제 결정 내용이 동아일보에 의해 한국에 최초로 보도된 내용은 소련의 주장에 의해 신탁통치를 실시하게 되었다는 것이었다. 동아일보의 보도 내용은 사실 관계가 부정확한 오보에 가까운 것이었음에도 국내에 엄청난 반향을 불러일으켰다. 동아일보의 보도는 즉각적으로 광범위한 반대 운동을 촉발했다. 오랜 기간 동안의 식민 지배에 막 벗어난 상황에서 또다시 신탁통치를 받는다는 보도 내용은 광범위한 대중의 분노를 사기에 충분했던 것이다. 신탁통치안이 보도된 1945년 2월 8일 김구와 임시정부가 중심이 되어 각계 대표자들의 회합이 열리고 이튿날에는 신탁통치 반대 국민총동원위원회가 결성되었다. 이로써 본격적인 반탁운동이 전개되기 시작했다.

출처 「한국민족문화대백과」

→ 좌우합작운동의 실패 후 한반도는 돌이킬 수 없는 분단의 길로 나아갔다. 좌우합작위원회 해단식. 제일 오른쪽에 암살당한 좌우합작운동의 주역 여운형의 모습이 추가되었다.

에 유리할 것이라는 이유로 거부하였습니다. 그래서 남북 총선거는 북한 지역의 참여 없이 남한 지역만을 대상으로 치러질 예정이었습니다.

이러한 시국 속에서도 통일정부를 수립하기 위한 노력은 계속 시도되었습니다. 김구와 김규식은 단독선거를 막기 위해 1948년 2월 남북 고위급 정치 인사들의 만남을 제안하였죠. 이 제안을 김일성과 김두봉이 수락하였습니다. 1948년 4월 평양에서는 남북의 고위급 정치 인사들뿐만 아니라 분단정부 수립에 반대하는 여러 정당, 사회단체 인사들이 참여한 가운데 '남북한제정당사회단체연석회의'가 열렸습니다. 이 회의에서는 남한만의 단독선거 반대를 결의하였죠.

그러나 이러한 노력도 분단을 막지는 못하였습니다. 남한은 1948년 5월 10일 총선거를 실시하였고, 7월 17일에는 헌법을 제정하였습니다. 그리고 8월 15일에는 대한민국 수립을 선포하였습니다. 초대 대통령은 이승만이었죠. 뒤이어 북한에서도 8월 최고인민회의 대의원 선거가 열렸고, 9월 9일 조선민주주의인민공화국 수립이 선포되었습니다. 초대 수상은 김일성이었죠. 이렇게 해방된 지 3년 만에 한반도에는 두 개의 분단정부가 수립되었습니다.

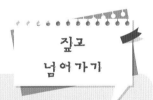

짚고 넘어가기

좌우합작운동이란 무엇인가?

좌우합작운동을 전개한 핵심 인물은 여운형으로 대표되는 중간파이다. 여운형은 해방 직후 친일파를 제외한 모든 정치 세력이 힘을 합쳐 국가 건설을 준비하자고 제창하여 건국준비위원회(이하 건준)를 조직한 인물이다. 건국준비위원회는 일제 강점기에 민족연합전선인 '신간회'의 정신을 이어받은 좌우합작 조직이었다.

좌우합작은 분단에 대한 중간파의 위기의식과 미군정의 지원으로 다시 활발히 논의되었다. 미군정은 온건한 중간파를 내세워 극좌를 제외한 모든 세력을 결집하고자 하였다. 여운형과 김규식은 1946년 5월부터 좌우합작운동을 전개하여 10월에 '좌우합작 7원칙'을 발표하였다.

그러나 우익의 한국민주당과 이승만, 좌익의 조선공산당과 같은 좌우의 대표 정당이 참여하지 않았고 김구의 한국독립당도 미온적인 태도를 보였다. 게다가 여운형이 암살되면서 좌우합작운동은 일대 위기를 맞았다. 더군다나 미소공동위원회가 결렬되고, 미국과 소련이 남북 통일정부 수립에서 '단독정부 수립'으로 한반도 정책을 전환하면서 좌우합작운동은 실패로 돌아갔다.

전쟁, 동족의 가슴에 총을 겨누다

한국전쟁은 과연 우리 민족만의 싸움이었을까요? 그리고 남과 북의 싸움은 1950년 6월 25일에 시작되었을까요? 한국전쟁의 전세가 한국으로 기울어진 사건은 무엇일까요? 한국전쟁의 휴전 협정은 언제, 어떻게 이루어졌으며, 그 영향은 무엇일까요?

소리 없는 전쟁의 시작

전쟁 이전부터 38선 근처에서는 국군과 인민군이 끊임없이 충돌하였습니다. 전쟁이 일어나기 전인 1949년만 하더라도 이미 38선에서는 크고 작은 전투가 874회(하루 평균 2~3회) 일어날 정도였죠. 이러한 충돌은 38선 부근에서뿐만 아니라 한반도 곳곳에서 발생하고 있었습니다.

총선거가 남한 지역으로 한정될 것이라고 알려지자, 제주도에서는 1948년 4월 3일 단독정부 수립을 반대하는 항쟁이 일어났습니다(제주 4·3항쟁). 제주의 군경만으로는 진압이 어려워지자 정부는 여수, 순천 지역의 군인을 파견하기로 하였는데 여수, 순천 지역의 군인들이 동족을 죽이러 갈 수 없다면서 10월 19일 반란을 일으켰죠(여순사건).

군과 경찰은 이들의 행위를 반정부 이적 행위로 규정하고 단호한 진압을 명령하였습니다. 그 결과 좌익 세력과 군·경찰뿐 아니라 수많은 민간인이 희생되었고, 살아남은 사람들은 산으로 피신하여 유격대 활동을 계속하였습니다.

여순사건을 겪은 정부는 유격대에 대한 토벌 작전을 단행하는 한편, 1948년 12월 1일 국가보안법을 제정하여 내부의 '적'을 철저히 색출하고자 하였습니다.

한반도를 둘러싼 동북아시아 정세 또한 전쟁을 예고하였습니다. 소련은 북한에 무기와 군사 장비를 지원하였고, 중국은 항일무장투쟁 경력이 있는 병력 5만 명을 북한으로 돌려보냈으며, 조국통일을 위해 군사 행동을 단행하겠다는 북한에 동의하였습니다. 미국은 중국의 공산화 이후 현상 유지 정책에서 반격Rollback 정책으로 전환합니다. 이것은 먼저 공격하지는 않지만, 공격을 받으면 단호히 대처한다는 방침이지요. 미국과 소련은 1948년 한반도에 주둔하는 군대를 철수시키면서도 언제든지 개입할 수 있는 명분을 쌓고 있었던 것입니다. 이렇게 전쟁은 소리 없이 다가오고 있었습니다.

⋯ 1년여에 걸친 제주도민의 저항과 군 경찰의 토벌 작전으로 제주도민 수만 명의 희생을 낳았던 제주 4·3항쟁.

⋯ 여순사건은 해방 정국의 소용돌이 속에서 좌익과 우익의 대립으로 빚어진 민족사의 비극적 사건이다.

한국전쟁의 발발: 내전에서 국제전으로

1950년 6월 25일 인민군의 남하로 전쟁이 시작되었습니다. 인민군은 개전 4일 만에 서울을 점령하였고, 7월 말에는 경상도 일부를 제외한

⋯→ 유엔군이 서울을 탈환하고, 38선을 돌파하는 장면.

나머지 영토를 모두 점령하였죠. 이때까지만 해도 전쟁은 국군과 인민군의 대립, 즉 내전 단계였습니다. 그러나 유엔군과 중국군이 참전함으로써 전쟁은 내전에서 국제전으로 비화하였죠.

인민군의 우세로 시작된 전세가 역전된 시점은 1950년 9월 15일 인천상륙작전부터였습니다. 유엔군의 인천상륙작전 성공으로 전세는 유엔군과 국군 쪽으로 기울었고, 9월 28일 유엔군은 서울을 탈환했습니다. 서울을 탈환한 뒤 38선을 넘어 북진을 시작한 유엔군과 국군은 10월 말에 압록강변까지 진출하였습니다.

그러나 1950년 10월 25일 중국군이 개입하면서 유엔군과 국군은 총퇴각하였고, 1951년 1월 4일에는 서울에서도 철수하였습니다(1·4 후퇴). 그러나 3월 14일 유엔군은 다시 서울을 수복하였고, 6월 11일에는 철원·금화를 점령하였습니다.

전세가 (현재의) 휴전선 부근에서 소강상태를 보이던 6월 23일, 소련이 휴전을 제의하여 유엔군과 인민군·중국군 사이에 휴전회담이 개최되었습니다. 그러나 남북한 정부의 휴전 반대, 포로 교환 문제 등을 이유로 회담이 길어졌습니다. 유엔군이 제출한 공산군 포로는 13만 2,474명이었고, 공산군 측이 제출한 유엔군 포로는 1만 1,559명이었죠. 양측은 포로 송환 문제로 대립하였으나, 1953년 3월 5일 스탈린이 사망하면서 휴전의 기운이 무르익어 포로 송환 협정이 체결되었습니다.

그러나 휴전협정 체결에 반대한 이승만 대통령은 '반공 포로' 2만 5,000명을 석방하여 국제 사회의 이목을 집중시켰습니다. 미국은 한미상호방위조약 체결, 장기간 경제 원조, 국군 증강 등을 조건으로 이승만 대통령을 설득하여 휴전 동의를 얻어냈습니다. 마침내 1953년 7월 27일 휴전협정이 이루어짐으로써 3년 1개월에 걸친 전쟁은 막을 내렸습니다.

민간인 학살과 전쟁 트라우마

3년 1개월간의 전쟁으로 쌍방에서 150만 명이 사망하고 360만 명이 부상당했습니다. 이는 1차 세계대전의 희생자보다 더 많은 숫자였죠. 대규모 피난길로 인해 수많은 전쟁고아와 이산가족이 생겨났습니다. 그리고 전쟁 중에 남편을 잃은 전쟁미망인과 몸을 다친 상이군인이 전쟁의 폐허 속에서 헤매야 했습니다.

경제적으로는 국토가 황폐해졌고 많은 산업 시설이 붕괴되었습니다. 한국은 40% 이상의 산업 시설이 파괴되었고, 북한 역시 공업 생산액 전체의 36%가 포탄에 맞아 사라졌습니다. 특히 농민들은 전쟁 수행 자금의 동원 때문에 많은 어려움을 겪었습니다.

전쟁은 군인들의 죽음만으로 끝나지 않았습니다. 전쟁의 가장 참혹한 피해는 민간인 학살이었죠. 학살의 연쇄 고리가 시작된 것은 1950년 6월 말부터 시작된 이른바 '국민보도연맹 사건'이었습니다. 남한 정부

일러두기

휴전협정

1950년 6월 25일 발생한 6·25 한국전쟁의 종식을 위해 1953년 7월 27일 체결된 협정이다. 정식 명칭은 '국제연합군 총사령관을 일방으로 하고 조선민주주의인민공화국 최고사령관 및 중공인민지원군 사령원을 다른 일방으로 하는 한국 군사정전에 관한 협정'이다. 당시 UN군 총사령관 클라크·북한군 최고사령관 김일성·중공인민지원군 사령관 펑더화이[彭德懷]가 서명했다.

이 협정으로 인해 6·25 전쟁이 정지되었고, 남북은 국지적 휴전상태에 들어갔으며, 남북한 사이에는 비무장지대와 군사분계선이 설치되었다. 그러나 당시 이승만 대통령은 통일을 주장하며 끝까지 서명하지 않았기 때문에 한국전쟁에 대한 정전협정을 평화협정으로 대체할 때에 한국이 당사자에 해당하는지 여부에 대해 논란되고 있다.

출처: 『시사상식사전』

···→ 인천상륙작전이 끝난 뒤, 울부짖는 한 어린이.

는 1949년 6월 5일 '국민보도연맹'이라는 조직을 만들어 과거 좌익 경력자들을 사상적으로 전향시키려고 하는 등 이들을 관리하려고 하였습니다. 그러나 각 지역 경찰서에 할당 인원이 하달되면서 좌익 경력자뿐 아니라 일반인들까지 무리하게 가입시켜 1950년 가입 대상자가 30만 명에 이르렀죠. 문제는 한국전쟁이 발발하자 군과 경찰이 국민보도연맹원들의 인민군 가담이나 기타 부역 행위를 우려하여 전국에서 이들을 조직적으로 학살하였다는 것입니다. 이 사건으로 20만 명이 죽었습니다. 전선이 이동하면서 이 지역에 인민군이 들어오면 다시 군경 가족에 대한 보복이 시작되었죠. 인민재판이라는 이름으로 자행한 이 보복에서도 10만 명 이상이 학살되었습니다. 죽고 죽이는 학살의 참극이 발생한 것입니다.

게다가 전선이 남에서 북으로, 다시 북에서 남으로 이동함에 따라 생존을 위해 남과 북에 협조했던 사람들이 생겨났습니다. 이들에게는 부역자(전쟁 동안에 적군에게 유리한 제반 편의를 제공한 사람) 혐의가 적용되어 학살을 피할 수 없었고, 전선이 이동하면 다시 상대방에 대한 보복이 자행되었습니다. 점령한 지역에 자신의 체제와 정책을 시행하여 체제 우월성을 보여주고 싶었던 남과 북의 정부는 민간인을 정책 수행의 대상으로 적극 동원하였습니다. 결국 군인뿐 아니라 민간인들까지 이데올로기 전쟁에 적극적으로 가담함으로써 전선이 이동된 지역에는 학살과 보복이라는 참극이 반복되었던 것입니다.

이처럼 3년 1개월간 계속된 전쟁에서 쌍방은 약 150만 명의 사망자와 360만 명의 부상자를 내고 한반도 전체를 초토화시켰습니다. 그리고 38선을 다만 휴전선으로 바꾼 채로 끝났죠. 남과 북의 정부는 이 전쟁을 조국통일전쟁 혹은 북진통일전쟁 등 통일전쟁이라는 이름으로 불렀지만, 남북 정부가 통일전쟁이라고 이 전쟁을 명명한 것과 달리 전쟁은 '분단'을 더욱 확실히 하였을 뿐이었다. 전쟁 전 '하나의 민족' 이었던 남북은 전쟁 후 '적'이 되었습니다.

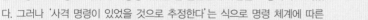

짚고 넘어가기

노근리 학살 사건과 노근리의 비극을 영화로 다룬 「작은 연못」

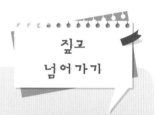

노근리 학살 사건은 한국 전쟁이 발발한 직후인 1950년 7월, 미군이 충청북도 영동군 황간면 노근리 철교 밑에서 한국인 양민 300여 명을 사살한 사건이다. 당시 미군 전투기에 폭격을 당한 피난민들은 철교에서 뛰어내려 굴다리로 피신했다. 미군은 굴다리 앞 야산에 기관총을 걸어놓고 26일부터 29일까지 굴다리를 빠져나오는 양민을 차례로 쏘아 죽였다. 이 사건으로 영동군청에 신고된 피해자 수는 사망 177명, 부상 51명, 행방불명 20명 등 248명이다.

이 사건에 대해 1960년대부터 진상규명과 배상을 요구했지만 번번이 거절당했다. 1999년 AP통신의 보도로 노근리 사건이 전 세계적인 주목을 받자 그해 10월 한국과 미국 정부는 이 사건에 대해 협의하기 시작하였고, 이후 노근리 사건 정부대책단 및 진상조사반이 구성되었다.

이후 2001년 양국 조사단은 노근리 사건이 미군에 의한 학살이라는 사건 실체를 인정했으며 당시 미국의 대통령이었던 빌 클린턴이 유감을 표명하기도 하였다. 그러나 '사격 명령이 있었을 것으로 추정한다'는 식으로 명령 체계에 따른

→ 영화 「작은 연못」의 포스터.

학살이란 사실은 공식적으로 인정하지 않았고, 이에 피해자들에게 보상할 수 없다고 발표했다.

2004년 2월 '노근리 사건 희생자 심사 및 명예회복에 관한 특별법'이 제정됐고, 2004년 7월부터 희생자 및 유족에 대한 명예회복사업을 추진하기 시작했다. 이후 피해자 가족들은 노근리 사건 피해자들의 명예회복을 위해 현재까지 계속 활동하고 있다. 노근리 사건은 2010년 「작은연못」이라는 제목으로 영화화되어 개봉되기도 하였다.

참고 자료:『시사상식사전』, 노근리 평화공원, 한국 영화 데이터베이스

전쟁이 남겨놓은 것들

전쟁 후 남과 북은 전쟁의 피해를 복구하기 위해 노력했습니다. 그런데 경제적 발전을 목표로 삼은 남북의 무리한 경쟁은 더 심각한 폐해를 낳았죠. 남북한은 역사상 최초로 통일의 원칙에 합의한 〈7·4 남북공동성명〉을 발표하기도 했습니다. 하지만 남북은 체제 경쟁을 벌이면서 오히려 독재 권력을 강화하는 방향으로 나아갔습니다.

전후 복구와 본격적인 체제 경쟁

전쟁으로 인해 한반도는 폐허가 되었습니다. 그래서 전쟁이 끝나고 남북 정부는 각각의 방식으로 전후 재건 사업을 추진하였습니다. 남한이 선택한 길은 자본주의, 북한이 선택한 길은 사회주의의 길이었지요. 서로 총구를 겨누는 전쟁을 치른 뒤 이제는 본격적인 체제 경쟁에 돌입한 것입니다. 서로 체제가 다른 국가가 국경을 맞대고 있었기 때문에 두 나라의 경쟁은 남북을 넘어 미국과 소련으로 대표되는 자본주의와 사회주의 진영 간의 대결에서 누가 승리자인지를 결정하는 시험대가 되었습니다.

경제 성장을 향해 먼저 달려간 것은 북한이었습니다. 북한은 일제 강점기에 이미 건설되어 있었던 중공업 시설과 소련의 원조를 바탕으로 중공업 우선 및 경공업·농업 동시 발전 전략을 추진하였습니다. 이러한 계획은 1956년부터 시작된 천리마운동과 연차별 경제계획과 맞물려 고도성장으로 이어졌었죠. 그러나 1960년대 중국과 소련의 갈등으로 북한의 고도성장에 제동이 걸렸습니다. 중국 편도, 소련 편도 들 수 없었던 북한은 자립 경제, 국방·경제를 동시에 발전시키는 정책을 내세우며 독자 노선을 걸었습니다. 하지만 국방비 부담이 급증하면서 경제성장률은 점차 둔화하기 시작하였습니다. 자본과 기술의 뒷받침이 부족해지자 북한의 경제성장은 점차 대중의 노력 동원에 의존하게 되었습니다. 이러한 노력 동원에 의존한 경제 성장은 1970년대에 들어서면서 한계에 이르게 됩니다.

⋯→ 천리마운동은 1958년부터 본격화된 북한의 집단적 사회주의 노동 경쟁 운동이자 사상 개조 운동이다.

⋯→ 한국의 경제 성장은 1960년대부터 본격화된다. 사진은 서독에 파견된 광부 노동자들(1963).
출처: 국가기록원

한편 한국은 1965년 한일협정 체결과 한미일 삼각 방위 체제 구축으로 일본과 미국의 군사적·경제적 지원을 받으면서 고도성장의 길을 걷기 시작하였습니다. 한일협정 체결 후 한국은 일본에서 도입한 자본과 기술에 한국의 저렴한 노동력을 결합해 저임금에 기반을 둔 수출 주도형 산업화 전략을 추진하였습니다. 이 당시 주요한 수출 품목은 신발, 가발, 섬유 등 노동 집약형 산업이었습니다. 1962년부터 시작된 경제개발계획을 통해 경공업에 이어 중화학공업의 기반을 다지면서 남한은 고도성장을 이룩하였습니다. 그러나 이러한 경제성장은 대기업에 특혜를 부여하는 불균형적인 경제 구조를 양산해 냈고, 많은 농민과 노동자들의 희생이 뒤따르는 성장통을 겪어야 했습니다. 이처럼 남북한의 체제 경쟁은 전쟁이라는 시련에도 불구하고 남북이 급속하게 산업화하는 데에 이바지했지만, 빠른 성장에 뒤따르는 많은 문제점을 과제로 남겼습니다.

7 · 4 남북공동성명과 유신 · 유일 체제

정전(停戰) 이후 총을 쏘고 칼로 찌르는 전쟁은 끝났지만, 자본주의와 사회주의 간의 이데올로기 전쟁은 끝나지 않았습니다. 남북이 전쟁의 원인을 서로 상대에게 돌리며 체제를 안정시키는 등 적대적인 대결은 오히려 더 심해졌기 때문이죠.

남한은 체제 유지와 내부 통합을 위한 이데올로기로서 '반공', '반일'을 통해서, 북한은 '반자본주의', '반미'를 통해 자신들의 체제를 공고하게 하려고 했습니다. 그리고 그것에 맞게 국민의 의식을 개조하여 국가를 유지하고자 하였습니다.

남한에서는 5 · 16 군사 쿠데타(1961)로 들어선 박정희 정부가 경제제일주의를 내세웠고, 반공 기조를 더욱 강조하였습니다. 그리고 "일하면서 싸우고, 싸우면서 일하는 국민" 만들기 작업에 본격적으로 돌입하였지요.

북한에서는 김일성을 중심으로 권력을 강화하였습니다. 국내파, 연안파, 소련파, 갑산파와 같은 세력들을 차례차례 숙청하였고, 김일성 1인 독재 체제를 확고히 구축하였습니다. 주민들에게는 "하나는 전체를 위하고, 전체는 하나를 위하여"라는 집단주의적 생활윤리를 강조

청소년을 위한 통일인문학

··→ 7 · 4 남북공동성명 직전 북측 특사 자격으로 박정희 대통령을 방문한 박성철 북한 제2부수상.

하였습니다.

　이러한 남북한의 체제 강화와 대결 구도는 1969년 미국의 닉슨 대통령이 발표한 닉슨 독트린으로 급변하게 됩니다. 닉슨 대통령은 냉전 체제의 청산을 외쳤고, 1970년대 초 미 · 중 수교를 체결하는 등 데탕트(긴장 완화) 시대를 이끌었습니다. 미국과 중국의 요구로 남북은 1971년에 남북적십자회담을 개최하고, 1972년에는 남북한 간의 최초 합의문인 7 · 4 남북공동성명을 발표하여 긴장 완화 정책에 부응하였습니다. 그러나 이러한 변화는 반공 · 반미로 분단 구조를 유지하는 남북한 정부 양측에 위험한 것이기도 하였습니다.

　7 · 4 남북공동성명 이후 남북한 양 정부는 각각 유신 체제와 유일 체제를 더욱 강화하였습니다. 남한의 박정희 정부는 1971년 12월 6일에 국가비상사태를 선언하였고, 1972년 10월 17일에 국회를 해산하고 정당 및 정치 활동을 중단시켰습니다. 12월 27일에는 유신헌법을 선포하여 국민의 기본권을 제한할 수 있는 초헌법적 권리를 대통령에게 부여하였습니다.

일러두기

냉전 체제(冷戰體制)

제2차 세계대전이 끝난 1945년부터 40여 년간 자본주의 국가의 맹주 미국과 사회주의 국가의 맹주 소련이 세계를 분할하여 대립하던 국제 질서 체제를 말한다.

소련이 붕괴하고 사회주의 블록이 무너지면서 1990년대 이후 "냉전후시대(the post Cold War era)" 또는 "탈냉전시대"라고 불리는 새로운 세계 질서가 이루어졌으며 냉전 체제는 끝났다.

⋯▸ 『김일성 선집』 홍보 포스터.

일러두기

주체사상(主體思想)

김일성이 창시하고 김정일 국방위원장이 발전시킨 북한의 혁명 사상을 말한다. 북한의 모든 정책과 활동에 기초가 되는 조선노동당의 유일 지도 사상으로 주체 확립이라는 정치적 목적에서 비롯하였다.

　　북한 역시 기존의 헌법을 폐지하고 〈조선민주주의인민공화국 사회주의헌법〉을 제정하였습니다. 새로운 헌법은 주체사상을 법으로 규범화하였고, 김일성을 주석으로 추대하였습니다. 이로써 권력이 수령 1인에 집중되었고, 수령 중심으로 사회 체제가 모두 재조직되었습니다. 특히 1974년에는 '온 사회의 주체사상화'를 당의 최고 강령으로 결정하였는데, 그 결과 김일성 교시에 대한 암송 등 김일성에 대한 숭배가 한층 강화되었습니다.

　　7 · 4 남북공동성명을 통해 남북은 '자주 · 평화 · 민족대단결'이라는 3원칙 아래 함께 통일을 위해 노력한다고 약속했습니다. 하지만 그 결과 오히려 유신 · 유일 체제가 강화되었습니다. 왜 그렇게 되었을까요? 대결 구도에 익숙한 남북한 정부는 미국과 중국이 주도한 긴장 완화를 자신들의 체제 유지에 위협이 된다고 보았습니다. 회담을 위한

⋯▸ 1972년 12월 27일, 김종필 국무총리가 유신헌법을 공포하고 있다.

방문 과정에서 상대의 발전상을 서로 보게 된 남북한 정부는 자신이 상대방을 압도할 수 있는 준비가 되어 있지 않다는 것을 알게 되었습니다. 이후 남북한 정부는 상대방을 압도하는 체제를 구축하길 원했습니다. 그리고 이를 위해서는 더 단결된 국민 총화와 권력 집중이 필요하다고 생각했습니다. 이는 결국 7·4 남북공동성명에도 불구하고, 남북 대결 구도가 더욱 강화되는 결과를 낳았습니다.

일러두기

유신체제

1972년, 박정희 대통령이 남북 분단의 현실과 국제 사회의 변화에 능동적으로 대처한다는 명분 아래, 대통령의 권한을 크게 강화하고 국민의 기본권을 제한한 유신 헌법을 만들어 독재 정권 체제가 성립되었다. 이를 유신 체제라고 한다.
출처: 『Basic 고교생을 위한 사회 용어사전』

한국전쟁 역사 신문 만들기

한국전쟁 시기 발생한 한 사건을 조사하고 이를 바탕으로 보도 기사, 해설 기사, 인터뷰, 사설, 만화 · 만평을 구성하여 역사신문을 만들어 봅시다.

1. 주제: 한국전쟁. 한반도에는 과연 무슨 일이 있었나?

2. 분량: A4 4장 이내

3. 작성 방법: 기사(사실 보도 기사, 해설 기사문), 가상 인터뷰 1개 이상, 만평 · 만화 1편
   이상 포함.

4. 활동 방법

   1. 5~6명의 조를 편성하고 조장을 선출합니다.

   2. 조장을 중심으로 신문 제작에 필요한 여러 역할을 분담합니다.

      예시: 제작책임자(조장), 편집장(편집 및 사설 담당), 기자(사실 보도, 인터뷰), 만평가

   3. 기자들은 제작책임자와 함께 주제에 맞는 사건의 취재 기획을 세웁니다.

   4. 기자들은 사건 연표를 참고하여 특정 사건을 결정하고 맡은 부분에 대해 교
   과서, 참고서적, 인터넷 사이트 등을 활용하여 자료를 조사합니다.

   5. 편집장은 기사의 지면 배치를 결정하고 헤드라인과 제목을 선정합니다.

   6. 지면 배치가 결정된 후에 기자들은 기사를 작성하고, 편집장의 감독하에 하
   나의 지면에 모으도록 합니다.

   7. 신문을 제출하여 공개하고, 다른 조와 공유하고 평가합니다.

활동 제목	한국전쟁 역사 신문 만들기
활동 목표	한국전쟁과 관련한 역사신문 만들기는 한국전쟁에 대한 학습자의 이해를 높이고, 사건에 대한 학습자의 비판적 의식을 기르는 것을 목표로 한다.
활동 내용	한국전쟁 시기(전쟁 시작 이전~종전)에 발생한 한 사건을 조사한다. 이를 바탕으로 보도기사, 해설 기사, 인터뷰, 사설, 만화·만평을 구성하여 역사신문을 만든다.
활동 방식	활동은 총 2차시(차시당 1시간)로 나눈다. 1차시는 사전 설명과 조 편성, 신문 구성(보도기사, 해설 기사, 인터뷰, 사설, 만화·만평)이 무엇인지 설명한다. 교사는 한국전쟁 사건 연표를 제시하여 토론을 통해 주제를 잡을 수 있도록 도와준다. 1차시가 끝나면 각자 맡은 역할에 맞게 자료를 찾아오는 것을 과제로 제시한다. 2차시는 실제 신문을 만드는 과정을 수행한다. **1차시** ① 조 편성: 5~6명의 조를 편성하고 조장을 선출한다. 조장은 조의 활동을 책임지고 교수자와 협의한다. ② 신문 성격 결정: 신문은 한국전쟁 당시의 사건을 집중 취재한다. ③ 역할 분담: 조장을 중심으로 신문 제작에 필요한 여러 역할을 분담한다[예시: 제작책임자(조장), 편집장(편집 및 사설 담당), 기자(사실 보도, 인터뷰), 만평가]. ④ 사건 정리 과정: 한국전쟁 시기의 중심 사건을 정리한다. 교수자는 해당 시기의 주요 사건들을 연표로 제시하여 신문 제작을 돕는다. **2차시** ① 내용 선정과 편집: 사건 연표를 참고하여 특정 사건을 결정하고 맡은 부분에 대해 교과서, 참고 서적, 인터넷 등을 활용하여 자료를 조사한다. 자료를 선별하여 신문에 실을 내용을 편집하고 신문 주제에 합당한지 조원들과 토론한다. 다음으로 지면의 배치를 결정하고 머리기사와 제목을 선정한다. ② 신문 제작: 신문을 제작한다. 우선 지면 배치를 결정한 후에 각자 기사를 작성한 다음, 편집장의 감독하에 한 지면에 모으도록 한다. ③ 신문 제출과 평가: 신문을 다른 조와 공유하고 평가한다.
참여 인원	모둠별 활동
준비물	도화지, 필기도구, 가위, 풀 등

'분단의 역사를 이해하는' 퀴즈 활동

지금까지 우리는 분단의 역사에 대해 공부하였습니다. 배운 내용을 바탕으로 하여, 학습 퀴즈를 해보도록 합시다.

1. 4~6명을 기준으로 조를 구성합시다.

2. 사회자는 학습 내용을 바탕으로 하여 퀴즈 문제를 준비합니다.

3. 각 조에 답을 적을 수 있는 스케치북을 제공하여 학생들이 서로 상의하여 문제를 풀 수 있도록 합니다.

4. 사회자가 문제를 내고, 답을 적었는지 확인합니다.

5. 15~20개 문제를 내고 답을 맞힐 때마다 스티커를 하나씩 제공합니다.

6. 퀴즈 활동이 끝난 후 스티커가 가장 많은 조가 상품을 받습니다.

7. 다음의 문제들을 바탕으로 퀴즈 활동을 구성합니다.

1. 제2차 세계대전 말 연합국이 개최한 회담 중 한국 문제가 최초로 논의된 회담은 무엇인가요?

2. 모스크바 삼상회의의 결정 내용에 대해 잘못 보도함으로써 찬탁과 반탁 논쟁을 촉발한 사건은 무엇인가요?

3. 모스크바 삼상회의 결정에 대한 의견 차로 좌우익의 대립이 갈수록 심화되었는데, 이를 중재하기 위한 운동을 무엇이라 부르나요?

4. 분단정부 수립을 막기 위해 평양에서 열린 회담의 이름은 무엇인가요?

5. 제주도의 남로당원 진압을 위해 양민들을 무참히 학살한 사건은 무엇인가요?

6. 한국전쟁 당시 전세를 남한 쪽으로 역전한 계기는 무엇인가요?

7. 한국전쟁의 개전일과 휴전일은 언제인가요?

8. 한국전쟁 때 과거 좌익 경력자들이 북한에 부역 행위를 할 것이 두려워 군경이 이들을 인민군 남하 전 미리 학살한 사건은 무엇인가요?

9. 북한은 이 운동을 통해 전후 복구 사업을 신속히 마칠 수 있었습니다. 이 운동은 무엇인가요?

10. 데탕트 시대를 연 미국의 외교 정책은 무엇인가요?

11. 남북의 통일에 대한 최초의 합의문은 무엇인가요?

활동 제목	'분단의 역사를 이해하는' 퀴즈 활동
활동 목표	퀴즈를 준비하는 과정에서 지금까지 배웠던 내용들을 다시 한 번 정리하고 퀴즈 활동을 통해 분단의 역사에 대한 인식 정도를 확인한다.
활동 내용	조를 만들어 이와 관련된 퀴즈를 함께 풀어보고, 한반도가 어떤 과정을 거쳐 분단되었는지를 살펴본다.
활동 방식	① 4~6명을 기준으로 조를 만든다. 조를 나눌 때는 학생들의 이해 정도를 고려하여 수준의 차이가 심하게 나지 않도록 한다. ② 조별로 10분간 관련 내용을 같이 복습한다. 학생들이 내용을 복습하는 동안 사회자는 제시된 문제를 고려하여, 문제를 낼 순서를 생각한다. ③ 사회자는 문제를 내고, 조별로 답안을 답안지에 작성한다. 한 문제마다 적절히 시간을 부여하고 조원들이 상의하여 답안을 적을 수 있도록 한다. ④ 정답을 맞힌 조들의 점수표에 스티커를 붙인다. ⑤ 퀴즈가 끝난 후 스티커가 가장 많은 조가 상품을 받는다.
참여 인원	모둠별 활동
준비물	스케치북, 매직펜

생각 열기

다음 은 어느 탈북민의 수기입니다. 북한은 헌법으로 신앙의 자유를 보장하지만, 정작 탈북민은 교회를 접해 본 적이 없다고 털어놓습니다. 이 탈북민은 한국에 입국하여 많은 교회를 보고 놀랐다고 말했죠. 탈북민은 또 무엇을 보고 놀랐을까요?

여러분들, 북한에도 교회당이 있는 사실을 아시나요? 저는 북한에서 태어났지만 북한에 교회가 있다는 사실을 중국에 와서 알았습니다. 평양에 봉수교회, 칠골교회가 있다고 합니다. 그리고 교회당에서 많은 사람이 성경책을 들고 예배를 드린다고 합니다. 김부자를 우상화하는 북한 사회에서 신기한 광경이 아닐 수 없습니다.

북한 헌법 제68조에는 '공민은 신앙의 자유를 가진다'라고 규정하고 있습니다. 북한은 2001년 7월 제2차 국가인권보고서에 대한 UN인권이사회 심의에서 북한의 종교 인구는 기독교도 1만 명, 천주교도 3천 명, 불교도 1만 명, 천도교 1만 5천 명으로 총 4만 명 정도이며 봉수교회, 칠골교회, 제일교회 등 3개의 교회와 500개의 가정예배처소, 장청성당, 60여 개의 사찰, 52개의 천도교당, 그리고 2006년 8월 준공된 러시아정교회인 정백사원 등 각 종교의 성소가 있다고 밝혔습니다. 또한 천주교 사제만 없을 뿐 교직자 수도 기독교 300명, 불교 200명, 천도교 250명에 이르며 이들에 의해 종교의식이 거행되고 있다고 합니다.

(……)

한국에 와서 깜짝 놀란 것은 곳곳마다 십자가가 걸려 있는 교회당이 많다는 사실입니다. 지금도

신기하지만 신앙의 자유가 있는 곳이 있다면 북한이 아닌 한국이겠죠. 언젠가는 북한에도 한국과

같이 예수님을 구주로 믿고 예배를 드릴 수 있는 그런 날이 하루속히 왔으면 좋겠습니다.

출처: 탈북민닷컴(http://www.talbukmin.com/)

북한 사람들은 우리와 완전히 다른 사람일까요? 북한 사람들은 어떤 의식을 가지고 있을까요? 우리가 겪어보지 않고서 그냥 북한에서의 삶은 한국과 다르다고만 하면 될까요? 사람이 살아가는 데 필연적으로 겪게 되는 문화생활을 중심으로 고민해 봅시다. 과연 우리와 어떤 차이가 있을까요? 언어는 민족을 이야기하는 데 중요한 연결고리가 되죠. 그렇다면 한국과 북한의 언어는 어떻게 다른가요? 그리고 언어가 달라진 까닭은 무엇일지 생각해 봅시다.

⋯→ 탈북민의 정착 과정을 다룬 영화 「무산일기」 중 한 장면.

출처: 네이버 영화 정보

북한 주민의 의식에 다가가기

2003년에 대구에서 하계 유니버시아드 대회가 열렸을 때의 일입니다. 이때 북한의 '미녀' 응원단이 참가하였죠. 그런데 한 가지 사건이 발생했습니다. "장군님의 사진이 지상에서 너무 낮게 걸려 있는데다 비를 맞도록 방치돼 있다"는 이유로 김정일 국방위원장의 사진이 담긴 현수막을 떼어낸 것이죠. 이들 중 일부는 눈물을 흘리기도 했습니다. 이 사건을 두고 한국 주민들은 이들의 행동이 이해되지 않는다며 당황하였습니다. 북한 응원단은 왜 그랬을까요?

모든 활동이 집단으로 이루어지는 북한 사회

북한에서는 개인보다는 집단을 우선시합니다. 북한에서 집단주의는 사회생활의 기초이며, 정치 · 경제 · 문화 · 도덕 등 모든 분야에서 추구하는 가치입니다. 실제로 북한에서는 1992년 헌법 개정을 통해 "하나는 전체를 위하여, 전체는 하나를 위하여"를 가장 중요한 가치로 규정하였습니다. 집단주의는 개인의 권리나 이익보다는 집단의 이익과 동지애 등을 중요하게 생각합니다. 북한은 집단주의적인 사상과 행위를 인민대중의 생활문화로 정착시키고자 하였습니다. 북한에서는 집단주의 사상을 4가지 태도로 설명합니다.

① 집단의 사업을 개인의 사사로운 일보다도 앞세우고 복종하는 태도
② 사회적 소유를 귀중히 여기며 그를 확대 · 발전시키기 위해 노력하는 태도

③ 네 일, 내 일을 구분 없이 오직 집단의 이익을 위하여 헌신하는 태도

④ 혁명적 동지 우애심과 호상 원조의 태도

전쟁이 끝난 후 천리마운동과 함께 인민대중의 집단주의 생활화가 본격적으로 시작되었습니다. 천리마 작업반에서는 집단적 증산 운동을 북한 사회 전체의 생활문화 운동으로 확대하였습니다. 집단주의는 산업 현장에서도 다양한 운동으로 확대되었습니다. 군대의 경우, '붉은기중대' 운동이라는 이름으로 군인들에게 '집단적 영웅주의'를 발휘하도록 하였습니다. '집단적 영웅주의'란 수령과 당, 사회주의 조국과 인민을 위하여 집단적인 용감함과 희생정신을 발휘하여 투쟁하는 사상과 영웅적 행동을 뜻합니다. 이러한 집단주의 생활문화를 통해 북한은 전 인민대중을 '공산주의 새 인간', 즉 개인의 이익보다 전체의 이익을 중요하게 생각하는 공산주의 사상 의식이 투철한 인물로 양성하고자 하였습니다.

북한 교육 목표 역시 '하나는 전체를 위하여, 전체는 하나를 위하여'라는 공산주의 원칙을 위해 투쟁하는 혁명가를 양성하는 것입니다. 사회와 인민, 노동계급을 위하여 투쟁하는 공산주의자를 길러내자는 것이죠. 이러한 교육 원리에 따라 북한의 청소년들은 집단을 우선하는 의식을 내면화하도록 교육받습니다. 학교 안팎에서 집단주의적 의식이 체화되도록 조직 활동을 합니다. 이러한 조직 활동의 대표적인 예가 '생활 총화'입니다. 생활 총화는 학교, 직장 등 북한의 어떤 조직이나 단체에서 공통으로 실시하는 생활 평가입니다. 학생들은 수업이 끝난 다음에 집단 활동이나 소조 활동을 합니다. 직장인들은 사상 검토회, 작업반 소조회 등을 통해 집단주의적 활동과 평가를 합니다.

집단주의는 공동의 노력과 공동의 보상을 전제로 하기 때문에 부작용도 있습니다. 예를 들어 '사회적 나태' 현상이 나타나는데, 이것은

일러두기

프롤레타리아트
(Proletariat)

프롤레타리아트란 말은 라틴어 "Proletarius"에서 나왔다. 이 말은 정치적인 권리나 시민으로서의 의무도 없고 다만 자식밖에 남길 것이 없는 무산자들, 즉 아무것도 소유하지 않은 자들이라는 의미를 가지고 있었다. 고대 그리스나 로마에서도 이와 같은 자들이 존재했었는데, 카를 마르크스는 이 개념을 아무것도 소유한 것이 없기 때문에 그 스스로를 해방시키기 위해서 다른 모든 자들을 무산자로 만들 수밖에 없는 존재들이라는 의미로 사용하였다.

생산성 저하 요인이라고 합니다. 하지만 북한 주민에게 집단주의는 북한 체제를 유지하는 핵심이자 고유한 정체성으로 뿌리를 내리고 있습니다.

"수령=국가"의 이상한 나라, 북한?

북한은 유일 지배 체제가 3대째 세습되었습니다. 아무리 억눌려 있다 해도 북한 주민들이 이러한 체제를 별다른 갈등 없이 받아들인다는 자체가 이상하게 여겨집니다. 이로 인해 북한 주민을 이해할 수 없는 '이상한 사람'으로 보게 되기도 됩니다.

이러한 북한에 대해 일부에서는 북한 주민들이 '정치적인 목적에 따라 강압적으로 동원된 것'으로 이해하기도 합니다. 하지만 단순한 동원으로만 보기 어려운 면도 있습니다. 북한 체제에 대한 이해, 특히 수령에 대한 이해 없이는 북한의 정신세계를 이해하는 것은 사실상 불가능합니다.

북한에서 말하는 수령은 단순한 정치 지도자의 개념을 넘어선 초계급적 지도자입니다. 수령은 '당의 최고영도자이며 프롤레타리아 독재 체계의 총체를 영도하는 최고뇌수이며 전당과 전체 인민의 통일단결의 유일한 중심'이라고 설명합니다. 북한에서는 '노동계급의 지도자로서 수령에 대한 충성과 수령의 영도를 따르는 것'이 자신의 이익을 위하는 방법이라고 강조합니다. 따라서 '수령 없이는 당이 있을 수 없으며 수령의 영도가 없이는 노동계급이 혁명투쟁에서 승리할 수 없다'고 주장합니다.

북한에서는 이러한 수령에 대한 우상화 교육이 어린 시절부터 이루어집니다. 북한 교육의 목표는 모든 청소년을 '주체형의 도덕적 공산

···▸ 1980년 10월 조선노동당 제6차 당대회 석상에서 김일성 주석과 김정일 비서가 협의하고 있다.

주의자'로 기르는 것입니다. '주체형의 도덕적 공산주의자'는 "주체사
상으로 튼튼히 무장하고 당과 수령에 대한 충실성을 제일생명으로 여
기는 참된 인간"이라고 설명합니다. 청소년 정책의 궁극적인 지향점
은 수령에 대한 충실성 강화에 있습니다.

　이를 위해 '경애하는 수령 김일성 대원수님 어린시절', '위대한 령도
자 김정일 국방위원장 원수님 어린시절', '항일의 녀성영웅 김정숙 어
머님 어린시절' 등, 김일성·김정일 국방위원장·김정숙 우상화와 관
련한 과목을 배웁니다. 이 과목은 초등교육과 중등교육 전 과정에 걸
쳐 있습니다. 지속적이고도 강도 높은 우상화 교육을 통해 북한 주민
들은 김일성 일가에 대한 존경과 애정을 내면화합니다.

　북한은 주체사상을 통해 김일성 일가를 '백두혈통'으로 정당화하며
북한 주민에게 무조건적 충성을 요구합니다. 혁명적 수령관은 수령이

···▶ 왼쪽부터 김일성-김정일-김정은 3대에 이은 북한의 세습 체제.

인민의 뇌하수체이며 혁명적 세계는 수령(두뇌)—당(몸)—인민(팔다리)으로 구성되어 있다는 사상입니다. 또한 사회주의 대가정론은 사회주의 국가가 하나의 가정과 같으며, 아버지(수령)—어머니(당)—자식(인민)으로 이루어졌다는 사고입니다.

주체사상에서 말하는 사회정치적 생명은 수령에 의해서 주어지기 때문에 수령에 대한 무조건적인 복종이 요구되는 것입니다. 북한에서 '수령'은 김일성—김정일—김정은의 세습을 거치면서 어느 누구도 넘볼 수 없는 특수한 위상을 차지하게 되었습니다.

그렇다면 북한 주민들은 어떠한 의식을 가지고 있을까요? 북한 주민들이 모두 주체사상을 무조건 추종하는 것은 아닙니다. 북한 주민들은 표면적으로는 당국이 요구하는 가치관을 받아들이면서도, 내면적으로는 자신의 이해에 부합하는 현실적 가치관을 발달시켜 왔습니다. 결국 북한 주민의 행동 양식은 이상적 가치관과 현실적 가치관 사이의 타협의 산물이라고 할 수 있지요.

청소년을 위한 통일인문학

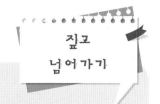
북한의 집단 체조와 다큐멘터리 영화 「어떤 나라」

「어떤 나라」는 영국의 다큐멘터리 영화감독인 대니얼 고든의 작품으로, 세계 최초로 북한에 직접 들어가 제작한 장편 다큐멘터리이다. 북한을 있는 그대로 그렸다는 것으로 잘 알려진 이 영화는 집단 체조에 참가한 평양의 평범한 두 소녀에 대한 다큐멘터리이다.

북한 최고의 행사인 전승기념일 집단 체조에 참여하게 된 여중생 13살 현순이와 11살 송연이는 김정일 장군님께 자랑스러운 모습을 보이기 위하여 열심히 연습에 임한다. 카메라는 연습이 시작된 겨울부터 공연이 있는 9월까지 강도 높은 훈련을 오로지 당에 대한 충성심으로 이겨내는 모습과 더불어, 가끔 연습을 몰래 빼먹기도 하고 공부하라는 부모님의 잔소리가 지겹기만 한 여느 십대 소녀들과 같은 모습을 지닌 평양 소녀 현순이와 송연이의 일거수일투족을 따라간다.

한편, 이 영화에 등장하는 집단 체조는 북한의 집단주의적인 특성을 잘 드러내는 예술 장르이다.

공산주의자로의 훈련, 집단 체조
집단 체조를 발전시키는 것은 어린 학생들을 완숙한 공산주의자로 훈련시키는 데 중요하다…… 어린 학생들은 그들의 전체 사고와 행동을 공동체에 복속시키기 위해 모든 노력을 다 하게 된다.(김정일, 「집단체조에 대하여」, 1987년 4월 11일.)

이상의 발언에서 집단 체조에 담긴 집단주의적 의식을 살펴볼 수 있다.

→ 다큐멘터리 영화 「어떤 나라」의 포스터.

북한 주민들은 어떻게 살아갈까?

북한에서의 삶은 한국과 많이 다를까요? 사람이 살아가는 데 필연적으로 겪게 되는 문화생활을 중심으로 고민해 봅시다. 과연 북한 주민들의 삶은 우리와 다를까요, 같을까요?

북한 학생들은 모두 똑같은 교육만 받는다?

북한에서는 모든 학생이 같은 교육을 받을 것이라고 생각하기 쉽습니다. 실제로도 북한의 학생들은 대개 비슷한 교육을 받지만, 특별한 교육을 받는 학생들도 있습니다. 한국의 특성화 학교처럼 북한에서도 학업 성취도가 우수한 학생들을 위한 학교가 있습니다. '제1중학교'입니다.

1986년 '수재를 전문적으로 양성하는 학교를 세울 데 대한 교시'가 내려지고 나서 한국의 영재학교와 유사한 기능을 가지고 있는 '제1중학교'가 전국에 세워졌습니다. '뛰어난 소질과 재능을 가진 학생들을 옳게 선발, 체계적인 교육을 시키'라고 김정일 국방위원장이 지시한 데에 따른 것이었습니다.

제1중학교에는 인민학교 졸업생이나 일반 고등중학교 재학생 중 과학과 수학 교과에 뛰어난 학생이 뽑힙니다. 제1중학교는 시설이 일반 학교에 비해 월등히 훌륭하며, 과학과 외국어에 중점을 두고 수업을 합니다. 1~2학년 동안 학생 개개인의 지적 능력을 평가해 3학년 부터는 개별적으로 학생을 지도합니다. 지원을 많이 하는 만큼 성적을 매우 엄격하게 관리하여 낙제 점수를 두 번 받으면 퇴학을 당합니다.

제1중학교 학생들은 학업에 전념하라는 뜻으로 농촌 지원 활동이 면제되기도 합니다. 졸업생은 대학을 갈 때 예비시험을 치지 않고 본 시험에 응시할 수 있습니다. 수재 학교 학생들인 만큼 졸업 후에는 많은 학생이 김일성종합대학이나 김책공업종합대학 같은 일류 대학에 진학하죠.

예체능 관련 영재들을 교육하는 기관으로는 금성 제1중학교와 제2중학교가 유명합니다. 금성 제1중학교는 만경대 구역 금성동에 위치한 만경대학교소년궁전 부속학교이며, 금성 제2중학교는 평양학생소년 궁전 부속학교입니다. 금성 제1, 2중학교나 평양외국어학원과 같은 특수학교에는 전문부가 있습니다. 전문부에는 고등중학교 졸업생 가운데 기악이나 무용, 성악 부문에서 재능이 뛰어난 학생들이 뽑힙니다. 이 학생들은 대학 과정에 해당하는 교육을 받고, 졸업한 후에는 각 예술 단체에 가게 됩니다.

북한에서도 교육열은 상당합니다. 대학 입시를 위한 과외 교육도 공공연하게 이루어지고 있지요. 사교육을 위한 학원이 없어서 주로 교사에게 과외를 받습니다.

북한 사람들은 어떻게 취업하나?

한국에서는 언제든 개인의 의지에 따라 직종을 변경할 수 있는 자유가 있습니다. 그렇다면 사회주의 국가인 북한에서 사람들은 어떻게

일러두기

북한의 교육제도

북한의 취학 전 교육기관으로는 탁아소와 유치원이 있다. 유치원은 낮은반(만 4세)과 높은반(만 5세)으로 나누어져 있는데 높은반은 의무 교육에 포함되어 있어 모든 어린이들이 이수해야 한다. 유치원을 마치면 소학교에 입학하게 된다. 소학교는 얼마 전까지 인민학교라 불렸는데 남한의 초등학교에 해당한다. 남한 어린이들이 초등학교에서 6년간 공부하는 것과는 달리, 북한 어린이들은 소학교에서 4년간 공부를 하게 된다. 결과적으로 만 10살이 되면, 남한의 어린이들은 초등학교 5학년이 되는데, 북한의 어린이들은 소학교를 졸업하게 된다. 소학교를 졸업하면 얼마 전까지 고등중학교로 불린 중학교에 들어가게 된다. 우리는 중학교 3년, 고등학교 3년으로 나누어져 있는데, 북한에는 합쳐서 6년으로 되어 있다. 북한에는 만 16살에 중등 교육을 마치는데, 같이 6년제 중등교육을 마쳤다 하더라도 북한 청소년이 나이가 조금 어린 셈이다.

출처: 통일교육원 홈페이지, 북한청소년백과

취업을 할까요? 북한 사람들은 중학교를 졸업하고 직장에 들어갑니다. 법적으로는 개인이 직업을 선택할 수 있습니다. 하지만 실제로는 당과 행정기관이 결정하기 때문에 개인의 선호는 잘 반영되지 않습니다. 그래서 북한은 취업이라는 말보다는 '배치'라는 용어를 더 많이 사용합니다.

보통 직장 배치는 대학 졸업생·군 제대자·중학교 졸업생, 이렇게 세 부류로 나누어 이루어집니다. 대학 졸업생은 면담 이후 학업 성적·사상·조직 활동 등을 바탕으로 직장에 배치합니다. 군 제대자는 출신 지역 시·군 인민위원회가 배치합니다. 군대에 가지 않은 중학교 졸업생들도 군 제대자와 비슷한 과정을 거치는데, 일괄적으로 집단 배치되는 경우가 많습니다.

북한에서도 연애결혼이 가능할까?

국적을 불문하고 수많은 청춘 남녀들이 연애를 거쳐 결혼합니다. 중매를 통해 결혼하는 경우도 많지만, 현재는 풋풋한 이미지가 강한 연애결혼을 선호하지요.

그렇다면 북한은 어떨까요? 경직된 사회라는 이미지 때문에 자유로운 연애가 어려울 것 같지만, 북한에도 연애결혼이 존재합니다. 북한에서는 연애결혼을 '맞혼인'이라고 부릅니다. 일반적으로 북한 남자들은 13년이라는 군 복무 기간 때문에 이성 교제를 할 수 있는 시간이 부족합니다. 그래서 군을 제대하면 이미 나이가 많기 때문에 중매로 결혼하는 경우가 많습니다. 또한 대학생들은 원칙적으로 연애가 금지되어 있어 들킬 경우 퇴학을 당하기도 합니다.

그러나 최근에는 군 복무 기간에도 연애를 지속하는 연인들이 있고,

대학에서도 '도둑연애'라 하여 남몰래 사랑을 이어가는 경우가 늘어나고 있습니다. 최근 젊은 세대는 직장이나 일상 속에서 짝을 찾는 추세입니다. 농촌에서도 친척이나 친구의 소개로 맞선을 본 이후 연애결혼을 하는 것이 대세입니다. 중년 세대는 이러한 자유로운 연애 풍속을 우려하기도 하지만, 젊은 세대는 변화를 자연스럽게 받아들이고 있습니다.

⋯⋯손을 잡고 걸어가는 북한 연인.
출처: 민족21

북한에서도 배우자의 조건은 중요합니다. 그중 출신 성분을 가장 중요한 조건으로 여기기도 했습니다. 북한 사회는 '성분'이 사회적으로 매우 중요하기 때문이지요. 출신 성분이 좋은 집안과 결혼을 선호하기에 당 간부나 군관이 인기가 높습니다. 최근에는 출신 성분뿐만 아니라 경제력도 매우 중요한 요소로 인식합니다. 돈을 벌기가 쉬운 외화벌이 일꾼과 대외무역 종사자가 북한 여성들 사이에서 인기 있는 배우자의 직업으로 떠오르고 있습니다. 그러나 당에 충실하고 품성이 성실한 사람이어야 한다는 기본 전제를 충족해야 합니다. 그래서 제대 군인이자 대학 졸업생인 남성이 꾸준히 인기가 있습니다.

북한의 결혼식은 어떻게 진행되나?

한국의 결혼식이 주로 주말에 진행되는 것처럼 북한 역시 일요일을

일러두기

북한 사람들은 보통 언제 결혼을 할까?

북한의 가족법은 남자 18세, 여자 17세부터 결혼을 할 수 있다고 규정한다. 그러나 대체적으로 결혼 적령기는 남자가 28~30세, 여자는 23~25세쯤이다.

일러두기

북한 사람들도 궁합을 볼까?

기본적으로 북한에서 사주와 궁합은 '사회주의 생활양식'에 맞지 않기 때문에 금지한다. 그리고 비과학적인 미신 행위라 여겨 많이 보지는 않지만, 간혹 남몰래 궁합을 보는 경우도 있다.

비롯한 공휴일에 결혼식을 올립니다. 대부분 전통 혼례식을 합니다. 그러나 신부만 한복을 입고, 신랑은 주로 양복으로 대신하는 경우가 많습니다.

결혼식 하객들은 한국처럼 신랑·신부의 가족과 친척·친구·직장 동료 등입니다. 결혼식장은 신랑 집이나 신부 집, 직장이나 문화회관과 같은 대중 시설을 이용합니다. 경제적으로 여유가 있는 집은 평양의 결혼식 전문 식당에서 결혼식을 올립니다.

결혼식 노래로는 결혼식의 시작을 알리는 '축복하노라'라는 노래가 있습니다. 주례는 따로 없고 사회자가 주례를 겸하여 결혼식을 진행합니다. 신랑·신부가 축배를 들고 나서 부모님들에게 인사를 드리는 것으로 식이 마무리됩니다. 기념사진은 한국과 같이 가족·친척·친우들의 순서로 찍습니다.

북한에서도 결혼을 기념하는 웨딩 사진을 촬영합니다. 보통 결혼식 전이나 후에 촬영합니다. 결혼 촬영은 1990년대부터 증가하기 시작하여, 최근에는 필수적인 절차로 자리 잡았습니다. 과거에는 김일성 주석의 동상이나 대동강 주변의 보트 등 평양 시내에서 촬영을 했습니다. 최근에는 평양 중심가에서 1~2시간 정도 걸리는 평양민속공원에 많이 방문한다고 합니다. 북한은 여전히 야외촬영을 선호합니다.

···▶북한의 결혼식 장면.
출처: 민족21

북한 사람들의 여가 활동은?

더운 여름에는 수영장에 평양 시민들이 붐빕니다. 더위를 피해 물속에서 뛰어노는 아이들은 물론이고 파라솔 밑에서 햇빛을 피하는 어른들과 수영을 즐기는 젊은 남녀 등, 다양한 연령대의 사람들이 수영장에서 물놀이하는 것을 즐깁니다. 가족 단위로 강이나 계곡에서 더위를 식

···›야외촬영 중인 신혼부부들.
출처: 민족21

히기도 합니다. 직장 단위로 해수욕을 즐기기도 합니다. 바닷가에 텐트를 치고 준비한 도시락과 술, 바다에서 잡은 조개 등을 구워 먹으며 휴일을 보내죠.

평양에는 생활체육이 발달하였습니다. 평양의 공터 여러 곳에서 농구·탁구·배드민턴·배구 등의 운동을 하는 사람들을 어렵지 않게 볼 수 있습니다. 특히 평양의 젊은 사람들은 남녀가 함께 모여 생활체육을 즐기는 경우가 많습니다.

예전에는 북한 정서상 젊은 여자가 남자들과 함께 앉아 노는 것을 정숙하지 못하다고 생각했습니다. 그러나 최근에는 여성들도 남성들과 같이 놀이를 즐기거나 생활체육을 즐기는 경우가 많아졌습니다. 특히 대동강 구역에 있는 청년중앙회관에는 노래 경연·무도회·화면반주음악(노래방 기기) 등 여가를 위한 시설이 있어서 젊은 층이 즐겨 찾습니다. 옆에는 평양 시민들이 많이 찾는다는 볼링장이 있습니다. 40레인을 보유할 정도로 큰 볼링장인데, 볼링장 옆에는 당구장도 있습니다.

북한 사람들도 TV를 좋아합니다. 북한의 TV 방송은 오후 5시에 시

일러두기

북한도 예물을 주고받을까?

북한도 한국과 마찬가지로 예단과 예물을 주고받는다. 신랑 양복감, 신부 한복감, 가족 양복감, 화장품이 대표적인 예단 물품들이다. 집은 국가에서 배정하여 주며, 가구나 가전 용품과 같은 용품은 일반적으로 신부 쪽에서 장만한다. 보통은 각자의 생활수준에 맞추어 이루어지지만, 경제적 여건이 되는 집안은 오장육기라 하여 호화 예물을 준비하기도 한다. 오장은 찬장·이불장·옷장·책장·신발장이며, 육기는 냉동기·세탁기·텔레비전 수상기·녹음기·선풍기·사진기이다.

··· 물놀이를 즐기는 북한의 어린이들.
출처: 민족21

작되는데, 10분 동안 하는 뉴스가 끝나면 어린이 프로그램을 방영합니다. 북한에서도 드라마는 인기 프로그램 중 하나입니다. '텔레비죤 소설', '텔레비죤 연속소설', '텔레비죤극', '텔레비죤연속극' 같은 프로그램이 있지요. 북한 드라마의 중심은 김일성 주석의 가계와 항일혁명투쟁에 관련된 것입니다. 2000년대 이후에도 수령의 가계에 대한 드라마와 함께, 수령을 도와 항일투쟁에 참여했던 인물을 주인공으로 하는 드라마가 제작되었습니다. 이러한 드라마들의 주제는 거의 비슷한데, 주인공이 수령의 보살핌 속에서 성장하고 그러한 보살핌에 대해 충성으로 보답하면서 사회주의 혁명을 이루어간다는 내용입니다. 최근 들어서는 사상 문제와 같은 묵직한 주제의 드라마 외에도, 일상 속에서 나타나는 다양한 면모를 반영한 생활 소재 드라마를 많이 방영합니다.

북한에서 장례와 제사는 어떻게 진행되나?

유교를 따르던 조선시대에는 삼년상이 기본이었습니다. 현재 한국에서는 삼일장이 기본으로 자리 잡았습니다. 장례식의 형식은 개인의 종교에 따라 다양하며, 주로 병원 장례식장이나 전문 장례식장에서 이루어집니다. 또한 매장·화장·수목장 등 다양한 형태로 장례 문화가 발전했습니다.

북한 역시 우리와 마찬가지로 삼일장을 기본으로 합니다. 그러나 종

···› 제사를 지내는 북한 사람들.
출처: 민족21

교적 의식은 금지합니다. 상례에 입는 상복은 팔에 상장喪章이나 검은
천을 두릅니다. 개인 묘지나 문중 묘지를 허용하지 않으며, 각 지역별
로 일반 주민들을 대상으로 한 공동묘지가 있습니다. 그러나 북한 역
시 묘지난이 심각하여 화장을 권장합니다. 비석에 새기는 글씨는 한자
대신 한글로 바뀌었고, 간단하게 이름과 생몰 연대를 새긴 비석만을
세웁니다. 이러한 가족장에 사용되는 비용은 국가에서 지급하는데, 주
민들은 이 돈으로 관혼상제 상점에서 장례에 필요한 물품들을 구입합
니다.

전근대적인 요소를 비판하는 북한이므로 제사에 대해서도 부정적일
것으로 생각할 수 있습니다. 하지만 북한 역시 우리와 마찬가지로 제
사를 중시합니다. 다만, 많은 음식을 차리기보다는 제삿날에 꽃을 가
져다 놓거나 경건한 마음으로 조상의 삶을 되돌아보는 것과 같이 정
신적인 면을 더 강조합니다. 유교적 잔재라 하더라도 우리의 전통이니

···→ 태양절 경축 모임.
출처: 민족21

간소화된 방식으로 이어나가는 것이 바람직하다고 여기는 것이지요.

북한의 명절에는 무엇이 있나?

명절이라는 단어를 보면 우리는 보통 설날, 추석과 같은 세시풍속을 떠올립니다. 그러나 북한에서 명절은 태양절로 불리는 김일성 주석의 생일(4월 15일)과 광명성절이라 불리는 김정일 국방위원장의 생일(2월 16일)을 포함한 사회주의 7대 명절이 가장 큰 명절들입니다. 사회주의 7대 명절로는 태양절, 광명성절, 국제노동절(5월 1일), 해방절(8월 15일), 공화국수립기념일(9월 9일), 당창건일(10월 10일), 헌법절(12월 27일)이 있습니다. 우리에게는 모두 국경일에 해당하는 것들입니다. 이외에도 조선인민군 창건기념일(4월 25일)과 김정일 국방위원장 사망 이후 제정된 선군절(8월 25일) 역시 국가적 명절입니다.

이러한 사회주의 명절 중 가장 중요한 것은 태양절과 광명성절입니다. 북한 달력에는 같은 휴일이라도 하더라도 이 두 날에는 빨간 숫자

청소년을 위한 통일인문학

⋯▸ 북한의 설날 민속놀이.

출처: 민족21

에 겹선을 넣어 더 부각합니다. 또한 달력 곳곳에 김일성 부자에 대한 충성심을 고취하는 문구들이 있고, 관련 행사들 역시 가장 화려하게 열립니다. 김일성 3대 체제를 더 공고히 하기 위한 일들입니다. 한국에 서는 근로자의 날인 국제노동절에는 다양한 체육 행사가 벌어집니다.

　설이나 추석과 같은 명절은 '민속명절'이라 구분합니다. 음력설·단 오·한식·추석은 1967년에 봉건 잔재를 뿌리 뽑는다는 명목으로 폐 지하기도 했는데, 1980년대 중반에 부활하여 현재까지 이어져 오고 있습니다. 민속명절 때 보이는 길게 이어진 귀성 차량들, 설날의 차례상 과 떡국, 명절 때 하는 다양한 민속놀이 등이 한국과 유사합니다. 북한에 서는 양력설이 더 중요합니다. 그래서 일반적으로 설이라고 하면 양력 설을 뜻하지요. 이외에 한국과 다른 새해 첫날 풍습으로 '우리 식의 새로 운 세배 풍습'이 있는데 설날 아침에 김일성·김정일·김정숙의 동상이 나 초상에 꽃다발을 정중히 바치는 것을 말합니다.

일러두기

북한에서도 추석에 송 편을 빚을까?

북한에서도 추석이 되면 송 편을 빚어 먹는다. 북한 노동 당 기관지 노동신문은 지난 2014년 9월 4일 '전통적인 민 속명절 추석'이란 글에서 송 편을 대표적 추석 음식으로 소개하고 있다. 추석이 되면 전국적인 씨름 대회를 개최하 고 있다. 또한 윷놀이와 강강 술래, 그네뛰기 등의 전통놀 이를 즐기고 있다.

같은 말, 다른 말—남북한의 언어 생활

남과 북의 언어는 분명 다릅니다. 그렇다면, 언어의 다름은 남과 북의 통일 이후에 어떤 문제를 유발할까요?
그리고 남과 북의 언어 차이를 극복하기 위한 노력들이 왜 필요하며, 그런 노력들에는 어떤 것들이 있을까요?

남북한의 언어는 어떻게 다를까?

남북의 언어는 서로 같은 언어라고 배워 왔습니다. 그리고 이를 당연하게 생각해 왔지요. 한국과 북한은 같은 민족이며 언어는 민족을 규정하는 중요한 요소이기 때문입니다. 그러나 현실은 이와 다릅니다. 남북의 언어는 상당히 달라졌습니다. 실제로 탈북민들은 한국에서 정착하는 과정에서 언어로 인한 많은 불편과 어려움을 겪고 있습니다.

그렇다면 남북의 언어는 얼마나 다를까요? 그 핵심은 남북 주민의 언어가 서로 통할 수 있느냐 아니냐의 문제입니다. 현재 남북의 언어는 일상적인 언어나 가벼운 대화까지는 가능한 상태입니다. 실제로 한국 사람들이 북한의 방송이나 서적들을 볼 때 그 내용을 어느 정도 이해할 수 있습니다. 하지만 공식적인 언어 사용에 이르면 그 차이가 분명히 드러납니다. 예를 들어 남북의 학생들이 만나 대화를 한다고 가정해 봅시다. 북한의 학생들은 한국 학생들이 사용하는 말들을 얼마나 이해할 수 있을까요? 짐작건대 북한 학생들은 '야자(야간자율학습)', '수 포자(수학 포기자)', '수능(수학능력평가시험)' 등과 같은 말들을 이해하는 데에 무척이나 어려움을 겪을 것입니다.

이와 같은 상황은 한국 학생에게도 마찬가지입니다. 한국 학생에게 북한 학생들이 사용하는 말이나 용어는 이해하기 쉽지 않습니다. 실제로 북한의 영화나 소설을 봤을 때 북한의 말이 낯설고 의미가 통하지 않는 경우가 많습니다. 이렇듯 남북한의 언어 차이는 서로의 의사소통에 문제를 일으킬 수 있죠. 게다가 언어적 차이는 통일 이후에도 사회적 문제가 될 수 있다는 점에서 문제의 심각성이 더 크다고 할 수 있습니다.

이제 남북한이 느끼는 언어의 이질화 양상에 대해 살펴보죠. 남북한이 느끼는 남북 언어의 이질화 양상을 유형별로 나누면 다음과 같습니다. 첫째, 남북의 어휘 자체의 차이입니다. 남북한 사이에 완전히 차이가 나는 어휘가 있습니다. 어휘의 차이는 기본적으로 표준어 체제의 차이에서 생깁니다. 북한은 평양말을 문화어(북한의 언어 표준 체계)로 삼은 반면, 한국은 서울말을 표준어로 삼았습니다. 그래서 동일한 대상을 지칭하는 어휘가 달라지게 되었습니다. 예를 들어 한국의 '채소'는 북한에서 '남새'에 해당합니다.

둘째, 언어의 의미 차이입니다. 같은 어휘를 사용하지만 뜻에서 차이가 나는 경우입니다. 서로 다른 사회 체제나 환경 의식 속에서 형성된 남북한의 말은 그 차이를 드러낼 수밖에 없습니다. 과거에는 의미가 같던 단어라 할지라도 오늘날에는 의미가 달라진 말이 많이 나타납니다. 이러한 요인은 남북한 언어의 통일을 막는 장애가 되기도 합니다.

북한에서 사용 빈도가 높은 단어인 '동무'는 한국에서 친구라는 의미로 사용됩니다. 하지만 북한에서는 친구라는 의미뿐만 아니라 나이

일러두기

북한에도 한글날이 있을까?

한국에서는 한글날이 10월 9일이다. 이 날은 훈민정음이 반포된 세종 28년(1446년) 음력 9월 29일을 양력으로 환산한 것이다. 반면 북한에서는 훈민정음 창제일을 기준으로 하여 '조선글날'을 정해 이를 기념하고 있다. 훈민정음 창제일은 세종 25년(1443년) 음력 12월로 알려져 있다. 북한은 음력 12월을 양력으로 환산한 1월의 중간 날을 '조선글날'로 정하였다.

차이를 떠나 친근히 부르는 용어로 쓰입니다. 그밖에 의미가 차이 나는 어휘로는 다음과 같은 예가 있습니다.

단어	의미	
	한국	북한
선동	남을 부추겨 어떤 일이나 행동에 나서도록 함	혁명과업을 잘 수행하도록 대중에게 호소하여 그들의 혁명적 기세를 돋구어 주며 당 정책 관철에로 직접 불러일으키는 정치사상 사업의 한 형태
세포	① 생물체를 이루는 기본 단위. 핵막의 유무에 따라 진핵세포와 원핵세포로 나뉨 ② 정당이나 단체의 기반이 되는 조직	① 당원들을 교양하고 당원들의 사상을 단련하여 그들의 일상생활을 지도하는 기본 조직 ② 일정한 조직이나 집단에서 기층 단위로 되는 조직
강행군	어떤 일을 짧은 시간 안에 끝내려고 무리하게 함	여러 가지 어려운 조건들을 이겨내면서 줄기차게 다그치는 전진 운동을 비겨 이르는 말
세대주	가구주. 한 가구를 이끄는 주가 되는 사람	① 한 세대를 대표하여 책임지고 있는 사람 ② 일정한 집단이나 분야의 사업과 살림을 책임지고 맡아 하는 사람

셋째, 일상에서 사용하는 어휘의 차이입니다. 언어 환경의 차이에 의해 남북이 일상적으로 사용하는 어휘가 달라졌습니다. 한국에서 사용 빈도가 높은 어휘의 유형과 북한에서 사용 빈도가 높은 어휘는 다릅니다. 당·혁명·투쟁·총화·장마당같이 북한에서 자주 쓰이는 단어들은 한국에서는 거의 사용하지 않습니다. 반면 한국에서 자주 쓰이는 단어들은 북한에서 거의 사용하지 않지요. 특히 한국에서 많이 사용하는 외래어의 경우 북한에서는 별로 사용하지 않습니다.

청소년을 위한 통일인문학

남북한의 이질화 현상은 어휘적 차원뿐만 아니라 언어 문화적 차원에서도 나타납니다. 남북한의 언어 문화에서 가장 큰 차이는 의사 표현 방식의 차이입니다. 북한의 언어는 직접적이고 직설적이지만, 남한의 언어는 간접적이고 우회적입니다. 예를 들어 어떤 사람이 부탁해 올 때 '생각해 보겠다'라고 말하였다면 한국에서는 거절을 우회적으로 표현한 것일 수 있습니다. 반면 북한 주민들은 이러한 말을 그대로 믿고 정말로 답을 줄 때까지 기다립니다. 북한 사람들이 어리석거나 바보 같아서 그런 것이 아니라 언어의 문화적 차이 때문에 그렇게 행동하는 것입니다. 이러한 사례는 많이 있습니다. '언제 식사 한 번 하자'라는 표현은 한국 주민들에게는 일종의 친교적 표현으로 의례적으로 하는 말입니다. 하지만 북한 주민들은 실제로 상대방의 약속을 기다립니다.

북한의 언어 문화는 직설적입니다. 북한에서는 말에 상당한 신뢰와 권위를 부여합니다. 한국 주민들이 직접적으로 말하지 않고 사회적 차원에서 말을 에둘러 표현하는 것을 예의라고 생각하는 것과는 대조적인 부분입니다. 이와 같은 남북한의 언어의 차이는 언어를 통한 남북한의 소통을 어렵게 만들 뿐만 아니라 앞으로 통일 시대에 중요한 사회문제가 될 가능성이 있습니다.

남북한의 언어가 달라진 까닭

한반도의 분단으로 인해 남북한의 이념과 정치 체제에 많은 차이가 생겼습니다. 언어는 지리적 환경이나 사회적 요인에 따라 변합니다. 이러한 언어의 성질 때문에 남북한 언어는 고립되고 단절된 채 서로 다른 방향으로 변하였습니다.

일러두기

북한 언어 교육의 중심 기관

북한 언어 교육의 중심 기관은 김일성종합대학이다. 김일성종합대학에 개설된 어문학부에는 조선문학 강좌, 조선어학 강좌, 일반조선어 강좌, 일반언어학 강좌, 한문 강좌, 신문학 강좌 등 6개 강좌가 개설되었다. 특기할 점은 조선어학 강좌와 일반조선어 강좌, 일반언어학 강좌가 별도로 개설되었다는 것이다.

언어학에 대한 별도의 강좌가 개설되었다는 것은 일제 강점기의 민족문화 복구 차원에서 조선어 연구가 체계를 갖추고 언어학의 학문적 차원의 연구로서 접근되고 있음을 의미한다.

한국은 자유 민주주의와 자본주의를, 북한은 사회주의를 국가 이념으로 삼아서 세계관과 제도가 서로 달라졌습니다. 이는 언어관에도 영향을 끼쳤죠. 한국과 북한은 각자의 정치 체제에서 자신들의 정치적 상황에 맞는 언어관을 지키게 되었습니다.

북한은 사회주의 이념을 바탕으로 반자본주의, 반봉건주의, 반자유주의 등을 내세웠습니다. 언어에서도 이런 것들과 관련된 관념이나 용어들은 부정하고 배척하였습니다. 그래서 기존의 단어가 변하기도 하고 버려지기도 하였으며, 새로운 용어가 만들어지기도 하였습니다. 한국은 미국이나 일본과 같은 자본주의 국가들과 긴밀한 관계를 맺고 있었기 때문에 외래어의 영향이 상대적으로 강했습니다. 또한 반공 의식이나 북한에 대한 거부감으로 인하여 북한과는 언어의 의미가 달라졌습니다.

남북한의 언어가 결정적으로 달라진 계기는 남북한이 각각 표준어, 문화어를 제정한 일입니다. 오늘날 한국에서는 표준어를 교양인들이 두루 쓰는 현대 서울말로 정했습니다.〔〈표준어 사정 원칙 총칙 (1)〉(1988)〕 우리가 쓰는 표준어는 1936년 조선어학회에서 발행한 〈사정한 조선어 표준말 모음〉을 기반으로 합니다. 반면, 북한은 문화어를 표준어로서 제정하면서 평양말을 기준으로 하였고, 이것이 인민의 혁명적 지향과 생활 감정에 맞게 문화적으로 가꾸어진 말이라고 하였습니다.(『조선말 대사전』, 평양, 1992)

문화어의 제정으로 북한에서는 평양말이 표준이 되어 한국과 표준어 체계가 달라지게 되었습니다. 한 나라의 언어는 지역적으로 차이가 날 수밖에 없습니다. 그래서 표준어를 정할 때는 그 말을 대표할 수 있는 지역을 정합니다. 한국의 경우는 서울 지역의 말을 대표로 삼았죠. 반면 문화어는 평양 일대의 말을 표준으로 삼았기 때문에 남북한의 어휘 체계가 달라졌습니다.

북한에서 문화어를 '우리 민족어의 최고 형태'로 규정하면서 시작한 말다듬기 사업 역시 남북한의 언어가 달라진 주요 원인 중의 하나입니다. 그 주요 내용을 살펴보면 다음과 같습니다.

첫째, 한자어는 한글 고유어로 대체하고 고유어가 없을 때는 풀이말로 사용합니다. 한자어와 고유어의 경우 서로 뜻이 꼭 같지 않은 경우에는 그대로 두지만, 우리말로 대체 가능한 경우에는 고유어로 새로 만들어 쓴다는 것입니다.

우리말에는 한자어로 된 말이 상당 부분을 차지합니다. 북한의 말다듬기 사업에서는 우선적으로 이러한 한자어를 고유어로 대체하였습니다. 어쩔 수 없이 한자로 표현해야 하는 경우도 있기는 하지만 원칙적으로 한자 사용을 금지합니다.

그 결과 많은 한자어가 고유어로 바뀌었습니다. 그러한 예로 큰물(홍수), 가을걷이(추수), 조선옷(한복), 어김돈(위약금), 옮겨지음(각색), 짐승그림(동물화), 속감(골재) 등이 있습니다.

둘째, 외래어를 고유어로 대체하였습니다. 외래어는 외국어가 들어와 우리말로 정착된 언어입니다. 그런데 북한에서는 외래어를 우리말로 고쳐 씁니다. 외래어를 문화어로 고친 사례로는 모서리뽈(코너킥), 살결물(스킨로션), 손기척(노크) 등이 있습니다. 이러한 정책은 고유어를 살린다는 점에서 긍정적입니다. 하지만 국가에서 인위적으로 만들어 활용하는 어휘는 생활에 깊이 정착하지 못하는 경우가 있습니다. 특히 외래어를 그때그때 새로운 언어로 바꾼다는 것은 현실적으로 불가능합니다. 이러한 점에서 북한에서도 국제공용어를 점점 더 많이 사용합니다. 특히 정보 통신, 의학, 스포츠, 외교 분야에서는 외래어를 그대로 사용하는 경우가 많습니다.

물론 이러한 말다듬기에 대한 이념적 배경과 언어관의 차이는 존재하지만, 민족어의 순수성을 지키려는 시도는 한국과 북한의 공통적인

⋯⋯ 북한의 조선어 관련 책들.
출처: 건국대학교 통일인문학연구단

과제입니다. 한국 역시 북한 못지않게 국가기관이나 민간 연구 단체를 통해 '국어 순화(운동)'를 지속해 왔습니다. 다만 북한에서는 말다듬기 운동을 국가 차원에서 조직적이고 체계적으로 진행했는데, 한국에서는 보급, 장려하는 수준에서 진행했습니다. 이처럼 남한과 북한의 서로 다른 언어 정책은 남북한 언어가 서로 달라지게 된 요인입니다. 그러나 남북한의 국어 순화와 말다듬기 운동이 보여준 정신과 경험은 분열된 민족어를 통합하는 데 중요한 밑거름이 될 수 있습니다.

남북한의 언어 소통을 위한 노력들

앞서 보았듯이 남북한 언어는 서로 많이 달라졌습니다. 그러나 다행히

···➤ 겨레말큰사전 제22차 공동편찬위원회 회의(2014년 11월 27일).

출처: 겨레말큰사전 남북공동편찬사업회 홈페이지

도 1990년대 들어와 남북 화해 분위기가 이루어지면서 다양한 분야에서 남북 교류가 추진되었죠. 언어 분야에서도 북한의 문법 체계와 문화어를 접할 기회가 늘어나고 있으며 북한의 말을 직접 체험할 기회가 많아졌습니다. 언어에 관련한 남북한의 교류는 크게 세 가지 분야로 정리할 수 있습니다.

첫째, 남북한의 공동 편찬 사업입니다. 대표적인 사업으로『조선향토대백과사전』편찬 사업,『겨레말큰사전』남북 공동 편찬 사업이 있습니다. 특히『겨레말큰사전』남북 공동 편찬 사업은 그동안 표준어와 문화어로 갈라져 있던 언어 체계를 정리하고 담아내는 방대한 사업입니다. 이 사업은 국어학 분야의 교류 차원을 넘어 남북의 협력과 소통에 기틀을 마련했다는 점에서 의의가 있습니다.『겨레말큰사전』남북 공동 편찬은 광복 이후 남북에서 변화한 어휘를 정리하고, 사전에 수록·배열하는 문제뿐만 아니라 재중 조선족과 재러 고려인의 언어 변화도 받아들이고 있습니다. 따라서 이 사업은 한국과 북한을 넘어 코리언 디아스포라를 아우르는 우리말의 표준을 마련한다는 데 의미가 있습니다.

둘째, 북한의 언어와 관련된 책과 연구들이 들어왔다는 점입니다. '조선어학전서'로 북한 국어학 원전 65권을 들어왔고, 북한에서 연구한 언어학의 학술 서적을 한국에서 출판하였습니다. '조선어학전서' 출판은 당시로서는 최대 규모의 북한 학술 원전 출판 사업이었습니다. 북한에서도 출판되지 않은 전문 학술 도서를 한국에서 출판하였다는 점에서 남북 사회문화 교류에도 의미가 있는 큰 사업이었습니다.

셋째, 민족어의 중요성에 대해서 공감하며 남북의 소통에 있어 서로 다른 언어에 대한 이해가 매우 중요하다는 인식에도 동의하였습니다. 실제로 다양한 분야에서 남북한 언어의 이질성을 극복하기 위한 방안을 모색하고 있습니다. 2005년 한국정보화진흥원에서 남북한의 정보 통신 용어에 따른 정보 격차를 해소하기 위해 발간한 『남북공통 정보화 교육 용어사전』이나 서울대학교 의과대학 통일의학센터에서 발간한 북한의 의학 용어에 관한 『남북한 의학용어』와 같은 것이 그 사례입니다.

이와 같은 남북한의 언어 소통을 위한 노력들을 통해 궁극적으로 남북이 하나로 표준화된 문법 체계와 언어 체계를 세울 수 있습니다. 비록 정치 체제가 다르다고 하더라도 언어문화적인 공통성을 추구할 수 있습니다. 서로 다른 언어를 이해하기 위한 남북의 노력은 소통과 통합을 위한 가장 빠른 걸음이라 할 수 있습니다.

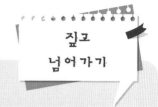

『겨레말큰사전』 편찬 사업

『겨레말큰사전』은 민족의 언어 유산을 집대성하고 남북의 언어 통합을 준비하기 위해 남북이 공동으로 편찬하는 최초의 우리말 사전이다. 또한 지역과 사람 사이의 경계를 넘어서는 『겨레말큰사전』은 분단 이후 남북의 '국어학자들이 함께 편찬하는 첫 사전'이며, 남북이 함께 볼 수 있는 최초의 사전이라는 점에서 중요하다.

『겨레말큰사전』의 특징을 살펴보면 남과 북이 공통으로 쓰는 말은 우선 올리고, 차이 나는 것은 남북이 서로 합의하여 단일화한 30만여 개의 올림말을 싣고 있다. 또한 이 사전은 분단 이후 남북에서 '뜻이 달라진 낱말'의 풀이를 적극적으로 반영하는 사전이다. 『겨레말큰사전』은 남북의 어휘를 집대성한 '최초의 겨레어 전자대사전'의 기반이 된다는 점에서 통일 이후 남북의 언어 통합에 기여할 것이다.

『겨레말큰사전』의 제작 과정

올림말 선정 작업: 남북 양측이 『표준국어대사전』과 『조선말대사전』에 수록된 올림말에서 선별한 20만여 개의 어휘와, 남북한과 해외에서 발굴한 새 어휘 10만여 개를 『겨레말큰사전』에 수록할 올림말로 선정한다.

집필 작업: 남북의 편찬 위원들이 논의하여 작성한 〈집필요강〉에 따라 2009년부터 올림말을 본격적으로 집필하기 시작하였다. 남북에서 각각 집필한 원고를 상대측에서 2차례 이상 검토하며, 검토된 원고는 다시 남북공동회의에서 논의하여 합의하는 절차를 거친다.

새 어휘 조사 작업: 남북과 해외 동포 사회에서 널리 쓰이면서도 남북의 국어대사전(『표준국어대사전』과 『조선말대사전』)에 수록되지 않은 어휘 10만여 개를 발굴하여 수록한다. 새 어휘 조사는 '지역어 조사'와 '문헌어 조사'로 나뉘어 진행된다.

→ 겨레말큰사전남북공동편찬사업회 학술회의 포스터.

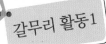

통일 상황극 만들기

남과 북은 같은 민족이지만 분단 이후 오랜 시간이 지나면서 서로 많은 부분이 달라졌습니다. 남과 북 사이의 문화를 이해할 수 있도록 단막극을 만들어 공연하는 활동을 해봅시다. 이를 통해 그동안 몰랐던 북한의 문화를 이해하고 문화적 차이로 발생하는 갈등을 해소할 수 있는 방법을 배워 봅시다.

제시 상황 1:

북에서 온 철진은 소현과 소개팅을 하였다. 철진은 예쁘고 싹싹한 소현이 마음에 들었고, 소현도 듬직한 철진이 나쁘지 않은 모양이었다. 주말에 철진은 소현과 데이트를 하기로 하고 명동에서 기다렸다. 소현은 준비를 하느라 30분 정도 늦을 것 같다고 연락을 하였고, 철진은 기다리기로 하였다. 30분 후 소현이 나타났고 소현은 철진에게 늦어서 미안하다고 사과를 하였고, 철진은 "일없습네다."라고 대답하였다. 소현은 철진에게 늦어서 화가 났냐고 물었고 철진은 거듭하여 "일없습네다." 라고 대답하였다. 소현은 자신이 늦은 것은 미안하지만 연락까지 하고 늦었는데 왜 화를 내냐고 하며 집으로 돌아가 버렸다. 그날 철진과 소현은 데이트를 망쳤는데 철진은 집에 와서도 자신이 무엇을 잘못하여 소현이 화를 내는 것인지 알 수 없었다.

제시 상황 2:

북에서 온 철진은 서울에 있는 회사를 다닌다. 하루는 회사에서 자신이 당한 억울한 일에 대해 털어놓았다. 철진이 열심히 회사 업무를 보고 있는데 사장이 지나가

다가 철진이 일하고 있는 것을 보았다. 사장은 고생이 많다며 '점심을 살 테니 언제
든지 찾아오라.'고 하였다. 얼마 후 철진은 사장이 했던 말을 기억하고 사장님이 말했
는데 찾아가지 않는 것은 예의가 아닌 것 같아 '아무 때나 찾아오라.'고 했던 사장 말
을 믿고 사장을 찾아갔다.

그런데 사장은 '갑자기 찾아오면 어떻게 하느냐'고 화를 냈다. 사장은 '전화라도 하고
와야 하지 않겠느냐'라고 했다는 것이다. 철진은 그럴 거면 '나를 찾아올 때는 미리 전화
를 해서 약속을 하라.'라고 말을 했어야 하는 것 아니냐며 무척이나 억울해하였다.

활동 제목	통일 상황극 만들기
활동 목표	상황극 제작 활동을 통해 갈등에 대처하는 다양한 방법이 있음을 이해하고 바람직한 해결을 찾으려는 자세를 가질 수 있도록 한다.
활동 내용	문화적 차이에서 발생하는 갈등 상황을 예상하여 짧은 상황극의 대본을 만들어보고, 이를 합리적으로 해결하는 연극 활동을 해본다.
활동 방식	① 교사는 학생들이 4~5명씩 조를 짜게 하고, 문화적 차이에서 발생할 수 있는 갈등 상황만 학생들에게 제시한다. ② 학생들은 제시된 갈등 상황 중 한 가지를 선택하여 실제 발생할 수 있는 사건을 구성해 본다. ④ 갈등 상황극의 역할에 맞게 극을 진행한다. ⑤ 교사는 적절한 때에 극의 진행을 조절해 준다. ⑥ 학생들이 갈등을 해결하는 과정을 나머지 학생들이 적고 교사도 체크한다. ⑦ 필요한 경우, 학생들의 역할을 바꾸거나 새로운 역할을 투입한다. ⑧ 갈등이 해결되거나 극의 흐름이 끊겼다고 생각되는 때에 교사가 극을 끝낸다. ⑨ 상황극을 통해 갈등을 해결하는 자세를 돌아보고 다양한 해결 자세를 분석해 본다. ⑩ 갈등 해결을 위해 어떤 노력을 할 수 있는지 토론해 본다.
참여 인원	모둠별 활동
준비물	연습장, 필기도구

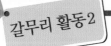

남북한 공통 언어 사전 만들기

남북한의 언어는 서로 같지만 또 다릅니다. 이러한 차이를 이해하고, 차이를 극복하기 위한 방법으로 통일 사전을 만들어 봅시다.

지금부터 통일 사전을 만들어 봅시다. 통일 사전을 만드는 방법은 다음과 같습니다. 먼저 교사는 학생들에게 재미있는 북한 어휘를 10개씩 제시합니다. 이때 제시하는 북한의 어휘는 다음과 같은 기준을 고려하여 선정합니다.

첫째, 어휘는 같으나 의미가 다른 경우

둘째, 의미가 같으나 어휘가 다른 경우

셋째, 문화나 체제에 따라 달라진 경우

그런 다음 아래의 표에 맞추어 사전을 편찬해 봅시다.

통일한반도 국어사전

북한말 :

발음 [   ]

한국말 :

발음 [   ]

통일한반도 우리말 :

발음 [   ]

예): 한국말 – 북한말

· 다이어트 – 살까기/ 몸까기   · 도시락 – 곽밥   · 달걀 – 닭알

· 대중목욕탕 – 공동 욕탕   · 드레스 – 나리옷   · 데이터베이스 – 자료기지

· 덤핑 – 막팔기   · 아버지 – 아바이   · 어머니 – 오마니

· 에스컬레이터 – 계단 승강기   · 야간경기 – 등불 게임   · 계절풍 – 철바람

활동 제목	남북한 공동 언어 사전 만들기
활동 목표	남북한 공통의 사전을 만드는 과정에서 남북한 언어의 차이를 이해하고 남북 공통 언어 사전을 만들어야 하는 필요성을 인식할 수 있다.
활동 내용	북한의 어휘를 제시해 주고 그 어휘가 의미하는 바를 추측하여 적어본다. 그리고 그에 대응하는 한국의 어휘를 고려하여, 남북한이 공통으로 사용할 수 있는 어휘를 찾도록 한다.
활동 방식	① 교수자는 학생들에게 재미있는 북한 어휘를 10개씩 제시한다. 이때 제시하는 북한의 어휘는 〈겨레말큰사전남북공동편찬사업회(http://www.gyeoremal.or.kr)〉의 내용을 참고한다. 　[예시] 가꾸장하다(동), 여우잠(명), 가시집(명), 방조하다(동) 등. ② 학생들은 교수자가 제시한 북한 어휘의 뜻을 학습지에 적어본 뒤, 이에 대응하는 한국의 어휘를 그 옆에 함께 적는다. ③ 학생들은 의미를 파악한 단어로 짧은 글짓기를 해본다. ④ 학생들의 검색 결과로 찾은 단어들에 대하여 다 같이 남북한 공용으로 쓰일 수 있는 말을 생각해 본다. ⑤ 토론을 통해 북한과의 어휘 차이를 극복하기 위한 적극적인 자세를 유도한다.
참여 인원	모둠별 활동
준비물	연습장, 필기도구

생각 열기

지금까지 남과 북이 소통하기 위해 필요한 역사와 문화에 대해 알아보았습니다. 이제 그동안 있어 온 다양한 소통의 방식들을 알아볼 차례입니다. 다음에 소개된 신문 보도 기사를 읽어보고, 남과 북이 어떠한 협력과 교류를 해왔는지 알아봅시다.

대북 협력 사업의 실제 사례 "뽀롱뽀롱 뽀로로"

어린이 대통령 '뽀로로' 알고 보니 일부 北에서 제작

어린이들의 대통령으로 불리는 애니메이션 캐릭터 '뽀롱뽀롱 뽀로로'가 남북합작 상품이었음이 알려지며 새로운 관심을 모으고 있다. 애니메이션 '뽀롱뽀롱 뽀로로'는 아이코닉스가 기획하고 오 콘, SK브로드밴드, EBS와 함께 북한의 삼천리총회사가 공동개발했다. 당시 북한의 삼천리총회사 와 공동으로 남북합작 애니메이션 '뽀롱뽀롱 뽀로로'가 제작됐고 뽀로로 1기 5분짜리 52편 중 22 편이 북한에서 제작됐다. 뽀로로의 남북합작 사실을 알게 된 네티즌들은 '뽀로로는 말 그대로 한 민족이다'라며 관심을 보이고 있다. '뽀로로'를 기획한 아이코닉스 측은 "뽀로로 1기 때 캐릭터를 함께 개발한 것이 맞다"며 "현재 2기, 3기는 함께 하고 있지 않아 수익금이 북측으로 배분되지는 않는다"고 설명했다. 남북합작 캐릭터는 '뽀로로'가 처음이 아니다. 이전에 하나로통신과 삼천리 총회사가 함께 제작한 '게으른 고양이 딩가'가 먼저 만들어졌다. 서울산업통상진흥원에 따르면 2003년부터 2010년까지 '뽀로로'의 상품 수익은 8300억 원에 이른 것으로 알려졌다.

출처: 『경향 신문』 2011년 5월 7일자 기사.

이처럼 통일을 위해서 남북이 함께 시도한 소통의 사례는 또 없을까요? 남북 소통의 사례들을 들어 봅시다. 남북한의 교류는 어디까지 진행하였을까요? 대북 협력 사업에 대해 얼마나 알고 있었는지 이야기를 나누어 봅시다.

··· 남북 경제 협력의 상징이자 산실인 개성공단.

일러두기

개성공업지구

개성공업지구는 흔히 개성공단으로 불리며, 한국과 북한이 합작으로 추진하고 있는 북한의 경제 특구이다. 황해북도 개성시 남동부에 있다. 개발 합의 당시에는 개성직할시 판문군 판문읍(봉동리) · 삼봉리 · 전재리 지역이었는데, 개성공단 사업 직후 북한의 행정구역 개편으로 개성공업지구와 판문점 인근이 개성시 관할이 되었다. 개성시의 도심 외곽에서 남동쪽으로 2∼6.5km 사이에 위치하고, 군사분계선에서의 최단 거리가 2.5km로 비무장지대에서 서쪽으로 고작 500m 떨어져 있으며, 그 규모가 개성시의 도심 면적을 능가한다.

통일 원칙을 만들어 온 남북 소통의 역사

남북은 소통을 위해 어떤 정책적 노력을 기울여 왔을까요? 남과 북은 서로 다릅니다. 하지만 남과 북이 통일을 위해 대화를 하고 이를 통해서 합의를 이끌어낸 역사가 있습니다. 4번에 걸쳐 발표된 남북 간의 합의문들은 이런 소통의 역사를 담고 있습니다. 이번 단원에서는 남북이 소통을 통해 만들어낸 4개의 남북 합의문에 대해 알아봅니다.

최초의 남북 당국자 간 합의문: 7 · 4 남북공동성명

남한과 북한은 서로 적대적으로 대립해 왔습니다. 하지만 남북이 서로 적대적이라고 해서 대화를 하지 않는 것은 아닙니다. 역사적으로 남북의 당국자들이 통일에 대한 합의를 이끌어낸 사례는 모두 4번입니다. 이렇듯 역사적 의미를 지닌 합의문 4개는 다음과 같습니다. 1972년 〈7 · 4 남북공동성명〉, 1991년 〈남북기본합의서〉, 2000년 〈6 · 15 공동선언〉, 2007년 〈10 · 4 선언〉입니다.

1972년 당시 박정희 대통령은 중앙정보부장이었던 이후락을 북에 파견하여 남북 대화를 추진했습니다. 〈7 · 4 남북공동성명〉은 이런 대화를 통해서 이루어낸, 역사상 최초의 남북 합의문입니다. 이 합의문에서 가장 중요한 내용은 '자주 · 평화 · 민족대단결'이라는 '조국 통일의 3대 원칙'입니다.

합의문에 명시된 '자주 · 평화 · 민족대단결'이라는 '조국 통일의 3대

원칙'은 다음과 같습니다. "첫째, 통일은 외세에 의존하거나 외세의 간섭을 받음이 없이 자주적으로 해결하여야 한다. 둘째, 통일은 서로 상대방을 반대하는 무력행사에 의거하지 않고 평화적 방법으로 실현해야 한다. 셋째, 사상과 이념, 제도의 차이를 초월하여 우선 하나의 민족으로서 민족적 대단결을 도모하여야 한다."

그러므로 〈7·4 남북공동성명〉은 '통일'의 기본 동력이 '우리가 하나의 민족'이라는 점을 남북이 승인하는 데 있다는 점을 보여줍니다. 하지만 이것은 남북 대화의 출발점일 뿐, 대화가 소통이 되게 하는 것은 아닙니다. '우리가 하나'라는 것은 남과 북이 서로 다르다는 점을 부정하고 '하나임'을 강요합니다. 그러나 남과 북은 현실적으로 다릅니다. 따라서 '민족의 하나됨'이라는 욕망만을 내세운다면 서로의 차이는 이해할 수 없는 것이 됩니다.

〈7·4 남북공동성명〉 이후 남과 북은 서로 상대를 '민족의 타락 또는 변질'로 규정하고 대화를 중단했습니다. '민족의 하나됨'이라는 관점에서 보면 상대의 차이는 변질 또는 타락이기 때문입니다. 따라서 남과 북은 각기 자신만이 민족의 순수성을 대표한다고 말하면서 상대를 '민족의 적'으로 규정했습니다. 그리고 '적의 위협'에 대항하기 위해 강력한 권력이 필요하다고 주장했습니다. 한국적 민주주의를 내세운 유신 독재 체제와 조선식 사회주의를 내세운 주체 유일 체제는 이렇게 탄생했습니다. 따라서 '하나됨'의 욕망은 오히려 남과 북의 적대적 대립을 강화하는 수단이 되었습니다.

진전된 평화통일 원칙의 정립: 남북기본합의서

'하나'가 아니라 '둘'이라는 관점에서 남과 북을 통일의 두 주체로 설

일러두기

7·4 **남북공동성명**(1972)

1972년 7월 4일 오전 10시를 기해 남북한 당국이 서울과 평양에서 동시에 발표한 공동성명이다. 〈닉슨 독트린〉에 따른 주한미군 철수, 각계각층의 민주화 투쟁 등 강력한 내외적 도전에 직면한 박정희 정권은 민중의 통일 열망을 이용하여 국내 정치의 안정을 도모하고 장기 집권 토대를 마련하기 위해 비밀리에 대북 접촉을 시도했다. 그 결과 1972년 5월 당시 중앙정보부장 이후락과 북한의 제2부수상 박성철이 평양과 서울을 비밀리에 서로 방문, 〈자주·평화·민족대단결의 3대 통일원칙〉을 비롯하여 상호 중상·비방 및 무력도발의 중지, 다방면에 걸친 교류의 실현 등에 합의했다. 이 7·4 남북공동성명은 국민들 몰래 정부 당국자들 간의 밀담을 통해 통일 문제를 처리했다는 한계성과 통일 논의를 자신의 권력 기반 강화에 이용하려는 남북한 권력자들의 정치적 의도에도 불구하고, 기존의 외세 의존적이며 군사적·이념적 대결을 절대시했던 통일 노선을 전면적으로 거부하고 조국통일의 올바른 원칙을 제시했다는 점에서 그 의의가 크다.
출처: 『한국근현대사사전』

정한 남북 합의문은 1991년 〈남북기본합의서〉입니다. 〈남북기본합의서〉는 1990년 9월 4일부터 진행된 5차례 남북 고위급 본회담을 거쳐 1991년 12월 13일 남북 당국자가 체결한 합의서입니다. 〈남북기본합의서〉는 〈7·4 남북공동성명〉의 '자주·평화·민족대단결' 원칙을 계승하면서도 통일을 남과 북 두 국가 간의 관계로 다루고 있습니다.

〈남북기본합의서〉의 전문에서는 남북의 관계를 "나라와 나라 사이의 관계가 아닌 통일을 지향하는 과정에서 잠정적으로 형성되는 특수 관계"로 규정합니다. 여기서 주목해야 할 것은 '통일을 지향하는 과정에서 잠정적으로 형성되는 특수 관계'라는 규정입니다. 이것은 남북 관계가 통일 전까지는 잠정적이기는 하지만 '나라와 나라 사이의 관계'라는 것을 의미합니다. 여기서 남북은 '하나의 민족'임에도 불구하고 '두 개의 국가'입니다.

두 국가의 관계에서 중요한 것은 '평화'입니다. 평화는 둘 사이에서 나타날 수 있는 폭력이나 강제성을 제거한 상태입니다. 그것은 둘을 두 개의 독립적인 개체로 인정할 때 가능해집니다. 따라서 〈남북기본합의서〉에서 평화의 원칙은 통일을 이룩하기 위한 방법이라는 의미를 넘어서 있습니다. 〈7·4 남북공동성명〉에서 '평화의 원칙'은 단순히 '평화적 방법', 즉 "상대방을 반대하는 무력행사에 의거하지 않고 평화적 방법으로 실현"한다는 정도의 의미만 있습니다. 그러나 〈남북기본합의서〉에서 평화의 원칙은 상호 체제 인정을 포함하여 두 국가를 인정합니다.

〈남북기본합의서〉는 남북 관계가 '특수 관계'임을 밝힌 '전문'에 이어 1장 1조를 "남과 북은 서로 상대방의 체제를 인정하고 존중한다."는 체제 인정으로 시작합니다. 또 그 다음에 나오는 내용들도 남북 간의 평화를 이룩할 수 있는 제반 조치들을 중심으로 쓰여졌습니다. 그래서 오늘날 사람들은 〈남북기본합의서〉를 '평화 공존의 장전'이라고

일러두기

남북기본합의서(1991년 합의, 1992년 공포)

남북기본합의서는 조국통일의 3대 원칙을 재확인하고 상호 체제 인정, 상호 내정 불간섭, 상호 불가침, 남북 간 교류, 협력 등을 합의하였다.

제1조 남과 북은 서로 상대방의 체제를 인정하고 존중한다.
제9조 남과 북은 상대방에 대하여 무력을 사용하지 않으며 상대방을 무력으로 침략하지 아니한다.
제15조 남과 북은 민족 경제의 통일적이며 균형적인 발전과 민족 전체의 복리 향상을 도모하기 위하여 자원의 공동 개발, 민족 내부 교류로서 물자 교류, 합작 투자 등 경제 교류와 협력을 실시한다.

청소년을 위한 통일인문학

합니다.

또한, 〈남북기본합의서〉는 남과 북이라는 '둘'을, 통일을 만들어가는 두 주체로 바꾸어 놓습니다. 여기서 통일은 일회적인 사건이 아니라 남과 북이 지속적으로 만들어가는 과정을 통해서 도달되는 목표가 됩니다. 즉 통일이라는 것은 목표지만, 이런 목표는 남북이 서로 소통을 통해서 함께 통일을 이루어가는 과정 속에서 달성될 수 있다는 것이죠. 따라서 오늘날 학자들은 이를 '과정으로서의 통일'이라고 규정하고 〈남북기본합의서〉의 정신을 이런 '과정으로서의 통일'이라는 개념에서 찾고 있습니다.

남북 소통의 출발점: 남북 유엔 동시 가입과 '둘'의 정립

소통은 둘 사이에 차이와 다름이 있기에 일어납니다. 만일 둘이 같다면 서로 소통할 필요가 없습니다. 남과 북도 서로 다르기 때문에 소통이 필요하죠. 그런데 남과 북이 〈7·4 남북공동성명〉처럼 '하나의 민족'이라는 점만을 강조한다면 '하나'이기 때문에 소통할 필요가 없어집니다. 〈남북기본합의서〉는 바로 이런 대화의 두 주체를 인정한 합의문이라고 할 수 있습니다.

그러나 이렇게 상대방을 인정하는 남북 합의의 과정은 역사적으로 결코 순탄하지 않았습니다. 남과 북이 두 국가라는 점을 인정하는 것은 휴전선 이남과 이북에 두 국가가 존재한다는 것을 의미합니다. 역사적으로 이와 같은 '두 체제의 상호 인정'을 국제적으로 추진한 것이 바로 '남북 유엔 동시 가입'이었습니다. 일반적으로 북쪽은 '민족의 하나됨'을 강조하기 때문에 '둘'에 대해 매우 비판적입니다. 하지만 남쪽은 남북의 분단 현실에 주목하며 '둘 사이의 평화'를 강조하는 경향이 있습니다.

'남북 유엔 동시 가입'을 먼저 제안한 것도 남쪽 정부였습니다. 〈7·4 남북공동성명〉 발표 다음 해인 1973년 당시 박정희 정부는 〈6·23 평화통일외교정책선언〉에서 "조국의 평화적 통일은 우리 민족의 지상과업"이라는 원칙하에 남북 유엔 동시 가입을 제안하였습니다. 그러나 북은 남쪽이 제안한 바로 그날, 체코공산당 대표단 환영 평양시 군중대회에서 남북 유엔 동시 가입 정책을 "두 개의 조선"을 획책하는 민족 분열 책동이라고 맹비난했습니다.

그 후 남북은 이 문제를 둘러싸고서 계속 대립했습니다. 그러다가 1988년 노태우 정부는 그전까지 적국이었던 소련, 중국과 관계를 정상화하는 북방 정책을 추진하면서 남북 유엔 동시 가입이 이루어지게 됩니다. 남북 유엔 동시 가입은 1991년 8월 8일 국제연합 안전보장이사회 702호 결의와 1991년 9월 17일 제46차 국제연합 총회 1호 결의를 통해서 이루어집니다. 이것은 휴전선 이남의 국가는 대한민국이고 휴전선 이북의 국가는 조선민주주의인민공화국임을 국제 사회가 인정하는 것이었습니다.

하지만 남북 유엔 동시 가입 이후 남과 북은, 북이 주장해 왔듯이 '분단 고착화'로 나아가지 않았습니다. 1991년 9월 남북 유엔 동시 가입을 추인하고 나서, 그해 12월에 〈남북기본합의서〉가 체결되었기 때문입니다. 이렇게 남북 유엔 동시 가입이라는 '둘'의 정립은 통일을 부정하는 결과를 낳지 않았습니다. 오히려 그것은 남과 북이라는 두 국가를 통일의 두 주체로 정립하는 계기가 되었습니다.

평화통일의 간극: '둘'과 '하나'의 변증법

일반적으로 사람들은 '평화통일'을 말하면서 '평화'와 '통일' 사이에

일러두기

남북 유엔 동시 가입
(1991)

유엔총회는 개막식에 이어 남북한과 마셜제도, 미크로네시아, 발트 3국 등 모두 7개국의 유엔 가입 결의안을 일괄 상정하여, 표결 없이 159개 전 회원국의 만장일치로 이들 국가의 가입을 승인하였다. 이로써 남북한은 분단 46년, 유엔 창설 46년 만에 각기 독립된 국가의 자격으로 유엔 회원국이 되었다. 남북의 유엔 가입으로 서로 한반도의 유일 합법 정부라고 했던 주장은 더 이상 의미가 없어졌고, 대립과 대결보다는 화해와 공존의 가능성이 더욱 커졌다. 또 남북한의 국제적 지위가 향상되고, 남북 관계의 정상화와 대외 관계에서 새로운 발판이 마련되었다. 그러나 이것은 또한 남북 분단의 고착화라는 우려를 낳기도 하였다. 양자 간에 기본 조약을 체결하여 특수한 관계임을 내외에 선포한 뒤 유엔에 가입했던 독일의 경우와는 달리 남북 간에는 아무런 조약이나 협정도 없이 휴전 상태 그대로 유엔에 가입했다는 점 때문이다.
출처: 『두산백과』

청소년을 위한 통일인문학

충돌이 없다고 생각합니다. 하지만 '평화'는 서로 다른 '둘'이 사이좋게 지내는 것이라면 '통일'은 '둘'을 '하나'로 만들려고 하는 것입니다. 따라서 평화는 '둘'의 공존을 목표로 하지만 통일은 '하나됨'을 목표로 합니다. 〈7 · 4 남북공동성명〉과 〈남북기본합의서〉의 차이 또한 여기에 있습니다.

이것은 단적으로 〈7 · 4 남북공동성명〉에는 '상호 체제 인정'이 없는 반면 〈남북기본합의서〉에서 1장 1조가 '상호 체제 인정'이라는 점에서도 드러납니다. 또 〈남북기본합의서〉는 1장 1조부터 2장 14조까지 평화적인 조치들에 대한 합의로 구성되어 있습니다. 따라서 남과 북이 서로 소통하기 위해서는 '민족대단결'과 같은 '하나'의 원칙만을 내세우지 않고 남북을 대화의 상대자로 인정하는 '둘'에서 시작해야 합니다.

하지만 이 '둘'은 그냥 남남이 만났을 때와 같은 '둘'이 아닙니다. 남남의 관계에서 둘은 서로 상대방의 삶에 개입하지 않습니다. 그러나 가족이나 친구끼리는 서로의 삶에 간섭하고 참견합니다. 마찬가지로 남북의 관계도 '하나의 민족'이라는 욕망을 가진 관계입니다. 따라서 남북의 소통은 서로 한 가족이라는 민족애가 있는 '둘' 사이의 대화가 되어야 합니다. 즉, 남과 북이 통일이라는 목표를 함께 추구하면서도 둘이 다르다는 점을 인정하고, 이 속에서 둘의 차이-다름을 서로 가르치고 배워가며 소통해야 합니다.

〈6 · 15 공동선언〉과 〈10 · 4 선언〉: '둘'이 만들어가는 '공통성'의 생산

2000년 남북 역사상 처음으로 평양에서 만난 한국의 김대중 대통령과 북한의 김정일 국방위원장 두 정상은 〈6 · 15 공동선언〉에 합의했습니

일러두기

6 · 15 **공동선언**(2000)

1. 남과 북은 나라의 통일 문제를 그 주인인 우리 민족끼리 서로 힘을 합쳐 자주적으로 해결해 나가기로 하였다.
2. 남과 북은 나라의 통일을 위한 남측의 연합제 안과 북측의 낮은 단계의 연방제 안이 서로 공통성이 있다고 인정하고 앞으로 이 방향에서 통일을 지향시켜 나가기로 하였다.
3. 남과 북은 올해 8 · 15에 즈음하여 흩어진 가족, 친척 방문단을 교환하며 비전향 장기수 문제를 해결하는 등 인도적 문제를 조속히 풀어 나가기로 하였다.
4. 남과 북은 경제 협력을 통하여 민족 경제를 균형적으로 발전시키고 사회 · 문화 · 체육 · 보건 · 환경 등 제반 분야의 협력과 교류를 활성화하여 서로의 신뢰를 다져 나가기로 하였다.
5. 남과 북은 이상과 같은 합의 사항을 조속히 실천에 옮기기 위하여 빠른 시일 안에 당국 사이의 대화를 개최하기로 하였다.

10 · 4 선언(2007)

1. 남과 북은 6 · 15 공동선언을 고수하고 적극 구현해 나간다.
2. 남과 북은 사상과 제도의 차이를 초월하여 남북 관계를 상호 존중과 신뢰 관계로 확고히 전환시켜 나가기로 하였다.
3. 남과 북은 군사적 적대 관계를 종식시키고 한반도에서 긴장완화와 평화를 보장하기 위해 긴밀히 협력하기로 하였다.
4. 남과 북은 현 정전 체제를 종식시키고 항구적인 평화 체제를 구축해 나가야 한다는 데 인식을 같이하고 직접 관련된 3자 또는 4자 정상들이 한반도 지역에서 만나 종전을 선언하는 문제를 추진하기 위해 협력해 나가기로 하였다.
5. 남과 북은 민족경제의 균형적 발전과 공동의 번영을 위해 경제협력사업을 공리공영과 유무상통의 원칙에서 적극 활성화하고 지속적으로 확대 발전시켜 나가기로 하였다.

다. 오늘날 〈6 · 15 공동선언〉에서 가장 주목받는 것은 2항입니다. 2항에서 남북 두 정상은 "나라의 통일을 위한 남측의 연합제 안과 북측의 낮은 단계의 연방제 안이 서로 공통성이 있다고 인정하고 앞으로 이 방향에서 통일을 지향시켜 나가"는 데 합의했기 때문입니다.

전통적으로 남과 북은 통일 방안을 두고 남쪽은 연합제를, 북쪽은 연방제를 주장해 왔습니다. 그런데 〈6 · 15 공동선언〉에서 두 정상은 남쪽의 연합제와 북쪽의 낮은 단계의 연방제 안 사이에 공통성이 있다고 인정했던 것입니다. 이것은 '남 또는 북'이라는 양자택일적인 선택을 거부했기 때문에 가능한 것이었습니다. 이전까지 남과 북은 서로 각각 '남 또는 북'을 일방적으로 선택하도록 강요해 왔습니다. 하지만 〈6 · 15 공동선언〉은 우리가 한 민족이라는 관점에서 '남 안에서 북'을, '북 안에서 남'을 찾아가면서 서로 공통성을 확인하고 이를 중심으로 통일을 추진하기로 한 것입니다.

마찬가지로 2007년 노무현 대통령과 김정일 국방위원장이 합의한 〈10 · 4 선언〉은 '평화'라는 '둘'의 공존을 넘어서 '상생'의 길로 나아간 역사적 사례라고 할 수 있습니다. 〈10 · 4 선언〉은 〈남북관계 발전과 평화번영을 위한 선언〉이라고 공식적으로 불리게 되었다는 점에서 보듯이 남과 북의 공동 번영을 목표로 삼고 있습니다. 여기서 두 정상은 "사상과 제도의 차이를 초월하여 남북 관계를 상호 존중과 신뢰 관계"를 만들어간다는 관점에서 긴장 완화와 평화 보장 조치, 종전 선언과 평화 체제 구축을 위한 조치들에 대해 합의합니다.

하지만 〈10 · 4 선언〉은 여기에서 멈추지 않았습니다. 〈10 · 4 선언〉은 "민족 경제의 균형적 발전과 공동의 번영을 위해 경제 협력 사업을 공리공영과 유무상통의 원칙"하에서 남북의 문화–경제 협력 등에 대한 제반 조치에 합의합니다. 이런 조치들로 대표적인 것은 "서해평화협력특별지대 설치", "개성공업지구 2단계 건설", "개성–신의주 철도

⋯→ 제2차 남북정상회담을 위해 만난 남북한의 두 정상.

와 개성-평양 고속도로 공동 이용", "안변과 남포에 조선협력단지 건설", "남북경제협력공동위원회 격상" 등이 있습니다.

이러한 남북 합의문의 역사는 '하나'에서 출발하여 '둘'로 나아가 평화통일이라는 원칙을 정립함으로써 남북의 소통이 가능해졌음을 보여줍니다. 또한 이런 남북의 소통은 '둘'로 남아 있지 않았습니다. 그것은 서로 적대와 다름을 넘어서 '공통성'의 생산으로, 더불어 '민족공영'이라는 '상생의 관계'로 발전해 왔습니다. 따라서 남북 합의문의 역사는 남과 북이 통일을 이루어가는 소통의 역사라고 할 수 있습니다.

상호 이해와 민간 교류의 역사

남북 주민이 사람과 사람으로서 서로 다가가는 소통은 정부 간의 정책적 합의만으로 이루어지는 것은 아닙니다. 정부 간의 합의가 있어도 국민이 반대하면 소통은 이루어질 수 없습니다. 남북한 구성원 개개인도 서로의 차이를 이해하고 받아들이면서 우애로운 관계를 만들어가야 합니다. 남북 정부 간의 교류 협력만이 아니라 민간 차원에서의 다양한 교류와 협력이 필요한 것은 바로 이 때문입니다. 이번에는 민간 차원에서 진행되어 온 남북 간의 소통 사례들에 대해 살펴봅시다.

서로에 대한 인정과 우애를 실현한 남북의 민간 교류 활동

남북의 소통적 관계맺음은 남북 두 정부의 대화와 협력만으로는 부족합니다. 남북이 소통하기 위해서는 남북 두 주민 사이에서 상호 이해와 인정, 우애로운 관계를 이루어가야 합니다. 지금까지 남북 교류와 소통은 국가적 차원만이 아니라 민간 차원에서도 이루어져 왔습니다.

하지만 민간 차원에서 이루어지는 남북 대화와 교류에서도 장벽은 있습니다. 남과 북의 주민들 또한 서로 다른 체제에서 살면서 다른 가치와 정서, 문화를 가지고 있기 때문입니다. 실제로 남쪽만 보더라도 북쪽을 호전적인 전쟁광들의 나라로 생각하면서 상종 못 할 사람들로 취급하는 사람들도 있습니다.

그러나 이것은 북쪽 사람들이 살아온 역사를 전혀 고려하지 않은 생각입니다. 북쪽 사람들이 모두 그런 것도 아니며 그 사람들도 각자가 처한 환경 속에서 살아가는 우리의 동포일 뿐입니다. 무조건적인 적대의 대상이 아닌 것입니다. 게다가 북쪽 사람들 또한 우리와 같은 민족이라는 정서를 가지고 있습니다. 문제는 서로 만나지 못하다 보니까 차이를 이해하지 못하는 것입니다. 따라서 국가적 차원뿐만 아니라 민간적 차원에서 남북 주민의 만남과 대화가 필요합니다.

남북의 주민들이 함께 만나다 보면 서로 차이가 생긴 역사적 배경과 환경을 이해하게 됩니다. 그렇게 되었을 때 '한 민족'이라는 '끌림'이 생기고 그 끌림 위에서 통일도 이룰 수 있습니다. 따라서 남북 간의 민간 교류도 서로 차이와 다름을 이해하면서 민족애를 확인할 수 있도록 다양하게 기획될 필요가 있습니다. 다음은 몇 가지 사례를 제시한 것입니다.

(1) 남북 문화 교류

남북통일축구대회

1990년 10월 11일과 23일 서울과 평양에서는 남북한 축구 대표팀의 축구 대항전이 열렸습니다. 이 대회의 목적은 스포츠 교류를 통해 민족애를 회복하고 통일을 앞당기는 것이었습니다.

1차전은 1990년 10월 11일 오후 3시에 평양의 능라도 경기장에서 15만 관중이 운집한 가운데 열렸습니다. 이날 경기는 팽팽한 접전 끝에 북한이 경기 종료 직전 한 골을 추가함으로써 2 : 1로 승리했습니다.

2차전은 1990년 10월 23일 서울의 올림픽 주경기장에서 열렸습니다. 이날 경기에서 한국은 1 : 0으로 북한을 이겼습니다. 이로써 남북통일축구대회는 남과 북이 각각 1승 1패를 주고받는 것으로 마무리되었습니다.

게다가 1차전 때 당시 월드컵 대표팀의 감독이던 이회택 감독은 고문 자격으로 동행해 북한 축구인인 박두익의 주선으로 아버지 이용진

일러두기

남북통일축구대회
(1990)

1990년 제11회 베이징 아시아경기대회에 참가하던 중 남한의 장충식 선수단장과 북한의 김형진 선수단장이 9월 29일 공동기자회견을 갖고 '남북(북남)통일축구대회'를 갖기로 했다고 발표하였다. 양측은 각각 4박 5일 동안 평양과 서울을 상호방문하여 축구 경기를 갖고, 유니폼에는 국가 표시를 하지 않으며, 방문 기간 동안 상대방에 대한 신분 보장 등을 약속하였다. 남한팀은 이재명 단장, 박종환 감독으로, 북한팀은 김유순을 총단장으로 하여 각각 대표팀을 구성하였다. 비록 이 대회는 정례화되지 못하고 중단되었지만, 스포츠 교류의 차원을 넘어 단절되었던 남북을 이어주는 다리 역할을 하였다. 뿐만 아니라 각종 국제대회에 단일팀을 구성하는 등 남북 교류의 길을 확대시키는 성과를 남겼다. 즉 1987년 이후 중단되었던 '남북체육회담'을 재개시키는 계기가 되었다.
출처: 『두산백과』

을 만날 수 있었습니다. 이것은 남북의 스포츠 교류가 이산가족 상봉으로 이어진 경우로, 남북 민간 교류의 의미를 확인하는 일이기도 했습니다.

남북통일축구대회에서 남북의 주민은 결코 남한이나 북한만을 응원하지 않았습니다. 그 자리는 7,000만 겨레가 하나가 되는 자리이기도 했습니다. 그들은 서로 뜨거운 응원을 보내면서 민족애를 나누었고 과거에도, 앞으로도 한반도에서 함께 살아가는 한 민족이라는 점을 확인했습니다.

KBS 평양노래자랑

KBS 1TV 광복절 프로그램인 '특별기획 평양노래자랑'이 지난 2003년 8월 11일 평양 모란봉공원에서 진행되었습니다. 한국의 최장수 인기 프로그램 가운데 하나인 '전국노래자랑'의 평양 편은 안방에서 북쪽 동포들의 얼굴을 생생하게 볼 수 있는 기회가 되었습니다. 그것은 안방을 찾아온 동포들의 얼굴만큼이나 통일이 우리에게 가까이 온 듯한 느낌을 주었습니다.

평양–남포 통일마라톤대회

2005년 11월 23일 오전 10시 40분, 인천국제공항을 이륙한 아시아나항공 OZ 1338 전세기가 평양 순안공항에 착륙했습니다. 분단 60년 만에 처음으로 개최된 제1회 평양-남포 통일마라톤대회는 평양 시내와 인근 남포를 관통하는 길을 따라 진행되었습니다.

오마이뉴스와 북측 민족화해협의회 주최로 열린 이번 마라톤대회에는 남측 참가단 144명을 포함, 남북에서 모두 200여 명이 참가했습니다. 남자 부문 1위를 차지한 북측 윤원성 씨(31세, 노동자)는 "북남, 같은 민족끼리 달리게 돼서 기쁘다"며 "서울에서도 통일마라톤이 열리면

··→ 남북에서 모두 200여 명이 참가한 평양–남포 통일마라톤대회.
출처: 건국대학교 통일인문학연구단

꼭 참가하고 싶다"는 소망을 피력했습니다.

　김영남 마라톤 준비위원회 부위원장도 "평양 시민들이 아침 운동을
즐겨하기 때문에 이번 대회에서 좋은 성적을 거둔 것 같다"며 "21km
를 달려왔던 걸음을 멈추지 말고 통일의 길로 계속 달려나가자"고 말
했습니다.

(2) 남북 경제 협력

관광 사업

1998년 11월 18일 남한의 민간 기업이 주도하여 시작된 금강산 관광
사업은 남북 분단 50년 역사에 새로운 획을 그은 사건이었습니다. 이
는 김대중 정부의 햇볕정책과 맞물려 이루어낸 민간 경제 협력(경협)
의 성과이자 남북한 민간 교류의 대표적 사례입니다.

··→ 1998년 10월 금강산 관광 등 대북 사업을 논의하기 위해 방문한 정주영 현대그룹 명예회장
이 김정일 국방위원장과 회담 후 백화원초대소(영빈관)에서 기념촬영을 하고 있다.

　　그러나 순조롭게 진행되던 금강산 관광 사업은 시작한 지 7개월
만에 난관에 봉착하기도 했습니다. 한 남한 관광객이 금강산 관광
단지의 북한 주민에게 귀순 공작을 했다는 명목으로 억류되면서 잠
정 중단되었기 때문입니다. 하지만 그 후 베이징에서 관광 세칙 제개
정과 신변 안전 보장에 합의했고, 금강산 관광 길은 다시 열리게 되었
습니다.

　　현재 금강산 관광 사업은 전면 중단된 상태입니다. 이것은 2008년 7월
11일 남한 관광객이 북한군에 피격되는 사건이 발생했는데 남북이 이
문제를 풀지 못하고 있기 때문입니다. 금강산 관광 사업은 남북 경제
협력의 상징적인 사례입니다. 동시에 남한 주민이 북한을 자유롭게 오
갈 수 있는 기회로, 남북의 소통과 통일에 대한 희망을 안겨주던 사례
입니다.

　　그러나 불미스러운 일로 사업이 중단되고 재개를 위한 협상이 어려

　　　청소년을 위한 통일인문학

움을 겪으면서 현재까지 중단되고 있는 것입니다. 따라서 금강산 관광 사업은 남북 간의 민간 교류와 경제 협력조차 얼마나 많은 난관을 넘어야 하는지 보여주는 대표적인 사례라고 할 수 있습니다.

빵공장 지원 사업

한국에서는 기계 설비와 제빵 재료를, 북한에서는 공장과 인력을 제공하여 '대동강어린이빵공장'을 세운 바 있었습니다. 이 공장은 2005년 4월 1일 가동을 시작하였으며 현재까지 하루에 빵 1만 개씩을 생산하고 있습니다. 대동강어린이빵공장에서 만드는 빵의 이름은 '옥류玉流'입니다. 남쪽에서 전해 주는 소중한 마음玉을 아이들에게 잘 흐르게流 하겠다는 뜻이 담겨 있습니다.

현재도 '옥류'는 날마다 평양의 대동강 구역 · 선교 구역 · 동대원 구역의 탁아소와 유치원의 아이들에게 급식으로 나누어지고 있습니다. 따라서 빵공장 지원 사업은 남북이 민족의 어린이를 통일 세대의 일원으로 양성하는 데에 이바지하는 대표적 사례입니다.

이밖에도 다양한 문화 · 경제 차원의 민간 교류 활동이 지속적으로 이루어져 왔습니다. 이러한 교류 활동이 서로 더욱 가깝게 느끼도록 하고 우애적 협력 관계를 돈독히 하는 데 이바지한 것은 분명합니다. 앞으로도 문화 · 경제 분야의 교류뿐 아니라 학술 · 교육 등 사회 전반의 영역에 걸쳐 활발히 교류 협력해야 하겠습니다.

민간 중심의 공동 기구를 마련하여 교류의 확장을 꿈꾸자

분단 시기 동안 남과 북은 서로 다른 근대화 과정을 겪었
남북 주민들은 각기 다른 체제와 환경 속에서 각자의 으

일러두기

금강산 관광객 피격 사건

2008년 7월 11일 새벽에 금강산 관광객이 장전항 북한 측 구역 내에서 북한 군인의 총격을 받아 사망하는 사건이 발생하였다. 정부는 이를 우리 국민의 생명과 안전에 관한 중대 한 문제로 보고 어떠한 이유로도 정당화될 수 없으며 「개성공업지구와 금강산관광지구의 출입 및 체류에 관한 합의서」 등 남북 간 합의사항을 명백히 위반한 사건으로 규정하고, 2008 년 7월 12일부터 금강산 관광을 잠정 중단하였다.

출처: 「남북관계지식사전」

⋯→ '옥류' 빵을 생산하는 '대동강어린이빵공장'.
출처: 민족21

을 겪으면서 살아왔습니다. 따라서 남북의 차이는 각기 다른 역사적 환경의 산물입니다.

문제는 이런 역사적인 환경적 차이를 이해하는 것입니다. 서로 다른 차이는 결코 단점이 아닙니다. 서로 다른 차이는 주변 환경이 달라졌을 때 이에 적응하는 창조적인 능력이 될 수도 있습니다. 따라서 이런 차이들을 변질이 아니라 공통의 자산으로 이해하면서 차이를 나누는, 정기적인 남북 교류를 만들어갈 필요가 있습니다.

통일이라는 민족사적 과제는 결코 남과 북 두 국가의 통합만으로 완수될 수 없습니다. 통일은 결국 사람의 통일이 되어야 합니다. 그렇지 못하면, 남북이 통일되더라도 사람들은 서로 이해하지 못하여 다투고 충돌할 수밖에 없습니다. 따라서 통일은 어느 날 갑자기 오는 것이라고 하면서 막연히 기다려서는 안 됩니다. 그것은 미리 기획되고 준비되어야 합니다.

남과 북이 통일을 하고자 하는 것은 우리 민족이 더 잘 살고 행복해지기 위해서입니다. 그러나 그렇게 하기 위해서는 남북의 주민들이 서로 이해하고 함께 더불어 살 수 있는 관계가 되어야 합니다. 갑자기 통일된다면 우리는 그런 관계를 만들 수 없습니다. 그러므로 사람과 사람을 이어주는 수많은 공동 기구를 만들고 이를 통해 민간 차원의 교류를 더욱 활성화해야 합니다.

협상으로 만들어 가는 남북공동올림픽

협상 활동을 해보고 이를 바탕으로 협상문을 작성해 봅시다. 이러한 활동을 통해 적대 관계를 협력 관계로 전환하는 방법을 배워봅니다. 협상은 서로 간의 근원적 이해를 증진하는 상호 교섭 활동입니다. 이를 통해 서로 간의 적대 관계를 협력 관계로 변화시킬 수 있습니다. 다음에서는 남북한이 올림픽 공동 개최를 하게 되었다고 가정하고, 그 과정에서 발생할 수 있는 갈등을 해소하는 협상 활동을 수행합니다. 이와 같은 협상 활동을 통해 남북 소통의 방향을 이해할 수 있습니다. 이때 다음과 같은 내용을 고려하여 원활한 협상이 이루어지도록 해 봅시다.

협상 상황

올림픽추진위원회는 20xx년 올림픽을 남과 북이 공동으로 개최하기로 하였다. 이 대회는 세계 유일의 분단국가에서 공동으로 올림픽을 개최한다는 점에서 큰 의미를 지닌다. 이번 공동 개최는 남과  북이 전쟁과 분단의 역사를 넘어 새로운 평화의 시대로 나아간다는 의미가 있다. 하지만 이후 협상 과제를 보면 아직도 여러 가지 문제들이 남아 있는 것으로 보인다. 비록 남과 북의 공동 개최가 성사되었지만 남은 문제들은 여러 협상 방법을 통해 해결되어야 한다.

Q1. 남과 북이 올림픽을 공동 개최한다고 했을 때 생길 수 있는 문제는 무엇이 있나요?

Q2. 협상 과정에서 나타난 문제에 대해 한국이 제시할 수 있는 협상 전략에는 무엇이 있을까요? 또 북한이 제시할 수 있는 협상 전략이 무엇이 있을까요?

Q3. 생각해 본 협상 전략을 바탕으로 두 팀으로 나누어 한국과 북한의 역할을 맡아 협상을 진행해 보도록 합시다.

활동 제목	협상으로 만들어 가는 남북공동올림픽
활동 목표	방법적 절차를 내재화하여 참여자들의 호혜적 협상 능력을 기르고 적대 관계를 협력 관계로 전환하는 능력을 기른다.
활동 내용	협상은 서로 다른 이익집단이 서로 간의 이익을 추구하기 위해 진행하는 행위이다. 원활한 협상을 위해서는 서로 간의 적대적 관계를 협력의 관계로 바꿀 필요가 있다. 남북공동올림픽 개최라는 가상의 상황을 제시하고, 이때 남북한이 고려해야 할 상황을 생각해 보자. 그리고 서로 남북의 역할을 나누어 협상 내용을 교환하고 의사소통을 통해 합의를 이끌어 낸다.
활동 방식	① 교수자는 학생들에게 협상의 의미와 협상 상황, 협상의 의제를 설명한다. ② 교수자는 모둠별로 협상 팀을 구성한다. ③ 학생들은 교수자가 제시한 협상 의제를 분석하여 협상 쟁점과 목표를 설정하고, 상대를 분석하여 협상 전략을 세운다. ④ 양 모둠은 협상의 내용을 맞교환한다. ⑤ 협상 내용을 교환하고 나서, 상대와 대화를 통해서 조정안을 만든다. ⑥ 서로 제안을 수락/거부한 뒤, 거부되면 수정안을 만들어 2차 협상을 시도한다. ⑦ 최선의 대안을 합의하여 협상을 마무리한다. ⑧ 협상 결과를 정리하고 합의문을 작성한다. ⑨ 협상 활동 이후 협상 후기를 작성한다.
참여 인원	모둠 간 토론
준비물	연습장, 필기도구

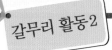

남북 경제 협력 사업의 중심, 개성공단의 빛과 어둠

남북 경제 협력 사업은 남북 경협이 통일을 이끈다는 분위기 속에서 남북한 간의 교역 및 문호 개방, 민족 경제의 균형적 발전 등의 이유로 시행되었습니다. 그중 대표적인 성과가 개성공단 사업입니다. 개성공단에는 총 123개 우리 기업이 입주해 있으며(2013년 12월 말 기준), 상당한 수준의 제품 생산이 이루어지고 있습니다. 이에 다음을 읽고 개성공단이 가진 의의와 한계에 대해 말해 봅시다.

개성공단 사업은 남북 간의 평화를 위한 안전장치라고 할 수 있으며, 통일을 위한 마중이라고 할 수 있다. 더불어 북한으로 하여금 외부 세계에 대한 수용 능력을 증가시켜 다른 경제특구를 만들어내는 밑거름이 되면서, 동시에 북한의 경제 개방에 실질적 도움을 줘 국제 사회로의 편입을 준비하는 계기가 될 수 있다.

그러나 개성공단 사업은 순탄치만은 않았는데 특히, 천안함 피격 사건 이후 한국 정부는 5월 24일 대북 조치를 발표하였다. 이에 따라 개성공단의 신규 진출과 투자 확대를 금지하고 체류하는 인원을 평소의 50~60% 수준으로 축소 · 조정하기로 했다. 2013년 3월 말 북한은 개성공단 입 · 출경을 중단하고 남북 간 군 통신선을 차단한 데 이어 2013년 4월 9일 북한 근로자를 전면 철수시켜 사실상 가동이 중단되기도 하였다. 이후 북한과의 대화를 통한 문제 해결을 위해 지속적으로 노력한 결과 개성공단은 9월 16일부터 재가동됐다.

출처: 통일교육원 교육개발과, 『2014 통일문제 이해』

Q1. 현재 개성공단에서는 주로 어떤 일을 하고 있으며, 우리 주변에 개성공단에서 생산된 제품이 있는지 찾아봅시다.

Q2. 개성공단이 남북의 평화와 번영에 이바지하는 바는 무엇일까요? 한편으로 개성공단 운영의 어려움이 무엇인지 생각해 봅시다.

Q3. 자신이 개성공단을 운영하는 책임자라고 가정하고 개성공단을 이끌어가기 위한 노력에는 무엇이 있을지 생각해 봅시다.

활동 제목	남북 경제 협력 사업의 중심, 개성공단의 빛과 어둠
활동 목표	남북 평화와 번영을 위해 경제 협력 사업이 갖는 의미를 이해해 본다.
활동 내용	그간에 이루어진 남북의 협력 사업의 상황을 이해하고, 경제 협력의 구체적 사례인 개성공단을 통해 남과 북의 경제 협력이 가진 의미를 생각해 본다. 또한 개성공단이 가진 의의와 한계를 토론해 봄으로써 남북 평화와 통일 시대의 협력 방향을 전망해 본다.
활동 방식	① 남과 북에서 진행하는 남북 협력 사업의 뜻을 이해해 보고 참고자료를 조사하여 현재 진행되고 있는 남북 협력 사업에는 어떤 것이 있는지를 발표해 본다. ② 개성공단에 관해 조사한 이후, 개성공단의 역사 및 변천, 현황 등을 발표해 본다. ③ 개성공단의 의의와 운영상의 어려움을 토론해 본다. ④ 앞으로 개성공단을 잘 이끌어나가기 위해 할 수 있는 노력에는 어떤 것이 있을지 발표해 본다.
참여 인원	집단 토론
준비물	연습장, 필기도구

우리의 근현대사 100년은 36년간의 일제 식민 지배와 남북 분단·동족상잔의 비극으로 점철되어 있습니다. 분열과 대립의 역사를 살아오면서 우리는 알지 못하는 사이에 계속 상처를 입고 있습니다. 이러한 상처들은 역사의 사건들을 직접 경험한 사람들뿐만 아니라 그것을 경험하지 못한 우리들에게도 남아 있습니다. 우리가 인식하지 못하는 역사의 상처들에는 어떤 것이 있을까요? 그러한 상처들은 어떤 형태로 영향을 주고 있을까요? 그리고 우리는 그런 상처들을 어떻게 치유하고 미래로 나아갈 수 있을까요?

02

통일한반도를 위한 치유의 이야기

공포와 적대감에서 포용과 상생으로

우리의 근현대사 100년은 36년간의 일제 식민 지배와 남북 분단·민족상잔의 한국전쟁으로 얼룩져 있습니다. 분열과 대립의 역사는 커다란 상처를 남겼고, 지금까지도 이어져 오고 있지요. 이러한 역사의 상처는 역사적 사건들을 직접 경험한 사람들뿐만 아니라 지금을 살아가는 우리들에게도 끊임없이 영향을 미치고 있습니다.

우리는 일제 식민 지배 이후 아직까지도 하나의 통일국가를 건설하지 못하고 있습니다. 대신에 남과 북은 한반도의 주인이 되겠다고 서로 싸우고 있습니다. 오랜 세월 동안 남과 북 사이에서 진행된 분열과 반목의 역사는 남과 북을 형제가 아니라 '적'으로 만들어 놓았습니다. 남과 북은 현재 서로를 자신들의 생명을 위협하는 적으로 간주할 뿐만 아니라 상대에 대한 공포감을 이용하여 서로에 대한 원한 감정을 부추기고 있습니다.

하지만 남과 북이 서로 '주인'의 자리를 놓고 싸우는 것은 우리가 한 민족으로 하나의 국가를 만들어 살고 싶은 욕망 때문입니다. 따라서 남과 북은 민족애를 가지고 있습니다. 그런데 이런

··· 전쟁의 폐허 속 피난민.
출처: 미국 국립문서기록관리청

··· M26 탱크 앞에서 어린 동생을 업고 있는 누이.
출처: 미국 국립문서기록관리청

민족애가 과거에 서로 입힌 상처 때문에 오히려 서로를 적대하는 증오로 변질된 것입니다. 그렇다면 우리가 분단을 극복하고 통일로 나아가기 위해서는 이런 상처를 치유하는 방향을 찾는 데에서 출발할 필요가 있습니다.

우리가 인식하지 못하지만 계속해서 우리 모두에게 영향을 주고 있는 역사의 상처들은 어떤 것이 있을까요? 그리고 우리는 수많은 갈등을 불러일으키고 있는 역사의 상처를 어떻게 치유할 수 있을까요? 남과 북의 통일을 위해서 우리가 가지고 있는 역사의 상처들을 되돌아보고, 어떻게 하면 상처를 치유할 수 있을지 생각해 봅시다.

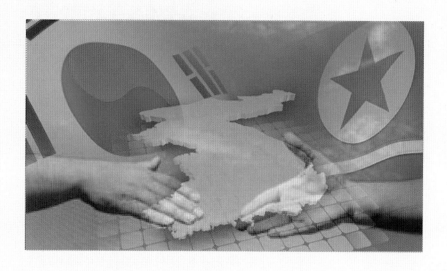

생각  열기

36년간 지속된 일제 강점으로 우리 민족은 많은 상처를 입었습니다. 그 상처의 깊이가 너무나도 깊기에 우리는 아직도 그것을 잊지 못하고 있습니다. 더욱이 '위안부'에 대한 일본 정부의 태도는 우리의 상처에 다시 생채기를 내고 있습니다.

일본 제국주의의 대표적인 피해자인 위안부 할머니들은 일본 정부의 사과를 요구하며 25년 동안 매주 수요일 일본대사관 앞에서 정기 집회를 하고 있다. 1992년 1월 8일부터 무려 1,200여 회의 수요일을 지켜낸 '위안부' 피해자 할머니들. 여전히 침묵으로 일관하는 일본 정부와 이들의 고통을 눈감아 온 한국 정부에 1000번을 넘게 외쳐 왔

···▶ 일제 강점기에 '위안부'로 끌려간 한국 여성들의 모습.
출처: 한국정신대문제대책협의회

다. 생존 피해자들이 하나 둘 돌아가시는 상황 속에서 1000번의 외침이 안타깝게만 느껴진다.

대한변호사협회 일제피해자인권특별위원회 최봉태 위원장은 이에 대해 가슴 아픈 진실을 털어놓기도 하였다.

"오늘이 부끄럽다. 이처럼 세계적인 인권 문제를 25년 동안이나 해결하지 못해 할머님들이 이렇게 추운 날 길거리에 나와 시위하도록 방치하는 것 자체가 그러하다. 일본의 민주화와 우리 정부의

민주주의 국가로서의 성숙이 하루 빨리 이루어지길 기대한다."

출처: 한국정신대문제대책협의회

　이처럼 해결되지 않은 채로 남아 있는 역사적 상처들은 현재 우리 삶에 어떠한 영향을 주고 있을까요? 우리는 일본의 대중문화를 즐기면서도, 한국과 일본이 겨루는 스포츠 경기가 열리면 다른 나라와 경기할 때에 비해 유독 이겨야 한다고 생각하는 경우가 많습니다. 일본에 패하면 한국 선수들을 비난하기도 하고 경기에서 반칙을 범한 일본 선수를 무차별적으로 욕하기도 합니다. 일본 역시 여전히 제국주의적 사고를 청산하지 못하여, 일본에 사는 코리언들을 배척하는 제노포비아(외인공포증, 외국인 혐오증)가 심각합니다. 이로 인한 인권 문제는 세계적인 비난을 받기도 하였습니다. 아물지 않은 상처는 세월이 흐를수록 더욱 깊어지는 경향이 있습니다. 그것은 끊임없이 되살아나 우리의 마음을 헤집어 놓습니다. 일본은 그들이 자행했던 제국주의 침략에 대해 지금도 반성하지 않고 있습니다. 심지어 그들은 아직도 과거의 상처를 환기시키는 언행들을 되풀이하고 있습니다. 오늘날 이런 상처들이 우리들의 삶에서 어떻게 나타나는지를 살펴봅시다.

···▸ 일본대사관 앞에서 수요집회를 하고 있는 '위안부' 피해자 할머니들.
출처: 한국정신대문제대책협의회

국권을 박탈하고 민족을 수탈한 일제의 식민 지배

우리 민족은 근대에 접어들면서 민족국가를 건설하고자 노력해 왔습니다. 하지만 대한제국이 일제에 의해 강제 합병된 이후, 우리 민족은 일본 제국주의 국가의 통치를 받으며 살아가야 했습니다. 그러나 한민족은 적어도 고려 시대 이후 하나의 국가를 이루고 살아왔습니다. 그래서 식민 지배가 남긴 상처는 더욱 컸으며 일본 제국주의 지배에 저항하는 민족의 힘도 더욱 강력했습니다. 그 저항의 힘은 무엇이었으며 식민 지배가 남긴 상처는 무엇이었을까요?

36년 동안 지속된 망국의 설움

1910년부터 시작된 일제의 식민 지배는 1945년 광복에 이르기까지 36년 동안 계속되었습니다. 우리 민족은 식민지 시대를 겪으며 일제의 폭력과 횡포로 인해 견디기 힘든 시간을 보내야만 했습니다. 일제를 위한 전쟁에 강제로 동원되어 목숨을 잃기도 했고, 생명이 위험할 만큼 괴로운 노동을 강요받았습니다. 우리는 인권이 박탈된 채로 모진 고통과 모멸감을 감내해야 했습니다. 일제는 우리의 찬란한 전통문화를 훼손하였고, 식민사관을 강요하여 민족의 자존심에 커다란 상처를 입혔습니다. 또 일제의 수탈에 따른 경제적 피해는 추산이 불가능할 정도입니다. 더욱이 한민족이 세계 각지로 이산되는 뼈아픈 고통을 겪어야 했습니다.

일러두기

식민사관

일본 제국주의는 자신들의 조선 지배를 정당화하기 위해 식민사관(植民史觀)을 주장했다. 식민사관은 한국이 근대 사회로 이행하는 자체적인 역사 발전의 동력이 없다는 정체성(停滯性)론과 한국의 역사가 자율적이 아니라 외세의 간섭과 영향에 의해 진행되어 왔다는 타율성(他律性)론을 두 축으로 갖고 있다.

식민 지배의 세 시기

첫 번째 시기는 1910년대 무단통치 시기입니다. 무단통치를 잘 보여 주는 것이 헌병경찰대입니다. 헌병이 민간인의 치안 유지를 담당하는 경찰 역할을 한 것입니다. 위관급 장교가 경찰서장을 하고 사병들은 경찰을 했습니다. 당시에는 경찰을 순사라고 불렀는데, 이 말단 순사도 권한이 아주 막강했습니다. 왜냐하면 정식 재판에 회부하지 않고도 벌금을 부과하고 구류에 처할 수 있는 즉결처분권을 가지고 있었기 때문입니다. 그래서 이때부터 '울면 순사가 잡아간다' 하면 우는 아이도 울음을 뚝 그친다는 이야기가 생겨났습니다.

두 번째 시기는 1920년대 소위 문화정치 시기입니다. 문화정치란 언론의 자유를 통제된 조건에서만 허용해 주고, 교육의 기회 역시 조금 확대해 주면서 친일파를 양성해서 근본적으로 민족 분열을 일으키려는 통치입니다. 언론의 자유는 철저한 사전 검열 제도에 의해 통제되었으며, 교육의 기회는 초 · 중등 교육에 국한되어 있었고, 고등 교육은 철저하게 식민 지배에 복무할 수 있는 엘리트를 육성하는 데에만 허용되었습니다. 결국 일제는 '문화정치'를 내세웠지만 그것은 3 · 1 운동 이후 조선 민족의 저항을 무마시키기 위한 통치술에 불과했습니다.

세 번째 시기는 1930년대 이후 침략 전쟁기입니다. 일제는 1931년 만주를 식민지화하기 위해 만주사변을 일으켰고, 1932년에 만주국을 수립했습니다. 이후 1937년에는 중국 본토를 침략하는 중일전쟁, 1941년 태평양 전쟁을 일으켰습니다. 이 시기에 일제가 식민지 조선에 실시한 것이 병참기지화 정책과 황민화 정책입니다. 1937년 중일전쟁 이후에 일제는 모든 자원을 총동원하기 위해 국민총동원법을 반포합니다.

⋯→ 일제는 식민지인들에게 신사 참배를 강요했다. 남산에 있던 조선 신궁.

전쟁 수행을 위해 인적, 물적 자원을 총동원한 정책을 병참기지화 정책이라고 합니다. 물적 자원을 동원했다는 것은 전쟁을 치르기 위해 군수공장을 만들거나 식량을 강제 공수한다거나 나아가서 일제 말기에 이르면 숟가락에서 젓가락까지 쇠붙이라는 쇠붙이는 전부 다 공출해 간 것을 말합니다. 인적 자원의 동원은 전쟁터에서 싸울 군인으로 끌고 가는 징병, 군수공장이나 비행장 건설·광산 등지에 노역을 부리기 위한 징용, 나아가 우리가 알고 있는 '위안부', 이른바 '정신대' 동원을 가리킵니다.

황민화 정책은 병참기지화 정책과 동전의 양면이라고 할 수 있습니다. 동원된 조선인들이 일본을 위해서 일하고 싸워야 하는데 만약에 총부리를 일본을 향해 겨누면 안 되지 않겠습니까? 그래서 조선 민족을 일본 민족으로 만드는 정책을 수립하고 정신무장을 시켜서 일본에 충성할 수 있는 신민으로 만드는 것이 황국 신민화 정책입니다. 우리는 이를 '민족 말살 정책'으로 부릅니다.

관공서의 조례 때나 일반 가정에서도 매일 아침 황국 신민의 서사를

일러두기

역사적 국가

일정한 영토와 주권(主權: 국가의 주인이 되는 권력)에 의한 하나의 통치 조직을 가지고 있는 사회 집단으로 구성된 나라를 말한다. 기본적으로 국민·영토·주권의 세 요소가 필수적이다.

···→ "'징용 한인' 반란 최초 확인····· 그들은 노예" 기사 중 한 장면.

출처: KBS 뉴스라인, 2014년 8월 12일 보도

강제적으로 암송시키고, 일본 천황이 있다는 동방을 향해서 절을 하도록 강요하는 동방요배東方遙拜를 일상화시켰습니다. 신사神社는 일본 천황이나 일본 전쟁 영웅을 모시는 사당의 일종입니다. 일제는 한 마을에 하나씩 신사를 만드는 일촌일사一村一社 운동도 강제하는데, 1945년쯤 되면 전국에 1,000개 이상의 신사가 있었다고 합니다. 당연히 해방 후에 제일 먼저 파괴된 것이 신사들이었습니다. 이처럼 황국 신민의 서사 암송, 신사 참배뿐만 아니라 창씨개명도 강요했습니다.

지금은 식민 지배로부터 해방이 된 지 70년이 넘게 흘렀습니다. 세월이 흐르면 식민 지배를 당한 과거에 대한 상상과 연결된 분노의 감정은 시간이 지나면 잊기 마련입니다. 그게 정상입니다. 세월이 흐르고, 그 일을 겪은 다음에 아무리 역사적으로 전승이 된다 할지라도 어느 정도 상처가 아뭅니다. 그런데 우리의 경우 원한과 분노의 집단감정이 여전히 살아 있습니다. 아직도 식민 지배의 상처가 치유되지 않고 있는 것입니다.

현재까지 계속되는 강제 징용의 피해

우리 민족에게 가해진 일제의 횡포는 '위안부', 강제 징용, 토지 수탈, 민족 문화 탄압 등 이루 헤아릴 수 없을 정도입니다. 그 가운데 1938년 일제의 국가총동원법에 의해 강제로 낯선 곳으로 끌려가 죽음과 같은 노동에 시달린 일을 '징용'이라 합니다.

일제에 징용된 이들은 탄광과 벌목장은 물론, 비행장, 도로, 철도 등의 건설 현장에 이르기까지 다양한 분야에서 강제 노동에 시달렸습니다. 이들은 가족과 헤어져 제대로 먹지도 자지도 못하며, 위험천만한 노동 현장에서 길고 긴 시간을 일해야 했습니다. 대표적인 징용 피해로는 사할린 지역으로 끌려간 이들의 사례를 들 수 있습니다. 강제로 낯선 땅에 던져진 이들은 영하 40도의 혹독한 추위와 배고픔, 부모형제에 대한 애타는 그리움 속에서 가혹한 노동에 내몰려야만 했습니다.

태평양전쟁이 시작되자 이들 중 일부는 또다시 미얀마·베트남 등의 낯선 땅으로 끌려갔습니다. 이때 2차 징용된 이들은 전쟁이 끝난 후에도 돌아오지 못하였고, 지금까지도 생사를 알 수 없습니다. 이렇게 주권을 빼앗긴 우리 민족의 고통은 지금까지도 세계의 곳곳에 자취가 남아 있습니다.

···▶ 사할린 강제징용 탄광의 흔적.
출처: 지구촌동포연대

청소년을 위한 통일인문학

식민 시대에 시작된 '민족 ≠ 국가'라는 어긋남

우리 민족의 구성원들은 식민 시대부터 국가와 민족이 일치하지 않는 상황에 놓이게 되었습니다. 국가라는 울타리가 민족 구성원 전부를 보듬을 수 없게 된 것을 말합니다. 이런 상황을 만든 분단은 식민 시대부터 지금까지 이어지고 있습니다.

근대로 접어들면서 세계의 여러 종족들은 '국가 國家: state'라는 정치적 공동체를 만들었습니다. 우리 민족도 근대적인 국가를 열망하기 시작하였지요. 게다가 한민족은 적어도 고려시대 이후 1,000년이 넘는 세월 동안 하나의 국가를 이루고 살아왔던 '역사적 국가 historical states'라는 전통을 가지고 있었습니다. 그러나 일본 제국주의에 의해 주권을 상실했을 뿐만 아니라, 8·15 해방 이후에도 남북이 분단됨으로써 하나의 민족국가를 건설하지 못하고 있습니다. 따라서 일본 제국주의 지배는 우리 민족의 식민과 이산, 분단을 낳은 '근원'이 되는 사건이라고 할 수 있습니다.

···› 혹독한 자연환경과 가혹한 노동조건으로 조선인 징용 노동자들에겐 '지옥섬'이자 '감옥섬'이었던 하시마섬(端島)의 해저 탄광. 최근 그 '군함도'의 이야기는 소설과 영화로도 만들어졌다.

출처: 위키미디어

일제에 의해 흩어진 코리언 디아스포라의 아픔

우리 민족은 일제의 식민 통치에 의해서 민족이 주인이 되는 국가를 세우고자 하는 소망을 이루지 못하였습니다. 그뿐만 아니라 일제의 강압에 의해 많은 사람들이 나라 밖을 떠도는 디아스포라가 되기까지 하였습니다. 일본 제국주의는 토지조사 사업과 국가총동원법 등을 통해서 우리 민족의 터전을 빼앗고 많은 동포들을 만주와 러시아, 일본 등지로 강제 동원하였습니다. 일본 제국주의 지배하에서 어쩔 수 없이 한반도를 떠나야 했던 사람들이 어떻게 살아왔는지, 그리고 그 속에서 어떤 아픔과 상처를 안고 살아왔는지 알아보도록 합시다.

한반도에서 쫓겨난 또 다른 우리

세계 각지에 거주하는 우리 민족은 2013년 현재 약 700만 명으로 추산됩니다. 이들 중 중국, 일본, 구소련 국가들에 거주하는 동포는 약 57%에 해당합니다. 이들의 상당수는 일제 식민 통치 시기의 정치적 탄압을 피해 망명하였거나 일제의 수탈로 생존권을 빼앗겨 이주를 선택하였으며, 1930년대 '국가총동원법'과 같은 일제의 팽창 정책에 의해 강제 이주된 사람들입니다. 이 사람들은 광복 후 한반도로 돌아오지 못하고 세계 각지에 흩어진 채로 거주국의 차별과 박해를 받고 살아왔습니다.

이처럼 자신의 의사와 무관하게 세계 각지에 흩어져 살고 있는 우리 민족을 '코리언 디아스포라'라고 부릅니다. 디아스포라는 뿌리를 잃고 흩어진 사람들을 가리킵니다. 코리언 디아스포라들은 주로 일본 제국주의 통치 시기에 이산되었습니다. 따라서 코리언 디아스포라의 이산

일러두기

디아스포라

디아스포라(diaspora)는 '분리'를 의미하는 그리스어 전치사 'dia'와 '흩뿌리다'를 뜻하는 동사 'spero'의 합성어이며, 고대 그리스인들이 소아시아와 지중해 연안의 식민지를 건설할 때 자국민을 이주시킨 정책에서 유래하였다. 오늘날에는 세계 각지를 떠도는 유대인들이 겪는 차별과 억압을 의미하는 것으로 이 용어를 사용하고 있다.
출처: 통일인문학연구단, 『코리언의 민족정체성』

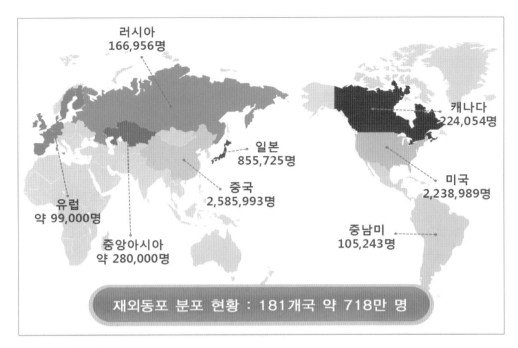

러시아
166,956명

캐나다
224,054명

일본
855,725명

중국
2,585,993명

미국
2,238,989명

유럽
약 99,000명

중남미
105,243명

중앙아시아
약 280,000명

재외동포 분포 현황 : 181개국 약 718만 명

⋯→ 재외동포 분포 현황.
통계 출처: 외교통상부

은 자발적으로 이루어진 이주가 아니라 유대인과 마찬가지로 외세의
침략에 의한 박해迫害의 산물이라고 할 수 있습니다.

흩어진 사람들이 겪는 이산의 아픔

코리언 디아스포라의 대부분은 각자가 옮겨 살게 된 곳에서 생활의
터전을 일구기 위해 많은 어려움을 겪어야 했습니다. 강제적 상황으로
인해 옮겨오게 된 타국에 정착한다는 것이 쉽지 않은 일이었기 때문
입니다. 그들은 삶의 기반을 갖추기까지 경제적·육체적으로 수많은
고난을 겪어야만 했습니다. 그러나 코리언 디아스포라가 거주국에서
겪어야 했던 고통은 이에 그치지 않았습니다. 여러 사회적 조건들로

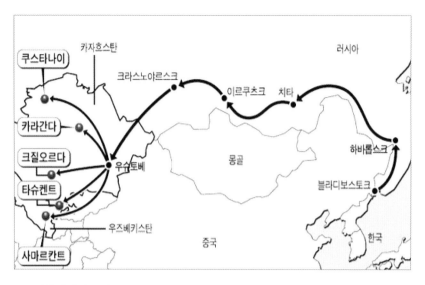

···→ 고려인 강제 이주 경로.

인해서 또 다른 아픔을 겪었던 것입니다.

　연해주 지역에서 거주하던 고려인들은 그곳에 정착할 수 없었습니다. 1930년대에 구소련이 실시했던 소수민족에 대한 강압 정책에 의해서 중앙아시아 지역으로 강제로 이주당해야만 했기 때문입니다. 이들은 어렵게 일구어 놓은 삶의 기반을 다시금 박탈당했습니다.

　중앙아시아로 이주당한 고려인들은 근면성과 높은 교육열을 보여주어 구소련의 시민으로 인정받기 시작했습니다. 이들은 이국땅에서 살아남기 위해 '모범적인 소비에트인'이 되고자 했으며 구소련 국가에서 인정받는 소수민족으로 성장할 수 있었습니다. 그들은 중앙아시아에서 최초로 벼농사에 성공했으며 높은 학력으로 전문직에 진출할 수 있었습니다. 하지만 그 과정에서 그들은 우리의 말과 글을 잃어버릴 수밖에 없었습니다. 그렇다고 그들이 우리 민족의 뿌리를 아예 잃어버린 것은 아닙니다. 그들은 아직도 우리의 전통적인 생활풍속들을 많이 지키고 있습니다.

하지만 최근 이들은 다시 새로운 문제에 봉착하고 있습니다. 1991년 구소련이 붕괴하고 독립국가연합으로 각국이 독립하면서 중앙아시아의 국가들은 각기 자신들의 주류 종족 언어들을 사용하기 시작하였습니다. 하지만 고려인들은 러시아어를 사용하기 때문에 어려움을 겪을 수밖에 없었습니다. 이에 많은 고려인들이 중앙아시아를 떠나 여러 지역으로 재이주를 하고 있습니다. 따라서 재러 고려인들은 강제 이주에 이어 재이주라는 이산의 아픔을 반복적으로 겪고 있습니다.

일제에 의해 일본으로 넘어갔던 재일 조선인들 중 약 53만여 명은 일본 제국주의의 패망 이후에도 일본에 남아 있었습니다. 이들은 '식민지 출신을 당분간 외국인으로 규정한다'는 일본의 칙령에 의해서 일괄적으로 '조선' 국적을 가지게 되었습니다. 식민지 시대 이전 한반도의 국가 '조선'을 국적으로 취득한 것입니다.

이후 1965년 한일기본조약에 의해서 대한민국 국적을 선택한 사람들만이 한국으로 귀국할 수 있게 되었습니다. 이때 분단된 한반도의 남과 북 중 어느 곳도 선택할 수 없었던 사람들은 일본에 남을 수밖에 없었고, 이들은 사라진 국가 '조선'을 국적으로 하는 무국적자가 되었습니다. 외국인이면서 무국적자인 재일 조선인들은 사회에서 배제되기 시작했습니다.

게다가 일본인들은 식민지였던 한반도에서 넘어온 재일 조선인들을 멸시 가득한 시선으로 바라보았습니다. 이들은 사회 전반에 걸쳐서 차별을 받았고 정신적인 폭력을 감당해야 했습니다. 일본은 재일 조선인들이 우리말과 글을 사용하는 것뿐만 아니라 우리의 옷을 입는 것조차 차별의 대상으로 삼았습니다. 심지어 그들은 가위로 아이들의 치마를 찢기도 했습니다. 따라서 재일 조선인들은 우리말과 글을 제대로 사용하지 못하고 전통적인 풍습을 대부분 잃어버렸습니다. 하지만 그들은 재중 조선족이나 재러 고려인에 비해 월등하게 높은 민족적 자

일러두기

재러 고려인 강제 이주

1937년 소련 정부가 연해주의 고려인을 중앙아시아로 강제 이주시킨 사건을 말한다. 이는 국경 지방에 거주하는 고려인들이 일본의 스파이가 될 수 있다는 우려에서 예방 조처로 취해진 것으로서, 스탈린의 민족 강제 이주 정책의 시작이기도 했다. 그 결과, 연해주에 있던 고려인 약 20만 명이 모두 중앙아시아의 카자흐스탄·우즈베크 등지로 이주되어 소련 시민으로 동화되었다. 그러나 이주 과정에서 수만 명의 인명과 막대한 재산 손실을 빚어냈으며, 현재도 당사자인 고려인 교포들은 소련 정부에 대해 배상을 요구하고 있지만 실현되지 못하고 있다.

출처: 『한국근현대사사전』

의식을 가지고 있습니다.

중국으로 옮겨야 했던 재중 조선족들은 일제에 대항해 싸웠으며 그들의 거주지는 항일무장투쟁의 근거지가 되기도 했습니다. 하지만 이들은 중국 건국에 막대한 공헌을 했기 때문에 토지를 불하받았으며 해방 후에도 거기에서 살게 되었습니다. '항미원조전쟁'이라는 미명하에 한국전쟁에 참전했던 것도 그들이 중국의 건국에 공헌한 소수민족이자 북한과 밀접한 관계를 맺고 있었기 때문입니다. 하지만 그 결과는 동족상잔의 비극이었습니다.

그들이 소수민족으로 중국에서 겪어야 했던 고통은 이뿐만이 아니었습니다. 일시적이기는 했지만 재중 조선족들에 대한 탄압이 있었던 적이 있습니다. 그것은 바로 1966년부터 중국 대륙을 휩쓴 '문화대혁명'이었습니다. 중국과 북한과의 관계가 악화되던 상황에서 '문화대혁명'은 조선족들에 대한 차별적인 정책으로 이어졌습니다. 조선족 지도자들에 대한 탄압이 일어났고, 조선어 사용 금지와 민족 작품의 교과서 배제 등 한족 중심의 문화에 동화될 것을 강요당했습니다.

그 이후 조선족은 자신들의 권리를 지킬 수 있었습니다. 그들은 중국에서 우수한 소수민족으로 자치주를 이루고 살았기 때문에 우리말과 글을 사용하고 우리 문화를 학교에서 가르칠 수 있었습니다. 그래서 그들은 우리말과 글을 포함한 전통문화를 보존하고 변용할 수 있었습니다. 또한, 중국 국가로부터 인정을 받았기 때문에 그들은 중국 국민으로서의 자부심도 가지고 있습니다. 그렇다고 그들이 한민족이라는 정체성을 버린 것은 아닙니다. 그들은 한족에 비해 조선족들이 우월한 민족이라고 믿을 정도로 한민족에 대한 자부심을 가지고 있습니다.

···▸ '고교무상화 조선학교 배제 반대 운동'에 나선 재일 조선인들(2010).

출처: 민족21

역사가 남긴 상처의 상징, 코리언 디아스포라

코리언 디아스포라들은 오랜 시간 동안 한반도를 떠나 살아왔습니다. 그리고 자신들이 겪어야 했던 이산의 아픔을 각자의 방식으로 극복했습니다. 그들은 자신들이 살아가야 하는 땅에서 터전을 이루기 위해 거주국이 가지고 있는 사회·문화적 특성을 흡수하기도 하였습니다. 어떤 경우에는 국가적 정책에 의해서 그 나라의 문화를 강요당하기도 하였지요.

한민족의 언어를 유지하며 살아가는 이들이 있는 반면, 상대적으로 언어를 많이 잃었음에도 전통적인 문화를 유지하며 살아가는 사람들도 있습니다. 거주국의 문화를 한민족의 문화와 융합된 형태로 받아들인 사람들도 있지요. 또한 자신이 한민족임을 강하게 의식하고 살아가는 사람들도 있고, 자기 고향은 한반도임을 생각하며 거주국민으로서의 삶에 충실한 사람도 있습니다.

코리언 디아스포라의 현재 모습은 한반도에 거주하는 주민들과 차이를

⋯ 조선족들의 민족 교육을 담당했던 명동학교. 당시 명동학교에 다녔던 윤동주, 문익환, 송몽규 등의 이름이 장난스레 적혀 있다.

출처: 건국대학교 통일인문학연구단

가지고 있습니다. 그러나 그러한 차이만으로 그들이 더 이상 코리언이 아니라고 말할 수는 없습니다. 디아스포라가 지니고 있는 '다름'은 식민 지배와 분단이라는 역사의 비극으로 인해 새겨진 상처이기 때문입니다. 코리언 디아스포라는 모두 한반도의 역사를 공유하고 있는 사람들입니다. 그들이 한반도를 떠난 것이 자신들의 의지가 아닌 것처럼, 그들이 '다름'을 가지게 된 책임 또한 그들에게 전적으로 물을 수 없는 것입니다.

역사는 코리언 디아스포라뿐만 아니라 한반도에 살았던 모든 사람들에게 상처를 남겼습니다. 다만 그 상처의 모양이 각자 조금씩 다를 뿐입니다. 코리언 디아스포라가 겪었던 이산의 아픔이 그들이 원한 것이 아니었듯이, 그들이 보여주는 일정 부분의 '다름'들 또한 그들의 의지가 아니었다는 것을 이해한다면, 코리언 디아스포라의 상처를 보듬을 수 있을 것입니다. 이렇게 '또 다른 우리'가 지닌 상처를 이해하고 치유하려 노력할 때에 나의 상처도 치유될 수 있을 것입니다. 그들의 상처를 돌보는 것은 같은 역사가 남긴 상처를 지니고 있는 우리 모두의 상처를 치유하는 것과 같기 때문입니다.

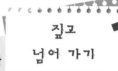
짚고 넘어 가기

수십 년째 살아온 땅에서 쫓겨날 위기에 처한 우토로의 재일 조선인들

일제에 의해 강제로 일본에 끌려간 조선인 노무자들은 광복 후에도 고국으로 돌아오지 못하였다. 이때 남겨진 조선인 가운데 1,300여 명은 일본의 우토로 지역에 자리를 잡았는데, 당시 우토로는 매우 척박한 곳이었다. 우토로의 재일 조선인들은 1988년까지 수도 시설이 갖추어지지 않은 지역에서 우물물로 식수를 해결하는 등 열악한 생활을 해왔다. 현재 우토로에 사는 우리 동포의 숫자는 200여 명에 이른다.

1989년 우토로에 사는 조선인들은 토지 소유권을 빼앗길 위기에 처하였다. 우토로 마을은 일본 자동차 회사의 소유였는데, 1987년에 그 소유권을 일본의 한 부동산 회사에 매각하였다. 부동산 회사는 1989년 교토지방재판소에 우토로 주민들을 강제 철거하기 위한 소송을 제기한다.

이에 재일 조선인들은 척박한 우토로 지역을 개발한 자신들의 노력을 근거로 일본 대법원에 호소하였다. 그러나 일본 대법원은 이를 기각하고 조선인의 주거지를 강제 철거하기로 한다. 일본 대법원은 우토로 재일 조선인들의 생존권을 외면한 것이다.

이는 일본 사회에 만연한 재일 조선인에 대한 차별이 적나라하게 드러난 사건이다. 우토로 지역 재일 조선인들의 아픔이 세계에 알려지면서 일본은 인종차별에 대한 비난의 눈총을 받았다. 이처럼 이 사건은 일본 당국이 법제도 안에서 재일 조선인의 생존권을 박탈하려 한 대표적인 차별의 사례이다.

⋯ 우토로 마을의 모습(위)과 주민들을 응원하는 메시지들(가운데), 우토로 마을의 현재 모습(아래).

출처: 건국대학교 통일인문학연구단

해방 후에도 회복되지 않은 민족적 자존감

우리 민족에게 크나큰 슬픔과 상처를 입힌 일제의 식민 시기가 끝나면서 주권 회복과 자주 국가 건설이라는 희망이 찾아왔습니다. 그러나 남북이 분단되었고, 전쟁을 겪었을 뿐만 아니라 일본 제국주의의 잔재 또한 청산되지 않았습니다. 일본은 현재까지도 식민 지배에 대한 과오를 인정하지 않고 역사를 왜곡하는 태도를 유지하며 식민을 겪은 우리 민족에게 계속해서 상처를 입히고 있습니다.

일러두기

반민족행위특별조사위원회(反民族行爲特別調查委員會)

'반민특위'는 일제 강점기에 자행된 친일파의 반민족 행위를 처벌하기 위하여 제헌 국회에 설치된 특별 기구이다. 1948년 9월 22일 반민법을 공포하고, 국회는 곧 반민특위의 구성을 시작하여 10월 12일에 완료하였다. 이어 11월 25일 국회 제113차 본회의에서는 반민특위 활동을 지원하기 위하여 '반민족행위특별조사기관 조직법안', '반민족행위특별재판부 부속기관 조직법안', '반민법 중 개정법률안'을 모두 통과시키기에 이른다. 그러나 반민특위의 활동은 행정부, 경찰 간부, 친일 세력 등의 방해로 실질적인 성과를 거두지 못하고 그 기능이 유명무실해졌다가 1949년 8월 22일 폐지안이 국회에서 통과되었다.

자정 능력을 잃은 해방 후 사회, 해결하지 못한 친일파 문제

해방을 맞은 우리 민족에게 일제 식민 지배의 치욕을 청산하는 문제는 가장 시급한 일이었습니다. 해방 직후 일제의 신사, 경찰관서, 행정기관 등을 습격하고, 일제의 경찰과 관리 등을 살해·폭행하는 사건이 발생한 것은 일제에 대한 응징의 감정이 폭발한 것이라 할 수 있습니다.

해방 후 우리 민족은 부일협력자, 민족반역자, 전범에 대한 특별법률 조례안을 제안하면서 친일파 청산을 기대하였습니다. 당시 처벌 대상은 약 1만 명에 달할 것으로 추정되었지요. 하지만 미군정은 법안 인준을 거부하였습니다. 친일 시비를 가리기 어렵고, 장기간의 식민 지배하에서 생존하기 위해 한 친일 행위를 비난할 수 없으며, 인재가 부족한 상황에서 그들의 지식과 기능을 활용하는 것이 유리하다는 이유를 내세웠던 것입니다. 그래서 부일 민족반역자들 가운데 일부만이 처벌받았으며, 일부 친일파들은 오히려 사회 지도층으로 부상하기도

··· 해방을 맞은 서울 거리.
출처: 국무총리실 블로그

하였습니다. 일제의 잔재를 청산하기를 열망한 대중의 의지와는 반대로 반민족적 인사들이 너무나 쉽게 지위를 회복한 것입니다. 결국 우리 사회는 일제의 잔재를 고스란히 사회의 기둥으로 삼아버리고, 자정 능력을 잃은 모습으로 현재를 맞게 됩니다.

민족 자존심을 지속적으로 자극하는 일본의 태도

최근까지도 일본은 자신들이 저지른 식민 지배의 과거사 문제에 대해 애매한 태도로 일관합니다. 같은 처지였던 독일의 적극적인 사과와 보상에 비교할 때, 이와 같은 일본의 자세는 우리에게 또 다른 상처를 남기고 있습니다.

⋯→ 굴욕적인 한일 회담에 반대하는 학생 시위.

출처: 위키피디아

일본의 과거사 반성 3대 담화

① 미야자와 담화: 1982년 당시 미야자와 기이치 관방장관이 교과서 기술 시 한국, 중국 등 이웃 국가를 배려한다고 발표한 담화.

② 고노 담화: 1993년 8월 당시 고노 요헤이 관방장관이 일본군 위안소 설치 및 '위안부' 강제 징집을 인정하고 사죄한 담화.

③ 무라야마 담화: 1995년 8월 당시 무라야마 도미이치 총리가 태평양전쟁 종전 50주년을 맞아 식민지 지배와 침략의 역사를 인정하고 총체적인 사죄와 반성의 뜻을 표명한 담화.

출처: 『시사상식사전』

　일본은 자신들의 과오에 대해 인정하는 듯하지만, 끊임없이 역사를 왜곡하는 발언을 하며 우리의 자존심을 건드리고 있습니다. 1953년 10월 15일 구보타 간이치로久保田貫一는 한·일 회담에서 일본의 36년간 한국 통치는 한국인에게 은혜를 베푼 것이라고 발언하였습니다. 1964년 12월 18일 박정희 대통령 취임식 특사로 방한한 시오노 반보쿠大野伴睦 자민당 부총재는 '일·한 간은 부모와 자식親子 관계'라고 발언하여 우리의 분노를 샀습니다. 일본의 중심 세력인 이들의 왜곡된 발언은 최근까지 이어지고 있습니다. 일본의 현 총리인 아베 신조安倍晋三는 계속해서 종군위안부 문제를 사실이 아니라고 부인합니다. 또 재일 조선인에 대한 차별 의식을 노골적으로 드러내는 등 끊임없이 자신들이 저지른 식민 지배의 만행을 부정하면서 우리의 자존심을 자극하고 있습니다.

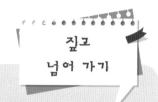

과거사에 대응하는 독일과 일본의 차이

1970년 12월에 독일의 빌리 브란트Willy Brandt 총리
는 폴란드 바르샤바의 유대인 위령탑에 헌화 후 무릎
을 꿇었다. 독일의 제국주의 역사에 대해 빌리 브란트
는 "인간이 말로써 표현할 수 없을 때 할 수 있는 행
동을 했을 뿐이다."라며 깊이 사죄하였다. 그리고 그는
다음해에 노벨평화상을 수상하게 된다. 빌리 브란트
총리의 사죄로 독일과 주변국들은 신뢰를 회복하기 시
작했으며, 이는 독일 통일까지 이어지는 원동력이 되
었다.

물론 빌리 브란트의 행위가 모든 독일인들의 의사는 아니었는지, 불신임 투표가 진행될 정도로 그에 대한 비난이
거세게 일어나기도 하였다. 과거사에 대해 사죄하는 독일과 과거사에 대한 태도를 쉽게 바꾸는 일본의 모습을 비
교해 보면서, 우경화되어 가는 일본의 현재를 확인할 수 있다.

독일의 과거사 대응	일본의 과거사 대응
1970년 12월 빌리 브란트 총리 폴란드 바르샤바 유대인 위령탑에 헌화 후 무릎을 꿇다.	1993년 8월 고노 요헤이 관방장관 일본군 '위안부' 강제동원을 인정하고 사과하다.
1987년 1월 헬무트 콜 총리 독일은 나치의 만행을 잊거나 숨기거나 경시하면 안 된다고 말하다.	1995년 8월 무라야마 도미이치 총리 아시아 주변국에 대한 식민지 지배와 침략을 사과하다.
2004년 8월 게하르트 슈뢰더 총리 독일인들은 나치의 범죄를 생각하면 부끄러움 속에서 몸을 수그린다고 말하다.	2001년 8월 고이즈미 준이치로 총리 2차대전 A급 전범 합사된 야스쿠니 신사에 공식적으로 참배하다.
2009년 9월 앙겔라 메르켈 총리 2차 대전 발발 70주년 기념식에서 무릎을 꿇다.	2012년 10월 아베 신조 총리 첫 번째 총리 임기 중(2006~2007)에 야스쿠니 신사에 참배하지 못한 것이 통한이라고 말하다.
2013년 1월 앙겔라 메르켈 총리 우리는 나치의 각종 범죄, 2차 대전 희생자들, 홀로코스트에 대해 영원한 책임이 있다고 말하다.	2013년 6월 아베 신조 총리 '위안부' 문제에 대한 일본의 공식적 사과인 '고노담화'에 대해 '한·일 간의 조정'에 의한 것이므로 재검증이 필요하다고 하다.

민족국가의 열망 상상하기

일제 강점기와 분단을 거쳐 한국전쟁에 이르는 근현대사에서 우리 민족이 국가의 주인이 되는 것은 모두의 소망이었습니다. 그러나 '민족＝국가'라는 근대적 열망은 지금까지도 이루어지지 못하고 있습니다. 역사적으로 중요한 사건들이 일어났을 때에 '민족＝국가'에 다가갈 가능성이 얼마나 되었을지 생각해 봅시다. 또한 이러한 가능성들이 역사 속에서 어떻게 좌절되어 왔는지 알아봅시다.

① 근대화, 서구 문물의 도입: 근대로 접어들며 서구 문물의 유입으로 근대적인 민족 국가를 건설하고자 하는 열망이 커졌습니다.

② 식민 시기: 대한제국이 일본 제국주의에 의해 강제 병합됨으로써 36년 동안 우리는 주권을 상실한 채 비극적인 삶을 살아야만 했습니다.

③ 해방: 제2차 세계대전에서 일제가 패전하여 우리 민족은 해방을 맞이하였고, 이에 주권을 되찾아 우리 민족이 주인인 국가를 건설할 수 있다는 희망을 품었습니다.

④ 미국과 구소련의 분할 통치: 해방 후 어수선한 상황에서 미국과 구소련이 한반도에 주둔하여 남과 북으로 나누어 통치하는 시간을 맞이하게 되었고, 다시금 우리 민족이 주인이 되지 못하는 시기가 찾아왔습니다.

⑤ 남북의 단독 정부 수립: 미국과 구소련의 분할 통치를 거치며 남과 북으로 대립하던 한반도에 남과 북 두 개의 정부를 수립하게 되었습니다.

⑥ 한국전쟁: 남과 북은 대립을 넘어서 서로를 적대시하는 상황에 이르렀습니다. 결

국 동족상잔의 비극인 한국전쟁이 발발하였습니다.

⑦ 휴전: 1953년 수많은 사상자를 남긴 채 북한과 유엔은 전쟁을 쉬기로 합의하였습니다.

⑧ 현재: 남과 북은 지금도 전쟁을 쉬고 있을 뿐입니다. 전쟁은 종결되지 않았습니다.

활동 제목	민족국가의 열망 상상하기
활동 목표	민족이 주인이 되는 국가를 갖고자 하는 열망이 역사적 상황 속에서 어떻게 변해 왔는지 생각해 본다.
활동 내용	우리 민족의 근현대사에서 중요하다고 여겨지는 순간을 제시하고 그때마다 우리가 품어온 '민족＝국가'라는 소망이 이루어질 수 있는 가능성이 얼마나 되었을지 상상하고 별점으로 매긴다. 지도교사는 역사적 상황들에 대해 간략한 설명을 제시하고, 각 순간에 대한 별점이 차이를 보일 수 있도록 돕는다. 단, 판단의 방향에 대해서는 강요하지 않는다. 학생들은 이 활동을 통해서 소망의 실현 가능성이 긍정적이던 순간과 좌절된 순간이 언제인지 스스로 확인한다.
활동 방식	① 우리 민족이 품어온 '국가＝민족'의 소망에 대해 이해할 수 있도록 간략하게 설명한다. ② 식민 시대부터 분단, 한국전쟁에 이르기까지 근현대사의 중요 지점을 상기한다. ③ 근현대사의 흐름에 맞추어 '국가≠민족'의 좌절을 짐작해 본다. ④ '국가＝민족' 열망의 정도를 색칠로 표현해 보고, 그 이유에 대해 설명해 본다.
참여 인원	개인별 활동
준비물	연습장, 필기도구

욱일기의 의미

　욱일기는 일본 군국주의 역사의 상징이면서 지금도 일본 자위대의 군기로 활용되고 있습니다. 다음에 제시된 하켄크로이츠에 대한 내용을 읽고, 최근 들어 스포츠 경기 응원 현장이나 여러 매체에서 접할 수 있는 욱일기旭日旗에 대한 자신의 생각을 말해 봅시다.

하켄크로이츠와 욱일기

독일어로 '하켄크로이츠Hakenkreuz'는 '갈고리'를 뜻하는 '하켄Haken'과 '십자가'를 뜻 하는 '크로이츠Kreuz'의 합성어로서 '갈고리 십자가'라는 뜻이다. 하켄크로이츠는 독일 나치당의 상징으로서 널리 알려져 있다.

독일은 제2차 세계대전 당시 나치즘의 기치 아래 유럽 전역을 휩쓸었다. 그러한 독일군의 행보에는 언제나 하켄크로이츠가 앞세워져 있었다.

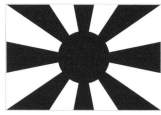

⋯ 욱일기(위)와 하켄크로이츠(아래)

그러나 제2차 세계대전이 나치 독일의 패배로 끝나고, 하켄크로이츠는 전범 국가인 독일의 부끄러운 과거로서 폐기 처분되었다. 독일인들은 자신들의 역사적 과오를 인정하고 참회하며, 부끄러운 과거의 상징인 하켄크로이츠를 법적으로 금지한 것이다.

Q1. 전범국인 독일은 하켄크로이츠에 대해서 어떠한 태도를 가지고 있나요?

Q2. 전범국인 일본의 욱일기는 어떠한 의미일까요?

Q3. 최근 일본이 국제 운동 경기의 응원이나 자국 내에서 욱일기를 자주 사용하고 있습니다. 이에 대해서 어떻게 생각하나요?

활동 제목	욱일기의 의미
활동 목표	과거 독일의 나치즘을 상징하는 하켄크로이츠의 의미를 이해하고 일본의 욱일기와 비교하여 그 의미를 파악한다.
활동 내용	세계대전 당시 나치즘의 상징으로 쓰인 하켄크로이츠는 나치당의 당기였다. 독일의 패전 이후 하켄크로이츠는 독일에서 법적으로 사용을 금지하였으며 전 세계에서 전범기로서 인식되고 있다. 하켄크로이츠의 이러한 의미를 확인하고 일본의 욱일기가 전범기로서 어떠한 의미가 있는지 알아본다.
활동 방식	① 최근 일본이 국제 운동 경기의 응원이나 자국 내에서 욱일기를 사용하고 있는 사례를 보여준다. ② 전범기인 하켄크로이츠에 대한 독일의 태도에 대한 제시문을 읽는다. ③ 같은 전범기인 욱일기가 어떠한 의미를 지니고 있을지 토론한다. ④ 질문에 대하여 정리하여 발표한다. 욱일기의 의미 예시) '빛살을 퍼뜨리며 하늘로 떠오르는 태양'을 표현하고 있는 '욱일기(旭日旗)'의 형상은 태평양전쟁 당시 동아시아의 패권을 노리던 일본 군국주의의 상징으로 유명하다. 일제는 이러한 욱일기를 앞세우고 한국과 중국을 비롯하여 수많은 동아시아 국가들을 침탈하였으며, 피해 국가의 국민들은 일제의 폭거와 만행에 피와 눈물을 흘려야만 했다. 우경화로 치닫는 일본은 이러한 제국주의의 표상인 욱일기를 국민의 결속을 다지는 상징물로 종종 활용하고 있는데, 과거사에 대한 사죄와 반성하는 대신 또다시 과거의 지배 야욕에 사로잡혀 있는 듯한 일본의 모습은 식민의 역사를 간직한 주변국들의 분노와 비난을 일으키고 있다.
참여 인원	집단 토론
준비물	연습장, 필기도구

생각 열기

다음 두 사진을 보고 어떠한 차이점을 느낄 수 있나요? 왼쪽의 사진은 국가적 축제였던 2002년 월드컵 기간 중에 세계적으로 관심을 모은 길거리 응원 사진입니다. 사진으로 보아도 뜨거운 열기와 흥겨움을 느낄 수 있습니다. 오른쪽의 사진은 무엇일까요? 해상에서 일어나고 있는 전투 상황을 보여주고 있습니다. 이 사진은 바로 2002년 월드컵 기간 중에

⋯▸ 2002년 한일 월드컵 기간 중 거리 응원에 나선 서울 시민들.

발생한 2차 연평해전의 사진입니다. 북한 해군 경비정의 기습 공격으로 시작되어 30분 정도 진행된 이 전투로 인해 국군 6명이 사망하였으며, 부상자 18명이 발생하였습니다.

　우리나라는 월드컵을 개최할 정도로 경제적인 성장을 이루었습니다. 그러나 그 이면에는 항상 전쟁의 위협이 도사리고 있습니다. 한반도에서 벌어진 한국전쟁은 아직까지도 끝나지 않은 현재 진행형의 전쟁이기 때문입니다. 우리는 이와 같은 한국전쟁에 대해서 자세하게 이해해야 합니다. 또한 한국전쟁이 우리 민족에게 어떠한 상처를 주었는지, 다른 나라는 한국전쟁을 어떻게 바라보는지 알아야 합니다.

⋯⟶ 2002년 6월 월드컵 기간 중에 일어난 서해상의 교전. 1999년에 이어 제2차 연평해전이 전개되었다.

지울 수 없는 상처를 남긴 한국전쟁

전쟁은 일반적으로 많은 사람들에게 상상하기 어려울 정도의 정신적, 경제적 피해를 남깁니다. 하지만 한국전쟁은 한 민족이 서로 총부리를 겨누었던 동족상잔의 전쟁이었습니다. 따라서 그것이 남긴 상처의 깊이와 강도는 그 어떤 전쟁보다도 깊고 강하다고 할 수 있습니다. 오늘날 우리가 한국전쟁을 이해하는 것은 바로 이런 우리의 상처를 이해하는 것이라고 할 수 있습니다.

일러두기

UN군 참전

당시 트루먼 미국 대통령과 애치슨 국무장관은 UN안전보장이사회를 긴급 소집, 북한군 침략 격퇴를 위해 '6·26결의안'을 통과시키며 UN군 참전을 결정하였다. 한·미 연합작전 수행에 따라 한국군의 작전지휘권은 7월 18일부터 UN군 사령관에 위임되었다. 9월 15일에는 맥아더 장군이 인천상륙작전을 개시했으며, 9월 28일 수도 서울을 탈환하였다. 수도 탈환 이후 38선 이남의 북한군은 모두 격멸되었으나, 국토통일을 목적으로 삼고 있던 이승만 대통령에 의해 10월 1일 국군의 선두부대가 38선을 돌파하였다. 또한 10월 7일 UN총회에서 한반도 통일에 대한 결의안이 통과되며, 10월 9일부터 국군과 UN군의 전면적인 북진 작전이 시작되었다.
출처: 『시사상식사전』

동족상잔의 비극, 한국전쟁

1950년 6월 25일 인민군이 남하하기 시작하였습니다. 4일 만에 서울을, 8~9월 사이에는 경상도의 극히 일부만을 제외한 남한의 전 국토를 인민군이 점령하였습니다. 그러나 9월 15일 UN군의 인천 상륙으로 전세는 역전되었습니다. 9월 18일에 서울을 수복하였고 10월 19일에 UN군이 평양을 점령하였습니다. 이후 유엔군과 인민군은 밀고 밀리는 전투를 계속하였고, 한반도 전역은 전쟁의 포화에 검게 물들어 갔습니다.

한 고지를 사이에 두고 뺏기고 빼앗는 일이 반복되었습니다. 이 과정에서 수많은 사람들이 죽었고 부상의 고통에 신음하였죠. 관공서와 공장 등은 물론 대부분의 민가가 전쟁의 참화를 피하지 못한 채 부서져 내렸습니다. 너무나 많은 목숨이 사라졌고, 너무나 많은 것들이 파괴되었습니다.

⋯› 한국전쟁 당시 원산에 투하된 폭탄이 폭발하는 장면.
출처: 미국 국립문서기록관리청

3년 1개월 간의 전쟁이 남긴 상처

한국전쟁은 3년 1개월 동안 이어졌습니다. 이 기간 동안 양측에서 150만여 명의 사망자가 발생했고, 부상자는 360만여 명에 달했습니다. 참전한 국군 60만여 명의 23%가량인 14만여 명이 전사했고, 45만여 명이 부상을 입었습니다. UN군의 경우에도 4만여 명이 사망하고 10만여 명이 부상당하는 피해를 입었습니다. 북한군은 적어도 60만여 명이 죽거나 실종되었으며, 30만여 명이 부상을 당하였습니다. 중국군도 중국 정부 발표에 의하면 15만여 명이 죽거나 실종되고 22만여 명이 부상을 당하였습니다.

민간인 피해 역시 컸습니다. 남한에서는 민간인 38만 명이 죽고 39만 명이 납치되거나 실종되었으며, 23만 명이 부상당하였습니다. 북한에

⋯→ 전쟁으로 폐허가 된 서울.

출처: 미국 국립문서기록관리청

서도 민간인 150만 명이 죽거나 부상당한 것으로 추정됩니다.(이상 통계 자료 출처: 국방부 군사편찬연구소)

남한은 40% 이상의 산업 시설이 파괴되었고, 북한 역시 공업 생산액 전체의 36%가 전쟁 속에서 사라졌습니다. 한반도 전체를 통틀어 학교 · 교회 · 사찰 · 병원 · 민가를 비롯하여, 공장 · 도로 · 교량 등이 무수히 파괴되었습니다. 약 900개의 공장이 파괴되었고, 제재소와 제지 공장, 금속 공장을 비롯한 작은 생산 시설들은 거의 전부 파괴되었습니다. 가옥은 약 60만 채가 파괴되었고, 특히 교통 및 체신 시설이 막대한 손해를 입었습니다. 남북의 사회 · 경제 기반이 철저하게 파괴되었습니다.

이러한 피해 속에서 휴전 직후 집을 잃고 거리에서 방황하는 전재민의 수는 200만여 명에 이르렀습니다. 생명을 위협하는 굶주림에 직면한 사람들이 전체 인구의 20~25%나 되었습니다. 피란 중에 흩어진

청소년을 위한 통일인문학

이산가족은 남북 인구 3,300만여 명의 3분의 1 이상인 1,000만여 명에 달했습니다. 이 중 부모를 잃은 전쟁고아 10만여 명, 남편을 잃은 전쟁 미망인은 30만여 명에 달했다고 합니다. 또한 전쟁이 일어나기 전인 1949년 한 해의 국민총생산에 맞먹는 재산 피해가 발생하였습니다. 농업 생산은 27%가 감소했고, 국민총생산은 14%가 감소하였습니다. 상상할 수 없는 피해가 전쟁으로 인해서 발생했고, 전쟁의 무대인 한반도 전역이 지옥으로 변했습니다.

지금 우리는 전쟁이 남긴 폐허를 딛고 경제 성장에 성공했습니다. 하지만 그렇다고 전쟁의 상처가 사라진 것은 아닙니다. 한국전쟁이 우리에게 남긴 진짜 상처는 그것이 다른 민족과의 전쟁이 아니라 같은 민족과의 전쟁이라는 점에 있습니다. 비록 그것이 미소 양국을 중심으로 한 냉전 체제의 형성기에 소련으로 대표되는 사회주의 진영과 미국으로 대표되는 자본주의 진영 사이의 대리전처럼 보인다고 하더라도 전쟁의 당사자들은 남과 북의 같은 민족이었습니다. 따라서 그것은 우리에게 씻을 수 없는 죄의식과 죄책감, 그리고 상대에 대한 원한의 감정을 남겨놓았습니다.

일러두기

냉전(冷戰, cold war)

제2차 세계대전 이후 양극 체제하에서의 사회주의 진영과 자본주의 진영 간의 정치·외교·이념상의 갈등이나 군사적 위협의 잠재적인 권력투쟁을 말한다. 무기를 사용하지 않는 전쟁으로, 열전과 대조되는 개념이다. 냉전이라는 용어는 미국의 평론가 W. 리프먼이 저술한 「냉전(The Cold War)」(1947)이라는 논문에서 비롯되었고, 미국의 재정 전문가이며 대통령의 고문이었던 버나드 바루크가 1947년 의회 토론에서 이 용어를 처음 사용하였다.

출처: 『두산백과』

원하지 않은 이별, 가족 이산의 슬픔

한국전쟁은 수많은 사람들의 생명을 앗아갔습니다. 그 사람들은 어떤 이의 가족이었고 친척이었으며 이웃이었습니다. 가족들과 헤어지는 일은 죽음으로만 이루어지지는 않았습니다. 한국전쟁은 남과 북으로 나뉜 상태로 '휴전'되었으며 이로 인해서 상호 간의 인적·물적 교류가 단절되었습니다. 전쟁 때문에 잠시 헤어지는 줄로만 알았던 사람들은 60년이 넘는 세월 동안 서로 만나지 못하게 된 것입니다.

가족을 잃게 만든 전쟁

한국전쟁은 경제적 피해만 가져온 것이 아니었습니다. 전쟁과 분단으로 인해 가족들이 뿔뿔이 흩어지는 경우가 많았죠. 이렇게 헤어진 가족들을 '이산가족'이라고 부릅니다.

전쟁 후 반세기가 지나는 동안 한국은 각고의 노력으로 전쟁의 피해를 복구하였고 눈부신 발전을 이루었습니다. 그러나 한국전쟁의 모든 상처를 치유하지는 못하였습니다. 전쟁 때문에 가족과 생이별을 한 수많은 이산가족이 발생했습니다. 2005년 통계청에서 실시한 인구주택총조사에 의하면 한국에 있는 이산가족은 71만 명이라고 합니다. 전쟁 후 노령이나 여러 가지 이유로 죽음을 맞은 인원을 생각하면 실제 한국전쟁 당시의 이산가족 수는 더욱 많았을 것입니다.

통일부가 운영하는 '이산가족정보통합시스템'에 등록된 이산가족은 2013년 12월 31일 기준으로 총 129,255명입니다. 이 많은 사람들이 아직도 이산의 아픔 속에서 헤어진 가족을 그리고 있는 것입니다.

헤어진 가족들, 그 슬픈 기다림

황해도 연백이 고향인 손기호 씨(91)는 딸 인순 씨(65)를 만난다. 손 씨는 딸에게 주려고 옷과 의약품 등 선물을 잔뜩 챙겼다. 대한적십자사가 가이드로 제시한 제한 중량인 30kg을 꽉 채웠다.

손 씨는 "잠시 피란 온다는 것이 이렇게 오래 걸릴 줄 알았나. 지금까지 살아 있고 만나게 됐으니 다행"이라고 말했다.

출처: 『동아일보』, 2014년 2월 20일 보도

위의 기사는 한국전쟁 때 가족과 헤어진 노인이 63년 만에 딸과 만나기 위해서 아흔이 넘는 연세에도 불구하고 이산가족 상봉 행사에 참여했다는 내용입니다.

한국전쟁 이산가족은 고령자가 대부분입니다. 그렇기에 끝내 헤어진 가족을 만나지 못하고 죽음을 맞는 경우가 많습니다. 생각해 보지도 못한 이별이었기에 그 슬픔의 크기는 말로 다 할 수 없을 것입니다. 남북 간의 협의에 의해 이산가족이 만나는 기회가 생기기도 했습니다. 하지만, 소수의 선발 인원 간에 상봉이 이루어지는 것에 비해 이산가족의 수는 너무나 많습니다. 따라서 상봉 기회를 얻는 사람은 전체 가운데 극히 일부분일 뿐입니다. 이산가족 상봉 행사에 추첨되지 못한 대부분의 사람들은 그저 헤어진 가족을 그리며 슬픔을 삼킬 수밖에 없습니다. 게다가 남북 간의 관계가 경색됨에 따라 이산가족 상봉이 자주 중단됩니다. 실낱같은 희망을 붙들고 자신에게 돌아올 기회를 기다리는 이들에게 더욱 큰 아픔을 주기도 합니다.

일러두기

남북 이산가족 상봉

1985년 〈남북이산가족 고향방문단 및 예술공연단〉으로 역사적인 첫 상봉이 이루어졌다. 당시 남측 35명과 북측 30명만이 가족을 만났다. 첫 상봉 이후 15년이 지난 2000년, 6·15 남북정상회담 결과가 발표된 '6·15 남북공동선언'에서 이산가족 문제 등 인도적 문제를 조속히 해결하기로 합의했고, 2000년 8월 역사적인 제1차 이산가족 방문단 교환이 성사되었다. 그리고 2005년 8월 15일에는 분단 후 처음으로 서울과 평양, 그리고 평양과 인천·수원·대전·대구·광주·부산 등 남쪽 도시를 서로 연결한 화상 상봉이 이루어졌다. 2013년 1월 현재까지 총 18차의 방문 상봉이 이루어졌고, 화상 상봉은 총 7차까지 이루어졌다. 그러나 남북 이산가족 상봉은 2010년 말 터진 북한의 연평도 포격 사건 이후 중단되어 오다가 2014년 2월, 19차 상봉이 이루어졌다.

출처: 『시사상식사전』

일러두기

KBS 〈이산가족을 찾습
니다〉

연속특별생방송 "이산가족을
찾습니다"는 텔레비전을 활
용한 세계 최초, 최대 규모의
이산가족찾기 프로그램으로
전쟁과 분단 상태 속에서 이
름 없는 민초들이 겪어야 했
던 구구절절한 사연들을 생생
한 영상으로 전달했다. 혈육
들이 눈물로 재회하여 얼싸안
고 울부짖는 장면은 분단된
한민족의 아픔을 치유해 주었
고, 남북이산가족 최초 상봉
(1985년 9월)의 촉매제 역할
을 하며 냉전 체제의 긴장 완
화에도 기여하였다. 또한 더
이상 지구상에 이와 같은 비
극이 생겨나서는 안 된다는
평화의 메시지를 세계에 알림
으로써 보편적 인류애를 고취
시켰다. 이 같은 공로를 인정
받아 제6차 세계언론인대회
에서 "1983년의 가장 인도적
인 프로그램"으로 선정되었으
며, 세계 평화 기여자에게
수여하는 골드머큐리 국제상
(1984)을 수상했다.
출처: KBS 아카이브

아물지 않는 가족 이산의 상처

[우여곡절 남북 교류] "금단아……" 7분 만에 끝난 부녀 상봉
1964년 도쿄 만남에 온 나라가 눈물바다

도쿄올림픽이 열린 1964년 10월 9일 일본 도쿄의 선수단 숙소.

북한 여자 육상 선수 신금단(당시 26세)은 쓰린 마음을 안고 북한으로 돌
아갈 준비를 하고 있었다. 400m, 800m에서 두 개의 세계신기록을 수립한
그였지만 국제올림픽위원회에서 미등록 대회 참가를 이유로 도쿄올림픽
출전 자격을 박탈했기 때문이다.

짐을 꾸리던 신금단에게 귀가 번쩍 뜨이는 소식이 들려왔다. 신금단을 응
원하기 위해 남한에 살던 아버지 신문준(당시 49세) 씨가 극비리에 딸을
찾아온 것이다. 부녀는 극적으로 만났지만 눈물로 말을 잇지 못했다.

"오마니와 동생들은 모두 잘 있어요."

"나도 서울에서 잘 살고 있단다."

조총련계 청년들이 금단을 양팔로 잡아끄는 바람에 부녀의 상봉은 7분 만
에 끝났다.

온 나라는 눈물바다가 됐다. '눈물의 신금단'이라는 노래까지 유행했다.
하지만 신금단 부녀는 이후 서로의 얼굴을 다시 보지 못했다.

남한 정권은 반공 이념이 느슨해질 것을 두려워했고, 북한도 체제가 흔들
릴 것을 우려해 이산가족의 상봉을 외면했기 때문이다.

출처: 『한국일보』 2009년 4월 27일 보도

이산가족의 고통이 세상에 알려지기 시작하면서 국내에서만이라도
이산가족을 찾을 수 있도록 여러 가지 방안이 모색되었습니다. 대표적
인 사례가 1983년 KBS의 〈이산가족을 찾습니다〉 방송입니다. 원래 하
루 정도의 방송을 기획한 KBS는 가족을 찾기 위해 전국에서 모여든

···➤ KBS 〈이산가족을 찾습니다〉 방송 당시, 잃어버린 가족을 찾는 사람들.
출처: KBS 아카이브

이산가족들을 위하여 정규방송을 모두 취소하고 이산가족찾기라는 단일 주제로 5일 동안 릴레이 생방송을 했습니다.

이 방송은 전국 78%의 시청률을 기록할 정도로 전 국민의 대단한 관심을 받았습니다. 이 기간 동안 가족을 만나기 위해 이동한 이산가족은 5만 명이었으며, 총 500여 명이 상봉하여 기쁨의 눈물을 흘렸습니다. 방송이 끝난 후에도 이산가족찾기 신청이 10만 952건 접수되어, 이후로도 이산가족 약 1만여 명이 상봉하였습니다.

그러나 이러한 노력에도 불구하고 이산가족의 아픔은 완치되지 못했습니다. 분단으로 인하여 헤어진 가족들에게는 자유롭게 찾고 만날 수 있는 기회조차 쉽게 허락되지 않았기 때문입니다. 1985년을 시작으로 남북 이산가족 상봉이 간헐적으로 이루어졌습니다. 하지만 남북의 자유 왕래가 어려운 현실에서 결국 이산가족 상봉 행사는 가족을 잃은 사람들에게 '헤어지기 위한 만남'이 되었습니다. 이산의 아픔은 여전히 치유되지 않은 상처로 남아 있습니다.

일러두기

기네스북에 오른 〈이산가족을 찾습니다〉

1983년 KBS에서 방영한 〈이산가족찾기〉는 총 453시간 45분 동안 이어진 생방송으로서, '가장 긴 생방송'으로 기네스북에 올랐다.
이것은 우리 민족이 겪은 이산의 아픔이 얼마나 큰지를 여실히 보여준다.

전쟁의 공포는 계속되고 있다

한국전쟁은 완전히 끝난 전쟁이 아닙니다. '정전협정'에서 볼 수 있듯이 한국전쟁은 잠시 멈춰 있는 전쟁입니다. 한국전쟁은 많은 상처를 남겼습니다. 전쟁을 직접 겪은 세대에게는 당연히 심각한 상처로 남아 있을 것입니다. 그러나 전쟁을 겪지 않은 현재의 우리들에게도 전쟁의 공포는 남아 있습니다. 우리가 느끼는 전쟁에 대한 공포에는 어떤 것들이 있으며, 우리는 어느 때에 이런 공포를 느끼는 것일까요?

한국전쟁의 쉼표, 정전협정

한국전쟁은 남과 북의 전쟁으로 시작되었습니다. 그러나 유엔군과 중공군의 개입으로 국제적인 전쟁으로 비화했습니다. 이처럼 여러 나라가 개입하면서 자칫 제3차 세계대전으로 커질 것을 우려한 소련과 유엔은 정전협정을 제안합니다.

'국제연합군 총사령관을 일방으로 하고, 조선민주주의인민공화국 최고사령관 및 중국인민지원군 사령관을 다른 일방으로 하는 한국 군사정전에 관한 협정'이 바로 한국전쟁을 멈춘 정전협정의 공식적인 이름입니다. 일반적으로 전쟁 중에 양측이 정전협정을 맺으면 곧바로 평화협정을 체결하여 전쟁을 마무리 짓습니다. 그러나 한국전쟁은 전투행위를 멈추는 데만 합의했을 뿐, 평화협정을 체결하지 않은 유일한 전쟁입니다.

정전停戰은 서로 싸우는 것을 일시적으로 멈추는 것을 의미합니다.

⋯▸ 1953년 7월 27일. 판문점에서 UN과 북한 사이에 정전 협정을 맺고 있다.

출처: 미국 국립문서기록관리청

남과 북은 정전협정을 맺음으로써 '상호간의 적대적 행위는 일시적으로 정지되지만 전쟁의 상태는 유지되는 휴전' 상태가 되었습니다.

　중요한 것은 남과 북이 아직까지 평화협정을 맺지 않았고, 따라서 한국전쟁은 지금까지도 끝나지 않았다는 것입니다.

전쟁을 겪은 사람들의 처절한 공포

　해 질 때 그 차례 되는 사람들은 그 비밀이 다 폭로돼요. 언제는 누구 죽구, 다음은 누구 죽구.

　"다음에는 우리 차렌데, 어떡하면 좋으냐." 엄마가 이러구, 애들 데리고, 얘기하죠. 이렇게 되는 거, 우리 자매 딸들이 여섯이나 되는데, 그, 가슴이 두근두근하고 지금도 얘기하기 싫다 그러잖아. 무서운 거, 죽음이 다가오는 거처럼 무서운 게 어디 있어요. 그런 거, 그, 무서워서 얘기하기가 싫지. 그리고 내가 자라면서도 우리 애들한테 이런 얘기 하나도 안 해요. 그, 나만 갖고 있는 것도 힘든데, 애들한테, 그런 좋지

일러두기

정전협정

1951년 3월 북진을 계속하는 국군과 유엔군이 38선을 넘어서자 중공군은 이른바 4, 5월 춘계대공세(春季大攻勢)를 감행하였으나 실패로 끝났다. 이에 소련은 유엔 주재 소련 대표 말리크를 통하여 휴전을 제의하였고 유엔군 사령관 리지웨이는 북한의 김일성과 중국군사령관 펑더화이(彭德懷)에 대하여 휴전회담을 제안하였다. 군사분계선과 포로 교환 문제로 난항을 거듭한 이 회담은 1951년 7월 8일 시작된 연락장교회의로부터 1953년 7월 27일 휴전협정이 조인될 때까지 무려 25개월이 소요되었고, 159차례의 본회의와 500여 회가 넘는 소위원회가 개최되는 등 지루하고도 힘든 과정이었다.

출처: 『시사상식사전』

않은 거, 얘기해 주기 싫지.

알죠, 차례가, 다음엔 우리 차례라는 걸, 그래가지고. 잠도 못 자죠. 잠
도 못 자요. 그리고, 우리 언니 하나는 막내동생을 맨날 업고 있었어
요. 어디서 총 소리가 '땅' 하면 도망가려고, 도망가도 뛰어야 벼룩인
데도 그렇게 도망가려고. 어디 잠을, 편히 자요, 못 자지. 다 불 켜놓고
창문 가리고 이렇게들 있고, 언제, 언제 비행기가 와서 폭격할지도 모
르고, 우리, 우리나라가 와서 폭격하는 거예요, 이북이 공산당이니까.
그렇게 살았어요. 그러니까 염려증이 많아요.

출처: 〈한국전쟁 당시 황해도 해주에 살던 제보자의 인터뷰〉,

건국대학교 통일인문학연구단

이 이야기의 화자는 한국전쟁 당시 황해도 해주에 살고 있었습니다.
전쟁이 나고 얼마 후에 화자는 마을 사람 중 우익 활동을 한 사람들과
그 가족들이 처형을 당하는 것을 보았습니다. 며칠 후에는 화자의 집
앞으로 친구가 포승줄에 묶여 끌려가면서 눈물을 흘리는 것을 목격합
니다. 이를 본 화자의 어머니는 "다음은 우리 차례다."라고 말했다고 합
니다. 두 번째 차례이던 친구의 가족들이 처형당했고, 세 번째 차례인 화자
의 가족들이 죽음의 공포에 떨 때, 다행히 국군이 들어와 피난민들을 배에
태워 남한으로 데려다 주었기에 살아남을 수 있었다고 합니다.

화자는 지금도 TV나 영화에서 총소리가 나는 것을 무서워합니다.
전쟁 당시에 총을 쏘는 것을 보고 들었기 때문입니다. 비행기가 지나가
며 폭격이 떨어지는 것을 경험한 화자는 비행기를 타는 것도 무서워합
니다. 전쟁의 후유증이 아직도 화자의 삶에 고통을 주고 있는 것이지요.

근데 나는 그때 그 소리를 듣지 못, 나는 들었다고 느끼는데. 그 어머니
가, "이 노무 시끼 죽어라– 죽어라." 밤새 그냥 "아, 아!" 우는, 남자 우는

⋯ 시체 속에서 가족을 찾는 사람들.

출처: 미국 국립문서기록관리청

소리가, 아프다고 우는 소리가 들리고, 그 엄마가 죽어라고 소리치구, 맨

날 이랬던 거. 지금 이 그게 난 귀에 생생하게 들리, 근데 들었는지 모르

는데, 하도 얘기를 많이 들었으니까. 들은 것처럼 느끼게 되는 거야.

출처: 〈소설가 전상국의 인터뷰〉, 건국대학교 통일인문학연구단

위의 화자는 전쟁 당시에 이웃 아주머니가 부상당한 패잔병에게 죽
어라고 소리치고 그 패잔병은 아프다고 우는 소리를 들었다고 기억합
니다. 하지만 그것은 직접 들은 것이 아니었습니다. 그럼에도 당시의 공
포와 충격 때문에 그 소리를 지금까지도 생생하게 기억합니다.

한국전쟁을 직접 체험한 사람들은 위의 화자들처럼 전쟁의 공포를 경
험하였고, 그 공포는 여전히 그들의 가슴속에 생생하게 남아 있습니다.

전쟁은 다시 일어날 수 있다, 한국전쟁 재발의 공포

한국전쟁이 발발한 지 이미 65년 이상이 지나면서 전쟁을 직접 체험

⋯▸ 2010년 11월 23일, 인천시 옹진군 연평도에 북한이 발사한 포탄 수십 발이 떨어져 곳곳이 불타고 있다.

출처: 국방화보

한 세대는 점점 사라지고 있습니다. 이제 전쟁 이후 세대가 우리 사회 구성의 대부분이 되었죠. 그럼에도 여전히 전쟁에 대한 공포는 한반도를 장악하고 있습니다. 최근 몇 년 사이 남북의 적대적 관계와 관련된 일련의 사건들이 발생했습니다. 1999년 제1차 연평해전, 2002년 제2차 연평해전, 2008년 금강산 민간인 피격, 2009년 2차 핵실험, 2010년 천안함 침몰, 연평도 포격 등이 그러한 사건들입니다. 이러한 사건들 때문에 이미 경색된 남북 관계는 더욱 악화되고, 전쟁의 공포는 지속됩니다.

15일 오전 서해 연평도 해상에서 북 경비정과 우리 해군 간의 교전이 벌어진 가운데 연평도 주민들은 부두로 나와 이날 오전 출항했던 어선의 귀항을 애타게 기다렸다. (⋯⋯) 전씨는 "너무 놀라 다리가 아직도 후들거린다. 남편을 내 눈으로 볼 때까지는 마음이 놓이지 않는다"며 "이러다가 전쟁이라도 나는 것이 아니냐. 꽃게잡이는 둘째 치고 이제는 너무 무섭다"고 말했다.

출처: 『연합뉴스』 1999년 6월 15일 보도

2010년 서해 백령도 해상에서 해군 초계함 천안함이 침몰 중이라는 소식에 시민들이 깜짝 놀랐다. 시민들은 또 한결같이 승조원의 안전을 걱정했다. (……) 집에서 혼자 텔레비전을 보다가 소식을 접한 김○○(여대생) 씨는 "깜짝 놀랐다. 아빠가 소식을 듣고서 인터넷으로 뉴스 검색을 하는데 우리 쪽에서 북쪽으로 발포했다는 말도 나오니까 전쟁 날까 봐 불안했다."

출처: 『연합뉴스』 2010년 3월 27일 보도

위의 내용은 1999년 1차 연평해전과 2010년 천안함 침몰 사건이 발생했을 때의 국민들의 반응을 취재한 기사입니다. 가족의 안위를 걱정하거나 사건과 관련된 사람의 안전을 걱정하는 등 다양한 반응을 볼 수 있습니다. 그러나 공통적으로 발견할 수 있는 것은 전쟁이 다시 일어나는 것에 대한 걱정과 불안입니다. 이처럼 정전협정이 맺어진 지 60여 년이 지났지만, 지금도 우리에게는 전쟁이 다시 일어날지도 모른다는 두려움이 남아 있습니다.

전쟁 재발에 대한 두려움은 한반도에 사는 사람들만이 느끼는 것은 아닙니다. 한반도의 전쟁은 세계적으로도 매우 주요한 사안이기에 국제사회가 한반도의 상황을 우려스럽게 바라보고 있습니다. 이것은 한반도에서 우리가 느끼는 전쟁에 대한 공포가 단순히 한국전쟁에 대한 기억 때문만은 아니라는 것을 보여줍니다. 일반적으로 전쟁에 대한 트라우마를 가지고 있는 사람들은 그 기억 때문에 공포를 느끼게 됩니다. 하지만 남북 관계에서 발생하는 공포는 남과 북의 냉전에 의해 실제적으로 체감되는 것입니다. 따라서 남북의 냉전적 대립 상태를 해소하는 평화를 구축하기 위한 노력이 무엇보다도 필요합니다.

일러두기

연평도와 연평해전

1951년 11월 군사분계선 설정 당시 육상경계선에 대한 양측 합의는 이루어졌으나, 동서 해안의 해상경계선에 대해서는 남북한 사이에 명시적인 합의가 없었다. 이에 유엔군은 서해상에 당시 국제적으로 통용되고 있는 영해 기준 3해리를 고려하고 연평도·백령도 등 5개 도서와 북한 지역과 개략적인 중간선을 기준으로 북방한계선을 설정하였으나 북한 측은 이를 유엔군의 일방적 조치라며 그 효력을 부인하고 있다. 이러한 입장 때문에 전후에 해상에서 긴장은 계속되고 있다. 이러한 긴장 관계 속에서 1999년 6월 15일과 2002년 6월 29일, 2차례에 걸쳐 북방한계선(NLL) 남쪽의 연평도 인근에서 대한민국 해군 함정과 북한 경비정 간에 발생한 해상 전투가 있었고 이를 제1, 2차 연평해전이라 한다. 특히 제2차 연평해전에서는 한국측 6명의 전사자와 18명의 부상자가 발생하였고, 북한 측 30여 명의 사상자가 발생하였다.

출처: 『한국민족문화대백과』

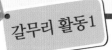

한국전쟁, 어떻게 불러야 할까?

　　김철수 씨는 통일중학교 2학년 1반 담임선생님입니다. 학생들은 김철수 씨를 선생님이라고 부릅니다. 김철수 씨에게는 귀여운 아들과 딸이 있습니다. 이 아이들은 김철수 씨를 아빠라고 부르지요. 김철수 씨에게는 아름답고 현명한 아내가 있습니다. 아내는 김철수 씨를 여보라고 부릅니다. 명절이 되어 김철수 씨가 부모님 댁에 갑니다. 김철수 씨의 부모님은 김철수 씨를 아들이라고 부릅니다. 선생님, 아빠, 여보, 아들. 이 단어들은 모두 김철수 씨를 부르는 말입니다. 하지만 그 의미는 다르지요. 부르는 사람의 입장에 따라서 김철수 씨를 다르게 부르는 것입니다.

　　다음은 각 국가들이 한국전쟁을 부르는 명칭입니다. 한국전쟁에 대한 다양한 명칭을 알아보고 각 명칭의 자세한 뜻이 무엇일지 생각해 봅시다. 이를 통해서 다른 나라들은 한국전쟁에 대해 어떻게 생각하는지 생각해 봅시다.

　국가별 한국전쟁의 명칭

　한국: 6 · 25 사변, 6 · 25 동란, 한국동란, 한국전쟁

　북한: 조국해방전쟁(祖國解放戰爭)

　일본: 조선전쟁(朝鮮戰爭)

　중국: 조선전쟁(朝鮮戰爭), 항미원조전쟁(抗美援朝戰爭)

　영미권: Korean War(한국 전쟁), Korean Conflict(한국 전투, 한국 분쟁), Korean Civil War(한국 내전)

　　출처: 김명섭, 「전쟁명명의 정치학: "아시아 · 태평양전쟁"과 "6 · 25전쟁」 2009.

Q1. 북한이 한국전쟁을 일컫는 '조국해방전쟁(祖國解放戰爭)'은 어떤 의미일까요? 북한은 한국전쟁을 왜 이렇게 부를까요?

Q2. 중국이 한국전쟁을 일컫는 '항미원조전쟁(抗美援助戰爭)'은 어떤 의미일까요? 중국은 한국전쟁을 왜 이렇게 부를까요?

활동 제목	한국전쟁, 어떻게 불러야 할까?
활동 목표	한국전쟁을 가리키는 다양한 국내외의 명칭들을 알아보고 그 뜻을 파악하여 다른 나라가 생각하는 한국전쟁의 의미를 이해한다.
활동 내용	각 국가별로 한국전쟁을 일컫는 용어들이 어떠한 뜻으로 쓰였는지를 찾아보고 정리한다. 국가별 명칭의 의미를 통해서 한국전쟁에 대해 다른 국가들이 어떻게 바라보는지 추론해 본다.
활동 방식	① 한국을 포함한 여러 나라에서 한국전쟁을 표현하는 명칭을 살펴본다. ② 그 단어들에 어떠한 뜻이 있는지 사전이나 인터넷을 통해 알아본다. ③ 한국전쟁의 여러 명칭에 대해서 그 뜻을 정리하고, 이를 통해서 각 국가가 한국전쟁을 어떻게 바라보는지 추론하여 발표한다.
참여 인원	개인별 활동 및 발표
준비물	연습장, 필기도구

왜 전쟁을 하는 걸까요?

영화「고지전」은 한국전쟁 당시 애록 고지('Korea'를 거꾸로 읽어 만든 가상의 고지)에서 벌어진 전투를 배경으로 만들어졌습니다. 영화를 보며 전쟁의 피해가 어떠했을지 생각해 봅시다. 그리고 영화의 등장인물들의 대사를 읽고 질문에 답해 봅시다.

「고지전」 줄거리

1953년 2월, 휴전협상이 난항을 거듭하는 가운데 교착전이 한창인 동부전선 최전방 애록고지에서 중대장의 전사 사건이 발생하고 이 사건이 적과의 내통에 관련이 있다고 의심하는 상부에서는 방첩대 중위 '강은표'(신하균)를 파견한다. 은표는 애록고지에서 죽은 줄 알았던 친구 '김수혁' (고수)을 만나게 된다. 수혁이 이끄는 악어중대는 명성과 달리 뭔가 미심쩍다. 살아 돌아온 친구, 의심스러운 악어중대. 이 모든 것이 혼란스러운 가운데 은표는 오직 병사들의 목숨으로만 지켜낼 수 있는 최후의 격전지 애록고지의 실체와 마주하게 된다.

→ 영화「고지전」 포스터.
출처: 네이버 영화 정보

청소년을 위한 통일인문학

Q1. 휴전이 되기 전 12시간 동안 영토를 조금이라도 더 확보하기 위해서 치열한 전투가 벌어졌습니다. 전쟁이 끝난 줄 알았던 군인들은 좌절하지만 다시금 전장으로 향합니다. 이들이 전쟁을 하는 이유는 무엇일까요? 어떠한 목적으로 전투를 하는 것일까요?

2년 6개월 동안에 50만 명이 죽었다. 하지만 우리는! 살아남았다. 열두 시간만 버텨라. 살아서…… 집에 가자. / 전쟁에서 이기는 건, 사는 거라고 했어. 우리는 빨갱이랑 싸우는 게 아니라 전쟁이랑 싸우는 거라고……

Q2. 영화 속 군인들은 전쟁을 '지옥'과 같다고 말합니다. 특히 애록고지에서 벌어지는 전투는 밤낮으로 뺏고 뺏기는 상황이 벌어지며 무수히 많은 군인들이 전사한 전투입니다. 죽음을 마주하고 있는 이들에게 전쟁은 어떠한 의미였을까요?

왜 이 X같은 전쟁은 안 끝나는데! 네가 진짜 지옥을 알아? / 싸우는 이유가 뭔데……?

활동 제목	왜 전쟁을 하는 걸까요?
활동 목표	한국전쟁의 참상에 대하여 인식하고, 실제로 전쟁의 한복판에서 전투를 수행하던 사람들이 느꼈을 감정에 대해서 생각해 본다.
활동 내용	전쟁을 수행하고 있는 군인들이 느끼는 감정들을 영화 속 등장인물들의 대사를 통해서 확인한다.
활동 방식	① 영화 「고지전」을 감상한다. 　전쟁의 상황 속에서 점점 비인간화되어 가는 군인들의 모습을 통해서 전쟁이라는 극단적이고 비극적인 상황 속에서는 이념과 같은 것들이 중요하게 여겨지는 것이 아니라 단지 생존만이 유일한 가치가 되어 있음을 주목한다. ② Q1.에 제시되어 있는 대사들을 통해서 질문에 답한다. ③ Q2.에 제시되어 있는 대사들을 통해서 질문에 답한다.
참여 인원	집단 토론
준비물	연습장. 필기도구

생각 열기

다음은 1970년 한국에서 아동을 대상으로 제작된 만화영화 「똘이장군」입니다. 이 작품을 감상하며 당시의 대북 적대감이 어떻게 표현되고 있는지 확인해 봅시다.

북한에 사는 숙이는 붉은 수령(돼지)의 후계자인 아들 김정일의 생일을 축하하기 위해 결정된 '내각 결정 78호'에 따라 금강산에 있는 산삼을 캐야 했다. 내각 결정의 내용에 대해 질문을 하다가 산삼 세 뿌리를 캐 오지 않으면 학교에서 퇴학당하게 된다는 말을 들은 숙이는 금강산을 헤매며 산삼을 찾았다. 절벽에 나 있는 산삼꽃을 보고 그것을 따러 올라가던 숙이는 미끄러져 땅으로 떨어져 기절했다. 금강산 숲 속에 살던 동물들이 숙이를 발견하고 숲의 장군이라고 불리는 똘이에게 알렸다.

만화영화 「똘이장군」의 포스터.
출처: 네이버 영화 정보

똘이는 숙이의 사정을 듣고 산삼을 구해 주기로 하고, 숙이와 친구가 되었다. 똘이와 숙이, 그리고 동물 친구들은 힘을 합하여 군인(늑대)들을 물리치고 숙이의 어머니를 구해 냈다. 붉은 수령의 남침 계획으로 제3땅굴을 뚫는 작업을 진행하는 곳을 습격하여 똘이의 아버지를 비롯한 사람들을 구해 내고 붉은 수령의 남침 야욕을 막아낸다.

이 만화 속에서 북한은 어떻게 표현되고 있나요? 수령은 돼지, 간부는 여우, 군인은 늑대, 간첩은 박쥐로 표현되고 있습니다. 북한의 지배 권력층을 인간이 아닌 동물, 악의가 가득한 동물로 표현함으로써 우리와 함께 살아갈 수 없는 적으로 각인시킵니다.

한국전쟁은 남과 북이 서로 가한 씻을 수 없는 상처임이 분명합니다. 북한에 대한 끝없는 적대 의식은 전쟁과 분단에 대한 책임을 상대방에게만 떠넘기는 태도일 수 있습니다. 무분별한 책임 전가와 이유가 분명하지 않은 적대감은 한반도의 대립과 긴장을 심화시킬 수 있습니다. 우리는 왜 서로 미워하게 되었는지 그 과정을 돌이켜보고, 그 미움의 정체를 확인하는 시간이 필요합니다.

··· 1980년대에 북한을 소재로 제작된 만화영화 「우주전사 홍길동」과 「해돌이 대모험」의 포스터.
출처: 네이버 영화 정보

우리는 왜 서로를 미워하는가?

남한과 북한은 서로 한 민족임을 인정하고 남과 북의 통일을 바랍니다. 하지만 남과 북은 한국전쟁이라는 비극적인 사건을 겪었습니다. 분단체제에서 남과 북은 서로에 대한 적대성을 중심으로 움직입니다. 여기서 남과 북은 하나의 민족이라기보다는 오히려 적이라고 할 수 있습니다. 우리 민족은 어떠한 이유로 서로 미워하게 된 것일까요? 분단과 전쟁으로 인해 남과 북이 서로 미워하게 된 과정에 대해서 알아봅니다.

전쟁과 분단에 대한 책임 떠넘기기, "네 탓이야!"

한국전쟁은 외적인 상처뿐만 아니라 같은 민족끼리 총부리를 겨누었다는 씻을 수 없는 양심의 가책을 남겼습니다. 따라서 남과 북에게 한국전쟁의 책임은 '남의 책임'이어서는 안 되는 것입니다. 한국전쟁의 당사자인 남북은 모든 전쟁의 책임, 동족상잔의 잘못을 상대방에게 떠넘기고 서로 적대적 심리를 조장하여 자신의 책임을 면하고자 하였습니다.

이처럼 분단체제는 전쟁의 상처를 상대방에 대한 증오로 바꾸어 놓았습니다. 그러나 한국전쟁은 어느 한쪽이 일방적으로 피해를 입은 것은 아닙니다. 전쟁 동안에 발생한 사망, 학살, 실종, 부상을 모두 포함한 인명 피해는 남한의 경우 약 230만 명, 북한의 경우 약 292만 명으로 한반도 전역에서 무려 500만여 명이 넘는 것으로 추산됩니다. 또한 약 29만 명이 월북하였거나 납북되었으며, 약 45~65만 명이 월남한

···▸ 1950년 8월 서울 용산 부근에서 북한군에 살해당한 시민들.

출처: 미국 국립문서기록관리청

것으로 추정됩니다.(통계 자료 출처: 『한국민족문화대백과』)

　이렇듯 분단이 남긴 상처는 남북 모두에게 심각하게 남아 있습니다. 하지만 그동안 남과 북은 한국전쟁을 각자의 방식대로 정당화해 왔습니다. 남과 북은 동족상잔의 책임을 서로 떠넘김으로써 한국전쟁의 당사자이자 피해자인 상대방을 죄악시하였습니다.

　한국의 주민들에게 분단에 대한 책임을 묻는 최근 설문 조사 결과에 따르면 응답자 대부분이 그 책임의 소재가 북한에 있다고 답하였습니다. 그리고 이러한 대답의 비율은 10대에서 60대까지 전 연령대에서 공통적으로 나타납니다.

　마찬가지로 남북의 분단 상황이 지속되는 이유에 대한 질문에도 과반수의 응답자가 '북한이 개혁 · 개방을 하지 않기 때문에'라는 대답을 선택했습니다. 설문 조사의 결과에서 볼 수 있듯이 남한에서는 분단과 전쟁 · 분단 지속의 책임을 모두 북한에 떠넘깁니다. 마찬가지로 북한

시민과 신민

시민(市民)은 사회와 관련한 교양을 가지고 정치에 참여하는 사람, 즉 자신이 나라의 주권자임을 자각하고 주권자로서 행동하고 책임을 지는 사람을 가리킨다. 일반적으로 '민주 국민'이라는 말보다는 '민주 시민'이라는 말을 더 많이 사용한다. 공민은 시민과 같은 의미로 사용하기도 하지만, 국가를 중시하는 사람이라는 느낌이 강한 데 견주어 시민은 인권을 중시하고 인권을 보장 받고 실현하려는 사람이라는 뜻이 더 강하다.

신민(臣民)은 군주국에서 관리와 백성을 함께 가리키는 말이다. 군주국의 주권은 군주에게 있으므로 주권을 가지지 못한 사람을 뜻한다. 신하, 즉 관리는 지위에 따라 아주 많은 권한을 행사하였지만 군주의 명령으로 하루아침에 지위가 달라질 수 있다.

출처: 『사회선생님도 궁금한 101가지 사회질문사전』

은 북한 주민들에게 전쟁의 원인이 미국에 의한 점령에 있다는 식으로 선전함으로써 남한을 괴뢰정부로 만들어놓고 있습니다.

[표] 분단의 책임은 누구에게 있는가?(단위: %)

출처: 건국대학교 통일인문학연구단

	전체	나이					
		10대	20대	30대	40대	50대	60대 이상
한국	9.6	4.8	9.9	14.4	9.8	8.9	6.7
북한	88.6	92.1	88.1	85.6	86.3	91.1	92.0

[표] 분단이 지속되는 이유는 무엇인가?(단위: %)

출처: 건국대학교 통일인문학연구단

	전체	나이					
		10대	20대	30대	40대	50대	60대 이상
남과 북이 서로 적대시 하기 때문에	19.8	22.2	22.8	20.2	16.7	12.5	22.7
외세 열강이 통일을 가로막기 때문에	25.0	25.4	18.8	30.8	26.5	25.0	22.7
남한이 미국 편에서 북한을 봉쇄하기 때문에	3.0	1.6	4.0	2.9	2.9	5.4	1.3
북한이 개혁/개방을 하지 않고 있기 때문에	51.3	47.6	54.5	45.2	52.9	57.1	52.0

'내가 진짜다, 너는 가짜다' ― 정통성 논란

한국전쟁의 상처와 비극은 상대방인 북한이나 남한에 대한 원한으로 응축되었습니다. 남북 주민들은 적에 대한 증오와 적대의 감정 속에서 자신이 속한 국가에 대한 복종을 내면화하였습니다. 여기서 국민은 그스스로 시민市民, citizen이 아니라 신민臣民, subject이 되었습니다. 민족＝국가를 향한 지향이 우리의 경우에는 개인의 고유한 욕망이나 개인의

⋯ 1950년 10월 19일, 북한군에 의해 처형된 300여 정치범들 사이에서 오열하는 함흥 시민.
출처: 미국 국립문서기록관리청

자율성을 억압하는 기제로 작동하였기 때문입니다. 남과 북은 서로 상대방을 통일 민족국가 건설의 방해자로 인식합니다. 그리고 자신을 그러한 이상을 실현할 정통성이 있는 유일한 국가로 자임하였습니다. 이러한 과정 속에서 남과 북은 정통성 경쟁을 벌이게 됩니다.

죄의식에서 시작된 서로에 대한 적대감

한국전쟁 이후 남북은 동족상잔의 비극이라는 '죄의식'을 '상대에 대한 증오'로 바꾸었습니다. 이러한 적대감은 우리의 일상 곳곳에 영향을 끼치면서 집단적이고 무의식적인 성격을 띠게 되었습니다. 어느 한쪽이 절대적 기준이 되어 다른 한쪽을 도저히 용납할 수도 없는 혐오의 대상으로 여기는 정서가 남북 사회에서 만연한 것입니다. 그 결과 진실과 거리가 먼 가공된 사실, 왜곡된 인식이 남북 사회에서 쉽게 먹혀들게 되었습니다. 남북의 대립적인 긴장 관계가 강화되면서 서로는

···▶ 영화 「태극기 휘날리며」의 포스터와 영화의 한 장면.

출처: 네이버 영화 정보

정서적으로 공포감과 억압감, 혐오감 등을 느끼게 될 만큼 적대적 관계가 되었습니다. 국내에서는 1987년 6월 항쟁 이후 민주화가 진행되었습니다. 국외에서는 동서 냉전 체제가 와해되면서 분단체제 극복의 유리한 조건이 형성되었습니다. 2000년 남북 정상 회담 이후에는 남북의 교류가 확대되어 왔습니다. 그럼에도 남과 북은 서로를 믿지 못하고 조그만 충돌이 있어도 강한 적대감을 드러내면서 군사적 긴장 상태를 유지하고 있습니다.

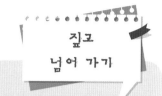

영화를 통해 보는 남북 적대의 현실

「공동경비구역 JSA」는 우리의 분단 상황에서 비롯된 비극을 담은 영화이다. 남북의 서로에 대한 적대감이 지속될 경우 우리에게는 어떤 문제들이 발생할 수 있는지 공동경비구역의 경비를 담당하는 군인들을 배경으로 그려낸 작품이다. 남과 북이 서로 적대시하는 상황에서 주인공들의 우정이 어떻게 그려지는지 그 과정을 상세히 살펴보자.

영화에서 한국군 이수혁과 남성식, 북한군 오경필과 정우진이 친해질 수 있었던 이유는 무엇이었나? 첫 번째로 이수혁이 지뢰의 위험에서 자신을 구한 오경필과 정우진을 생명의 은인으로 느꼈기 때문이다. 두 번째로 남의 이수혁과 남성식, 북의 오경필과 정우진이 사용하는 언어가 같아서 의사소통이 가능했기 때문이다. 세 번째로 이수혁과 남성식, 오경필과 정우진이 평소에 생활 속에서 생각하는 바가 비슷하고 관심사가 일치해서 소통을 할 수 있었기 때문이다. 마지막으로 남과 북이라는 특수한 관계에 놓인 인물들이 서로 적으로 대하면서도 실제로는 함께 할 수 있다는 것을 경험적으로 알았기 때문이다.

다음으로 친하게 지내던 한국군과 북한군 사이에 총격이 오고가게 된 경위를 생각해 보자. 경계 근무 순찰을 돌던 북한군 장교가 불시에 그들이 모여 있던 곳으로 들어와 서로 총을 겨누게 되고, 오경필이 중재하여 총을 내려놓던 중 일어난 일이었다. 주인공인 네 명의 군인들은 자신들의 만남이 너무나 즐거웠지만 더 이상 지속할 수 없었기에 이번의 만남을 마지막으로 생각했는데 말이다. 한국군과 북한군이라는 신분의 차이를 넘어서 매우

→→ 영화 「공동경비구역 JSA」의 포스터.
출처: 네이버 영화 정보

친밀한 그들은 서로 총을 겨눌 이유가 없었고, 그것은 결과적으로 긴박한 상황에서 우발적으로 일어난 발사였다.

네 명의 남북 군인들이 파국적인 결말을 맞을 수밖에 없었던 까닭은 무엇일까? 이 사건의 진실은 세상에 알려진 바와 너무나 달랐고, 남북 적대의 현실에서 그들의 우정은 인정받을 수 없었다. 그러한 상황 속에서도 그들은 우정을 나누었고, 우발적인 총기 발사로 인해서 깊은 우정을 나눈 사람을 죽였다는 사실, 지켜주지 못했다는 사실, 다른 사람에게 피해가 가지 않게 상황의 모든 것을 책임지려는 책임감 등이 복합적으로 작용한 결과로 이들은 죽음을 맞이하게 되었다고 볼 수 있다.

분단체제는 누구를 위해 지속되는가?

한국전쟁 이후 유지되는 남과 북의 분단체제는 오랜 시간을 거치면서 매우 공고해졌습니다. 그러나 분단체제가 유지되는 이유가 남과 북의 '휴전' 상태에서 비롯된 것만은 아닙니다. 전쟁과는 다른 측면에서 분단체제가 유지되는 이유와 이로 말미암은 남과 북의 적대감이 우리 사회 전반에 어떠한 영향을 끼치는지 알아봅시다.

분단체제와 맞물린 정치적 반대 세력 탄압

분단된 70년 동안 남북 사이에는 전시 체제에서나 볼 수 있는 엄청난 군사비 지출과 군사적 대치 상태가 지속되어 왔습니다. 한반도의 군사적·정치적 적대성은 정치적 반대 세력을 탄압하고 정권의 위기를 봉합하는 과정과 맞물려 진행되었습니다.

광복 직후 남한에서는 좌우익 투쟁이 심각하였습니다. 대한민국 정부가 수립되면서 좌우 합작을 주장했던 남북 협상파나 중도파의 설 자리가 없어졌습니다. 더욱이 한국전쟁 이후 중도파는 적과 동일시 되었습니다. 당시 남한에서는 '적이냐 동지냐'의 적대감이 높아져 갔고, 남한 내의 반공적 정치 질서는 굳어졌습니다. 북한에서는 남로당 계열 인사들에게 한국전쟁에 대한 책임을 전가하며 '미 제국주의의 고용 간첩'이라는 구실 등으로 모두 중형에 처했습니다. 남로당계의 박헌영과 관련된 고위층 인사들마저 처단했고, 연안파와 일부 소련파들도 '기회

⋯→ 1947년 북조선민족통일전선 청사 앞에서 기념촬영을 한 북조선인민위원회 주요 간부들.
출처: 민족21

주의 세력'으로 단죄하였습니다. 이로써 김일성 유일 독재 체제를 확립하였습니다.

일상에 뿌리를 내린 남북의 적대감

북에 대한 적대감은 정권뿐만 아니라 평범한 주민들 사이에서도 일반화되었습니다. 다음에 제시된 이야기는 한국전쟁 시기에 두 형제가 각각 경찰과 좌익 인사로 활동하면서 벌어진 비극적인 가족사를 적나라하게 보여줍니다.

근데 그전에 우리 아부지는 여기 저기구(경찰), 우리 작은아버지가 빨갱이였어. 그래 가지구 우리 아부지를 동네사람들이 다 땅을 파구, 시골에서 인제 사는데, 거기다 이렇게 감춰놨는데, 우리 작은아부지가 그냥 빨갱이들 데리구 와가지구 형 자수시킨다구 데려 가가

일러두기

남로당

남조선노동당(南朝鮮勞動黨)의 줄임말이다. 조선공산당 재건을 목표로 남한에서 1946년에 창당되었으며, 북한에 분국이 있었다. 이들은 남한에서 합법적으로 공산화 공작을 지속하고, 민주주의 민족전선을 꾀하기도 하였다. 이후 북조선노동당과 결합되어 김일성의 지배하에 들어갔다. 북한으로 간 이들은 1955년까지 온갖 명목으로 숙청당했다.

⋯⟶ 자신이 그린 태극기를 들고 살려 달라고 애걸하는 학생과 엎드려 있는 북한군 병사.

출처: 미국 국립문서기록관리청

지구.

일주일만 있으믄 우리 아군이 오는데 그냥 그 눔들이 잡아간 거야 빨갱이들이. 우리 작은아부지가 빨갱인데 데리구 가가지구. 그래가지고 서네 우리 아부지를 그 빨갱이들한테 붙잡아 가가지구, 그 전에 뭐 광나루 다리래나 어디루 해서 뭐 끌고 가가지구 저거 해서, 일주일만 있으믄 우리 아군들 오는데, 그래 가지고서나 이제 다 그 사람들이(경찰), 빨갱이들이 들어가구서 나중에 이제 우리 작은아부지를 잡아다 놓구 우리 어머이더러, "와서 보라."구 그러드래. 그래 가지구, "어떻게 했으믄 좋겠냐?" 그러드래. 그서, "죽일래믄 죽이구 맘대루 해라." 랬대. 그래서 을마나 뚜드러 팼는지 다 죽어가드래. 그래 가지구 인천 바다에 가서 쏴 죽였다고 그러드래. 그래서 우리 아부지는 붙잡아 가 가지구서 그놈들이 인제 어떻게 죽였겠지.

그러구 우리 작은아부지두 이제 우리 아부지 친구들이 이제 다 들어

와 가지구 인제 다 아니까는 이제 죽었다구 그르드라구. [조사자: 아
이고] 그니까 그렇게 해서 망했어 우리 집안이. 우리 친정어머니가 고
생 말도 못했지요. 그리구 우리 할머니두, "같은 아들이지만 그놈은
죽여야 된다. 형 갖다 그렇게 한 놈은 죽이라. 열 번도 죽여야 된다."
구. 그래 가지구 우리 할머니두 같은 자식이잖아. 근데두 막 죽이라구
그르드래. 우리 아부지 친구들이 죽였나 봐. 그때는 이제 우리 아부지
두 빨갱이 잡으러 대니는 저거 했었는데 이제 더 그놈들이 앙심을 먹
고 그 지랄 한 거지.

출처: 〈경찰 아버지와 좌익 숙부 간의 비극〉,

건국대학교 통일인문학연구단

구술자의 아버지는 경찰이었고, 작은아버지는 좌익 활동을 한 것으
로 보입니다. 북한 점령 시절 자신의 형을 자수시키겠다는 생각으로
작은아버지는 마을 사람들이 땅굴을 파서 숨겨준 형을 데리고 갑니다.
마을 사람들은 모두 형을 숨겨주었는데, 오히려 혈육인 동생이 밀고
한 것으로 이야기합니다. 그 결과 아버지는 끌려가 죽음을 당합니다.
동생은 북한 점령 치하에서 형을 자수시키는 편이 형에게 더 나을
것이라고 판단했을지도 모릅니다. 그런데 결과적으로 형이 죽게 되
자 동생의 자수 권유는 형을 밀고하여 죽게 만든 패악무도한 행위로 평가
됩니다.

비극은 거기에서 끝나지 않습니다. 다시 전세가 역전되었을 때 경찰
이던 아버지의 친구들이 좌익 활동을 한 작은아버지를 죽이는 상황으
로 이어진 것입니다. 피를 부른 복수가 반복된 것입니다. 이 상황에서
작은아버지의 죽음은 당연한 것으로 받아들여졌습니다. 같은 자식임
에도 형을 죽게 만든 작은아들은 열 번 죽여도 마땅하다고 말한 구술
자의 할머니, 남편을 사지로 몬 시동생을 죽이려면 죽이라고 수긍한

일러두기

매카시즘

1950~1954년 미국을 휩쓴
일련의 반(反)공산주의 선풍
으로, 미국 위스콘신 주 출신
의 공화당 상원의원 J. R. 매
카시의 이름에서 유래했다.
흔히 공산주의 문제를 개인
또는 특정 집단의 소아병적
이익을 위해 정치적으로 악용
하는 것뿐만 아니라, 논리적
인 이론이나 사실의 근거 없
이 정적을 비난하거나 특정한
낙인하에 몰아 탄압하는 것을
포괄한다. 진보 세력을 겨냥
한 보수 세력의 '색깔론' 비
방, 노동자의 권익이나 소수
인종의 인권 옹호에 대한 '마
녀사냥'식의 압력 행사, 성적
인 기호나 취향이 보편에서
벗어나는 것을 죄악이며 매장
되어야 할 것처럼 몰아가는
'섹슈얼 매카시즘' 등이 대표
적이다.

출처: 『문학비평용어사전』

어머니, 친구의 복수를 위해 그 동생을 처참하게 죽인 형의 친구들의 모습에서, 상대방에 대한 적대감이 가진 모순과 전쟁의 비극성을 다시 한 번 확인할 수 있습니다.

남남 갈등과 세대 갈등으로 전이된 대북 적대감

한국 사회에서 대북 적대감은 일상적인 갈등 상황에 적극적으로 활용됩니다. 민감한 정치 문제뿐만 아니라 노동 문제, 인권 문제, 사회적 약자 문제 등이 공론화될 때, 약자의 편에 서서 이야기하면 반대편에서는 '빨갱이'나 '종북'으로 몰아가 버립니다. 문제는 분단체제 속에서 '빨갱이'나 '종북'의 딱지는 주홍글씨와도 같다는 데 있습니다. 종북으로 낙인이 찍히면 어떤 사회 활동도 불가능하고 그 누구의 동조도 받을 수 없기 때문입니다. 결국 대북 적대감은 남남 갈등과 세대 갈등의 현장에서 상대를 결정적으로 옥죄는 족쇄로 변모하는 것입니다. 이러한 부조리는 결국 분단체제에서 생겨난 것으로, 이를 해결하지 않고서는 진정한 사회 통합은 불가능할 것입니다.

얼마 전 수많은 학생들과 승객들이 희생된 세월호 참사 현장에 한 차량이 서 있었습니다. 그 정면에는 '종북 척결'이라는 붉은색의 구호가 적혀 있었습니다. 많은 사람들이 슬픔에 빠져 있는 비극의 현장에서도 '종북 척결'의 구호를 외쳐야만 하는 사람이 있었습니다. 우리 사회의

⋯▸ 한국전쟁 당시 북한군에 의해 점령된 서울의 전차.

청소년을 위한 통일인문학

저변에서 마치 신념과도 같은 영향력을 끼치는 대북 적대감의 모습을
볼 수 있는 사례입니다.

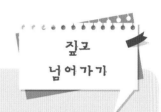

분단문학

남북 분단의 원인에 대한 탐구, 분단으로 인한 상처와 아픔, 분단을 극복하기 위한 의지 등 분단과 관련된 내용을
다룬 문학을 총칭하는 개념이다. 이 분단문학이라는 용어가 본격적으로 다루어지기 시작한 것은 1980년대로, 학
자에 따라 범위나 시기 등 규정이 약간씩 다르기는 하지만 남북 분단 상황을 다루고 있다는 점에서는 공통점을
지닌다.

문학평론가 임헌영은 '8 · 15 광복 뒤 분단 시기에 우리 민족이 겪는 모든 갈등과 고뇌를 극복하고자 올바른 민족
의식에 입각해서 창조하는 일체의 문학 행위'로 분단문학을 규정함으로써, 분단으로 인해서 일어날 수밖에 없는
모든 민족 내부의 근본적 갈등과 모순을 다룬 일체의 문학을 분단문학으로 보았다.

반면 문학평론가 조용한은 '광복 이후의 문학 중에 분단의 원인 탐구, 분단으로 인한 상처와 아픔 등을 다룬 것을
분단문학', '분단 극복의 의지를 형상화한 것은 분단극복문학'으로 나누어 분단문학의 폭을 좁게 보고 있다. 일반
적으로는 위의 모든 요소를 포괄하는 개념으로 사용된다.

이런 넓은 의미에서 볼 때 1948년 발표한 염상섭의 소설 『효풍』, 4 · 19 혁명 직후에 쓰여진 최인훈의 『광장』을 비
롯해 1970년대 이후 발표된 윤흥길의 『장마』, 이병주의 『지리산』, 황석영의 『한씨 연대기』, 전상국의 『아베의 가
족』, 조정래의 『태백산맥』, 이호철의 『남녘 사람 북녘 사람』, 송기숙의 『당제』, 이문열의 『영웅시대』, 『아우와의 만
남』 등이 모두 분단문학의 범주에 든다고 할 수 있다.

출처: 『두산백과』

탈북민을 바라보는 한국 국민의 이중적 시선

분단체제가 지속되는 가운데 남한으로 입국하는 탈북민의 수가 늘어났습니다. 탈북민의 탈북 이유에는 북한의 경제적인 상황과 사회적인 상황이 종합적으로 작용합니다. 3만 명에 가까운 탈북민이 한국 사회에 자리 잡게 되면서 이들과 함께 살아가야 하는 남한 사람들에게는 탈북민을 바라보는 여러 가지 시선들이 생겨났습니다. 우리는 남한에서 살아가는 탈북민을 어떻게 바라보고 있을까요? 탈북민에 대한 남한 사회의 시선과 탈북민들이 겪는 아픔에 대하여 알아봅니다.

늘어나는 탈북민과 탈북이 남긴 상처

탈북민의 입국은 1998년 이후 꾸준한 증가 추세를 보였으나, 2012년과 2013년에는 탈북 여건이 악화되면서 다소 감소하였습니다. 2013년에는 총 1,516명이 국내에 입국하였으며, 2013년 12월 말까지 총 2만 6,124명의 탈북민이 국내에 입국하였습니다. 탈북 여성의 입국 비율은 2002년을 기점으로 탈북 남성을 추월하여 2013년까지 총 입국 인원 중 약 70%에 달합니다.

탈북민은 한국전쟁 이후 매년 10명 내외로 남한에 들어왔으나, 1990년대 중반 이후로 그 규모가 급속도로 증가하였습니다. 북한은 1995년 이후의 심각한 경제난을 '고난의 행군 시기'로 선언하였는데, 2000년대 초반까지 극심한 식량난으로 굶어 죽는 사람들이 속출하였지요. 이때부터 탈북의 성격도 정치적 망명에서 경제 난민의 성격으로 점차 바뀌는 양상을 보였습니다. 최근에는 북한의 경제 상황도 나아지

[표] 북한이탈주민 입국 인원 현황(단위: 명/%)

출처: 통일부, 『2014 통일백서』

	~'98	~'01	~'02	~'03	~'04	~'05	~'06	~'07	~'08	~'09	~'10	~'11	~'02	~'13	합계
남	831	565	510	474	626	424	515	573	608	662	591	795	404	371	7,949
여	116	478	632	811	1,272	960	1,513	1,981	2,195	2,252	1,811	1,911	1,098	1,145	18,175
합계	947	1,043	1,142	1,285	1,898	1,384	2,028	2,554	2,803	2,914	2,402	2,706	1,502	1,516	26,124
여성 비율	12%	46%	55%	63%	67%	69%	75%	78%	78%	77%	75%	70%	73%	76%	70%

고 탈북민 규제가 강화되어 그 수도 줄어들었고 탈북의 성격도 다양해지고 있습니다.

A씨는 1951년 중국에서 태어나 1958년 평양으로 이주하여 윤택한 삶을 살다가, 1968년 할아버지가 기독교 신자였다는 사실이 발각되면서 삼수갑산으로 추방되었다. 1996년 굶주림을 못 견디고 중국으로 탈북한 큰아들을 찾아 1998년 1차 탈북을 시도하였다. 그런데 뇌물로 매수한 국경수비대 병사의 배신으로 탈북 시도를 실패하고 돌아오던 중 붙잡혀 6개월 간 혹독한 감옥 생활을 하였다. 감옥에서 종기를 치료하지 못해 죽는 친구를 보았고, 너무 굶주려서 사람을 잡아먹은 여인도 만났다. 게다가 수감 중 남편을 잃는 아픔도 경험하였다. 출소 후 오지로 추방되어 노숙자로 연명하다가, 큰아들의 주선으로 1999년 탈북에 성공한다. 그리고 8년여 동안 중국에서 도피 생활을 하다가 2008년 한국으로 입국하게 되었다.

출처: 〈탈북민 인터뷰〉, 건국대학교 통일인문학연구단

위의 사례와 같이 탈북민들은 끊임없이 목숨을 위협받으며 북한에서 탈출해 왔습니다. 총살보다 더 무서운 굶주림 때문이었습니다. 북

일러두기

고난의 행군

1990년대 중후반 국제적 고립과 자연재해로 수백만 명의 아사자가 발생하는 등 북한이 경제적으로 극도의 어려움을 겪은 시기에 제시된 구호를 말한다. 원래 고난의 행군이란 말은 1938년 말부터 1939년까지 김일성 주석이 이끄는 항일 빨치산이 만주에서 혹한과 굶주림을 겪으며 일본군의 토벌 작전을 피해 100여 일간 행군한 데서 유래했다. 1994년 김일성 사망 후 나라의 경제 사정이 극히 어려워지자 이를 극복하기 위해 주민들의 희생을 강요하며 김정일이 내놓은 당적 구호이다. 고난의 행군 정신은 1996년도 신년사에서 『노동신문』, 『조선인민군』, 『노동청년』의 북한 3대 신문에 공동 사설 형식으로 그해의 가장 중요한 목표와 기본 사상으로 제시되었다.

출처: 『시사상식사전』

한은 1990년대 중반 스스로 '고난의 행군 시기'임을 선포해야 할 만큼 식량 사정이 나빠졌습니다. 그나마 넓은 농경지가 있는 황해도 인근은 굶주림이 덜했지만, 공업과 광업이 산업 기반인 함경도 지역에서는 굶주림의 정도가 혹독했다고 전해집니다. 적은 양이나마 주민 배급을 위해 내려온 식량을 지방 간부들이 횡령하였고, 이로 인해서 북한 주민들은 계속 처참하게 생활하였습니다. 이러한 상황을 견디다 못한 주민들이 탈북한 것입니다. 탈북을 감행한 이들은 가족의 사망, 감옥에서 당하는 고문, 신체적 폭행과 성폭행, 생사의 위협 등 갖은 고난을 경험하게 됩니다. 또 제3국에서 체포되는 것에 대한 불안과 공포는 물론 질병과 배고픔에 시달려야 했습니다.

이러한 탈북민의 가슴에 가장 큰 상처로 남아 있는 것이 가족과의 이별입니다.

> 우리 엄마가 우리하고 헤어지는 날에 억지로 웃으면서,
> "우리 고향에 가서 다시 만나자."
> 그카고 헤어졌다는 거야.
>
> 출처: 〈탈북민 인터뷰〉, 건국대학교 통일인문학연구단

한 탈북 청년은 북한에서 아버지가 굶어 죽은 후 어머니가 자신과 누나를 데리고 두만강을 건넜다고 했습니다. 그 어머니는 탈북을 감행하면서 너덧 살 먹은 동생을 버리는 선택을 하였습니다. 생이별은 그것으로 끝나지 않았습니다. 중국에 도착해서는 한족에게 속아 팔려가면서 또다시 가족들은 뿔뿔이 헤어지게 되었습니다. 결국 청년의 어머니는 넋을 놓고 지내다가 달리는 기차에 치여 사망하였다고 합니다.

탈북민의 남한 입국 과정에는 이와 같은 이산의 아픔이 고스란히 담겨 있습니다. 탈북 과정에서 이산은 필연적인 고통인 것입니다. 이 청

년은 그 상황에 대해 담담하게 구술하지만, 가족을 잃은 고통은 살아가면서 두고두고 되살아나는 상처로 자리 잡습니다.

한국 사람들과 탈북민 사이의 거리

탈북민은 탈북의 과정에서 극도의 공포를 경험했습니다. 북한에서는 먹을 것이 없어 가족들이 굶어 죽어 가는 것을 참담한 심정으로 지켜봐야 했고, 두만강을 건너는 과정에서는 어디서 총탄이 날아올지 모르는 극한의 공포를 체험해야 했습니다. 중국에서 도피 생활을 하면서는 중국 공안에게 붙잡혀 북송될지도 모른다는 불안감으로 밤잠을 잘 수도 없었습니다. 그동안에 인신매매도 다반사로 이루어졌습니다. 그리고 수많은 우여곡절을 겪고 나서, 희망과 자유의 땅이라고 여긴 한국으로 들어오게 되었습니다.

그러나 탈북민에게 한국은 그토록 동경하던 안락한 곳이 아니었습니다. 정부 차원에서 정착을 지원하는 다양한 프로그램이 있습니다. 하지만 한국 주민은 종종 탈북민을 같은 사회 구성원으로 받아들이기 어려워합니다. 그로 인해 탈북민들은 끝없는 좌절감을 맛본다고 합니다.

탈북민들에게 그들이 받은 상처와 고통에 대해 묻는 설문조사를 실시한 적이 있었습니다. 탈북민의 60% 정도가 한국 사람들에게서 차별이나 소외, 무관심을 경험한 적이 있다고 답했습니다. 40%는 그러한 경험이 없다고 답변했습니다. 전체의 반이 넘는 인원이 한국 사람들에게 차별받은 경험이 있다고 답한 것입니다.

그중 20대 집단과 최근에 입국한 집단은 다소 상반된 결과를 보입니다. 20대 집단은 대학생이거나 교회 활동 등으로 한국 사람들과 교류가 활발한 계층입니다. 그러므로 자신의 신분을 드러내고 진솔하게 교

일러두기

북한이탈주민? 새터민?

1997년 한국 정부는 북한을 탈출하여 국내나 해외에 거주하는 사람들을 부르는 공식 명칭으로 '북한이탈주민'으로 정하였고, 2005년에는 공모를 통해 '새터민'을 정부 공식 용어로 채택하였다. 그러나 북한이탈주민은 북한을 벗어났다는 객관적인 사실만을 부각한다는 이견이 있으며, 새터민은 단순히 먹고 살기 위한 목적으로 북을 버리고 나왔다는 부정적인 인상이 강하며, 해외에 거주하는 이들을 포괄할 수 없다는 단점이 있다.

[표] 자신이 탈북민임을 감추고 싶다면, 그 이유는 무엇인가?(단위: %)

출처: 건국대학교 통일인문학연구단

	전체	나이					
		10대	20대	30대	40대	50대	60대 이상
밝히면 차별을 당하기 때문에	37.5	-	33.3	62.5	16.7	33.3	50.0
상대방에게 괜한 편견을 가지도록 만들기 때문에	37.5	-	33.3	25.0	66.7	33.3	25.0
북한이탈주민이라는 사실이 부끄럽기 때문에	15.0	-	27.8	12.5	-	-	-
직장 생활이나 사업하는 데 불편하기 때문에	7.5	-	5.6	-	16.7	33.3	-
무응답	2.5	-	-	-	-	-	25.0

[표] 한국 동포들에게서 차별, 소외, 무관심을 경험한 적이 있는가?(단위: %)

출처: 건국대학교 통일인문학연구단

	전체	나이					
		10대	20대	30대	40대	50대	60대 이상
있다	56.6	100.0	41.5	72.2	67.9	72.7	62.5
없다	39.4		56.1	27.8	32.1	27.3	37.5
무응답	0.9	-	2.4	-	-	-	-

류하는 가운데 한국 사람들에게서 받는 상처가 적은 것으로 판단됩니다. 최근 입국자의 경우는 아직 한국 사람들의 시각까지 고민할 정신적 여력이 없기 때문에 다소 상반된 결과를 보였다고 진단할 수 있습니다.

⋯→ 북한과 중국의 국경에 세워져 있는 경고 푯말.

출처: 건국대학교 통일인문학연구단

탈북민들이 한국 사람들에게서 받은 상처는 다양하게 나타납니다. 설문의 답변 문항에서 설정되지 않은 요인들도 다수일 수 있습니다. 제시한 답변 항목 가운데서는 우월감으로 무시하는 태도를 35.4%, 편견과 선입견을 30.8%, 같은 민족으로 취급하지 않는 태도를 24.6%로 꼽아, 차별을 다양하게 인식하고 있음을 확인할 수 있습니다.

탈북민에 대한 다른 시각

한국 사람들이 탈북민을 바라보는 편견은 두 가지로 나눌 수 있습니다. 먼저 '탈북민=북한 사람'으로 인식하는 태도이고, 다른 하나는 '탈북민=경제적으로 가난한 사람'으로 인식하는 것입니다. 앞의 인식은 냉전 체제 속에서 고착화된 한국 사람들의 사고방식에서 비롯된 것으로, 탈북민에 대한 가장 큰 편견으로 자리 잡았습니다. 그 결과 탈북민은 간첩일 수 있다고 생각하여 신고하는 경우도 있습니다. 취업의 현

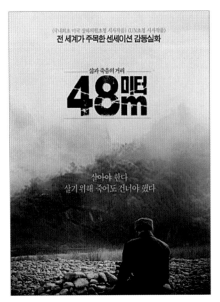

⋯⟩ 탈북을 소재로 한 영화 「48미터」의 포스터와 영화의 한 장면.
출처: 네이버 영화 정보

장에서도 재중 조선족이나 동남아 사람들은 고용하더라도 탈북민은 무서워서 가까이할 수 없다는 입장을 보입니다. 특히 연평도 포격 사건과 같은 남북 무력 충돌의 상황이 벌어지면 이들에게 '북으로 돌아가라'고 폭언을 퍼붓는 사건도 발생했습니다. 탈북민들은 이러한 상황에서 매우 큰 상처를 입게 됩니다. 더욱이 탈북을 한 것 자체에 대해 후회하는 마음이 든다고 합니다. 이러한 경험들이 설문 답변에서 '편견과 선입견을 가진 태도'로 드러난 것입니다.

탈북민을 바라보는 두 번째 인식은 탈북민이 '북한에서 가지고 있던 것을 모두 버리고 온 사람' 혹은 '북한에서 극심한 가난에 시달리다가 그것을 피해 온 사람'이라는 생각에서 비롯합니다. 실제로 탈북민들은 국경을 넘는 과정에서 재산을 대부분 소비하거나 북한에 모든 것을 두고 왔기 때문에 경제적으로 어려움을 겪을 수밖에 없습니다. 따라서 남한 정부에서는 탈북민을 지원하는 제도를 마련하여 이들의 경제적

자립을 돕고 있습니다.

탈북민을 두고 '먼저 온 미래'라고 부르는 이들도 있습니다. 이들이 국내에 적응하는 과정과 이들을 같은 국민으로 보듬는 한국 사람들의 자세가 향후 남북이 통일되는 시점에도 그대로 적용될 수 있기 때문입니다. 분단이 70년 가까이 유지되는 동안 남북 사람들의 가치관은 크게 달라졌습니다. 또 분단체제 속에서 서로 적대감을 갖도록 교육되었으므로 서로 이해하고 보듬기는 결코 쉽지 않을 것입니다. 이질적인 가치관을 이해하고 적대감을 내려놓으려고 노력하는 가운데, 우리 주변의 탈북민을 보듬을 수 있을 것입니다. 더 나아가 조만간 찾아올 통일을 거부감 없이 맞이할 수 있을 것입니다.

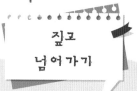

짚고
넘어가기

탈북 청소년, 간첩으로 신고되다

다음 사례는 탈북 청소년이 정부를 비판한 이유로 간첩 신고를 당한 경우이다. 탈북 청소년에 대한 반감이 무엇에서 시작된 것인지 생각해 볼 수 있는 사건이다.

한 탈북 청소년이 같은 반 학급 반장에게서 간첩으로 신고를 당했다. 조사 당시 이 청소년은 자신의 경험을 이야기하며 감정에 복받쳐 울먹였다. 대인 관계도 좋고 학교를 집처럼 여기면서 친구들과도 잘 지냈는데, 알 수 없는 이유로 간첩 신고를 당한 것이 시간이 지난 지금까지도 가슴에 남아 있다고 하였다.

자기가 회장이 됐으니까. 모든 애들을 이제 권력을. 대통령도 마찬가지잖아요. 그래 갖고 걔 힘으로 지금 저를 그러는 거 같은데. 단지 제가 북한에서 왔다는 이유만으로 간첩 신고를 했거나 그런 건 없었는데 이번이 진짜 최악인 거 같아요. 최악이었고, 아직까지 걔가 미안하단 말도 없이.

[조사자: 그러면 걔는 너 담임선생님이나 학생부 선생님이 저기 너 왜 ㅇㅇ를 간첩 신고 했어? 이렇게 물으면 네가 이명박 대통령에 대해서 욕했다는 것 때문에 그랬다는 거야?]

네

[조사자: 그게 이유래?]

한 번요(한 번 욕했다). 제가. 국정원에다 신고를, 그냥 물어보려고 했대요. 그게 말이 되는 거예요? 저번, 어제 그저께는 학교 가기도 싫었어요. 걔 얼굴 보는 것조차 막 화나고 감정을 다룰 수 없을 거 같아 갖고 어느 정도 빠져나갔는데 그것도 아니더라구요.

출처: 〈탈북 청소년 인터뷰〉, 건국대학교 통일인문학연구단

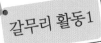

형제 갈등 설화를 통해 보는 남과 북의 적대감

다음은 한국에 널리 전승되어 온 설화「형제의 우애로 쪼개진 금덩이」입니다. 설화를 읽고 형과 동생의 관계에서 벌어진 위기와 그 회복의 과정을 정리해 봅시다. 그리고 형제간의 갈등과 미움에 대한 이야기를 남북 관계에 비추어 생각해 봅시다.

옛날에 한 형제가 있었는데 너무 가난해서 살기가 힘들었다. 형제는 각자 헤어져서 살 길을 찾아보고, 십오 년 후에 다시 만나자고 약속했다. 십오 년 뒤, 형제는 돈을 벌지는 못했지만 약속을 했기 때문에 다시 만났다. 어쩔 도리 없이 무작정 산길을 걷던 형제는 목이 말라 산 속에서 샘물을 찾았다. 산 속 깊은 곳에 맑은 샘물이 있었는데, 그곳에는 큰 금덩이가 있었다. 형제는 하늘이 도왔다고 생각하고 금덩이를 주웠다. 금덩이를 등에 지고 걷던 동생을 보던 형은 금덩이를 차지하려는 욕심에 동생을 죽이고 싶은 마음이 들었다. 하지만 형은 고개를 가로젓고는, 동생과 자리를 바꾸어 자기가 금덩이를 지고 앞장섰다. 형 뒤를 따르던 동생도 형이 지고 가는 금덩이를 보다가 금덩이를 혼자 차지하고 싶은 욕심이 생겨 형을 죽이고 싶다는 생각이 들었다. 동생은 고민을 하다가 형에게 쉬었다 가자고 하였다.

두 형제는 가만히 앉아 서로의 마음에 들었던 생각을 털어 놓았다. 형제는 계속 금덩이를 가져가다간 둘 다 죽을 것 같으니 제자리에 다시 갖다 놓자고 했고, 되돌아가 금덩이를 샘물가에 두었다. 형제가 산에서 내려오는데 한 사냥꾼이 목이 마르다며 샘물이 어디 있느냐고 물었다. 형제는 샘물의 위치를 알려주었고, 이제 금덩이는 저 사냥꾼이 차지하게 되었다고 생각하였다. 이후 잠시 길가에 앉아 쉬고 있던 형제는 돌아오는 사냥꾼과 만나게 되었다. 형제는 빈손인 사냥꾼을 보고 금덩이를 못 보았느냐고 물었다. 사냥꾼은 샘물가에 금덩이는커녕 노오란 실뱀이 있기에 총으로 쏴버리고 내려오는 길이라고 했다. 그 말을 듣고 놀란 형제는 얼른 샘물가로 달려갔다. 샘물가에는 금덩이가 둘로 쪼개져 있었다. 형과 아우는 기뻐하며 금덩이를 나누어 갖고 행복하게 잘 살았다.

출처: 『문학치료 서사사전』

활동 제목	형제 갈등 설화를 통해 보는 남과 북의 적대감
활동 목표	한국에 널리 전승되어 온 설화 「형제의 우애로 쪼개진 금덩이」를 읽고 남북 관계의 적대감에 대해서 생각해 본다.
활동 내용	설화에서는 잠깐의 욕심으로 서로 죽이고 싶어 한 형제의 위기와 회복을 다룬다. 이 이야기를 읽고, 그 위기의 원인과 회복 과정을 이해한다. 또 남과 북이 서로 미워하는 적대감이 해소되지 않고 지속되는 문제를 돌이켜 생각해 본다.
활동 방식	① 이야기를 감상하고, 왜 형제가 서로 죽이고 싶은 마음이 들었으며, 왜 금덩이를 다시 갖다 놓자고 결정했는지 생각해 본다. 그동안 가난에 시달린 형제는 금덩이를 보면서 혼자 독차지하고 싶은 욕심이 생겨 서로 죽이고 싶은 생각에 빠졌다. 그러한 고민에 휩싸인 형제는 서로 솔직하게 털어놓는다. 이러다가 둘 다 죽을 수도 있겠다는 위기감이 들어 다시 금덩이를 제자리에 갖다 놓는다. ② 형제들이 서로 죽이고 싶은 감정이 어느 지점에서 해소되었는지 이해하면서, 두 형제가 서로의 욕심을 털어놓고 금덩이를 제자리로 갖다 놓기로 결심하는 장면을 그림으로 표현한다. 이때에는 이 설화가 동화책으로 꾸려진다고 상상하고, 그 화해의 장면을 동화책의 한 부분처럼 제작하도록 한다. ③ 그 결과물을 발표하여 서로 생각을 공유하는 시간을 갖는다. ④ 그리고 이 이야기의 형제들의 모습과 견주면서, 남과 북의 적대감이 해소되지 않고 지속되는 이유를 생각하는 시간을 갖는다.
참여 인원	개인별 활동 및 발표
준비물	연습장, 필기도구

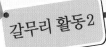
범죄에도 활용되는 대북 적대감

허위 자료를 근거로 동료 군인을 '간첩'이라며 신고한 사건이 있었습니다. 대북 적대감을 이용하여 개인의 원한을 풀어내려 한 윤 씨의 행위에 대해 알아봅시다. 이에 대해 재판부가 보안법상 무고 범죄는 일반 무고 범죄보다 더 엄하게 처벌해야 한다고 한 이유는 무엇일까요? 제시문을 읽고 재판부의 의도를 생각해 봅시다.

재판부 "보안법상 무고는 일반 무고보다 엄하게 처벌"

대법원 1부(주심 김능환 대법관)는 2012년 보안법상 무고·날조 혐의로 기소된 윤 모 씨(50)에 대해 징역 3년 6월과 자격정지 3년 6월을 선고한 원심을 확정했다.

육군 장교로 근무하던 윤 씨는 같은 부대의 동료인 ㄱ 씨로부터 횡령 혐의로 고소를 당하는 등 사이가 틀어지자 2009년 7월 ㄱ 씨가 간첩 행위를 했다고 기무부대 수사관에게 허위 신고했다. 윤 씨는 ㄱ 씨가 밀입북해 북한 사람들과 접촉하고 북한 찬양 행위를 하거나 북에 정보를 넘겨주기 위해 한국 군인들에 관한 신상정보를 모았다고 신고했다. 윤 씨는 ㄱ 씨의 자필 문서에서 글자를 발췌한 뒤 포토샵 프로그램으로 '북한연계조직도'를 만들어 제출했다. 유우성 씨 사건처럼 ㄱ 씨의 간첩 행위를 증명하기 위한 허위 문서가 동원된 것이다.

윤 씨의 신고로 ㄱ 씨는 2010년 11월 체포돼 9일간 구금돼 조사를 받았다. 그러나 윤 씨의 범행은 들통 났고 보안법상 무고·날조 혐의로 기소됐다. 1심은 윤 씨의 공소사실을 유죄로 인정했고 2심과 대법원도 1심 재판부의 유죄 판결 논리를 그대로 인용했다. 윤 씨는 ㄱ 씨를 간첩으로 신고한 것에 대해 "다른 사람으로부터 들은 내용을 사실로 믿었다"고 주장했다.

그러나 재판부는 "무고죄에 있어 범의는 미필적 고의로서도 족하다"며 "무고죄는 확신 없는 사실을 신고함으로써 성립하고, (신고자가) 그 신고 사실이 허위라는 것을 확신함을 필요로 하지 않는다"고 판단했다. 윤 씨가 ㄱ 씨를 간첩이라고 확신할 수 없는 상황에서 수사기관이나 재판부에 간첩이라고 믿도록 진술하고 증거를 제출했다면 무고죄가 성립한다는 뜻이다. 재판부는 보안법상의 무고 범죄는 일반 무고 범죄보다 더 엄히 처벌해야 한다고 밝혔다.

출처: 『경향신문』 2014년 3월 11일 보도

활동 제목	범죄에도 활용되는 대북 적대감
활동 목표	상대방에 대한 이유 없는 적대감이 나타난 사례를 읽고, 근거 없는 적대감이 상대방과 나에게 어떤 악영향을 끼칠 수 있는지 생각한다.
활동 내용	허위 자료를 근거로 동료 군인을 간첩이라 신고한 사건에 대한 판례를 읽고 재판부가 보안법상 무고 범죄는 일반 무고 범죄보다 더 엄하게 처벌해야 한다고 한 이유는 무엇일지 생각해 본다.
활동 방식	① 먼저 제시문을 이해하는 시간을 가진다. 육군 장교 윤 씨의 행위와 간첩 행위로 신고한 경위를 정리한다. ② 대법원이 윤 씨를 왜 엄벌에 처했는지 위의 제시문에서 그 이유를 찾고 발표한다. ③ 대법원의 판결을 읽고 그것이 정당한지 토론해 본다. ④ 이외에도 대북 적대감을 활용하여 개인 및 집단의 이익을 추구하거나 분노를 해소하는 데에 사용한 사례가 있는지 찾아본다.
참여 인원	집단 토론
준비물	연습장, 필기도구

생각 열기

일제강점기, 남북분단, 한국전쟁 등 역사적 상처들은 그것을 직접 경험한 당사자들뿐만 아니라 그런 경험이 없는 후속 세대에게도 치명적인 영향을 끼칠 수 있습니다. 오늘날 한국 사람들이 가지고 있는 반일 감정이 대표적입니다. 또한 분단과 전쟁으로 얼룩진 남과 북의 상처는 오늘날 사람들에게 매우 적대적인 증오의 감정으로 나타나고 있습니다. 다음은 한국전쟁 당시 좌우 대립과 전쟁이 남긴 상처로 인한 사람들의 갈등과 화해를 다루고 있는 단편소설 「장마」의 줄거리입니다. 이 글을 읽고 코리언의 역사적 트라우마와 치유의 방향에 대해 생각해 봅시다.

한국전쟁이 발발하자 '나'는 외할머니와 함께 전쟁의 불길을 피해 친할머니 댁으로 피난을 가게 되었다. 지루한 장마가 계속되던 어느 날 밤, 외할머니는 국군 소위로 전쟁터에 나간 아들이 전사하였다는 소식을 들었다. 이날 이후 외할머니는 자식을 잃은 슬픔에 자기 아들을 죽인 빨갱이들을 향해 다 죽어버리라며 저주를 퍼부었다. 아들이 빨치산에 나가 있던 친할머니는 사돈이 저주하는 소리를 듣고 노발대발했다. 그것은 곧 자기 아들더러 죽으라는 소리처럼 들렸기 때문이었다. 가족들은 대부분 빨치산 활동을 하던 삼촌이 죽었을 것이라고 생각했다. 하지만 친할머니는 아들이 살아서 돌아올 거라

⋯→ 작가 윤흥길의 단편소설 「장마」의 책 표지.

고 예언하는 점쟁이의 말을 굳게 믿고 아들을 맞이할 준비를 한다. 그러나 점쟁이가 말한 예언의 날이 되어도 아들은 돌아오지 않았다. 그때 난데없이 구렁이 한 마리가 애들의 돌팔매에 쫓기어 집 안으로 들어왔다. 친할머니는 아들이 죽어서 구렁이가 되어 집으로 돌아왔다고 생각하고 충격을 받아 졸도하였다.

빨갱이는 모두 죽어야 한다던 외할머니는 구렁이를 괴롭히는 아이들을 쫓아 버리고 감나무에 올라앉은 구렁이에게 다가가 말을 붙이기 시작했다. 구렁이로부터 아무런 반응이 없자 외할머니는 친할머니 머리에서 빠진 머리카락을 불에 그슬리며 해원해 주었다. 그 냄새를 맡은 구렁이는 땅에 내려와 대밭으로 사라졌고, 이를 계기로 친할머니는 외할머니와 화해하게 되었다. 일주일 후 친할머니는 숨을 거두었고, 지긋지긋하던 장마가 그쳤다.

소설 「장마」는 어린아이인 '나'의 눈을 통해 전쟁이 불러온 갈등과 해소 과정을 보여주고 있습니다. 친할머니와 외할머니는 남과 북의 이데올로기와는 무관한 사람들이었지요. 그러나 전쟁이 가져온 불안이 한 집에서 사이좋게 지냈던 두 할머니 사이에 갈등을 불러일으켰습니다. 두 사람은 서로 자신의 상처에 사로잡힌 나머지 상대방의 슬픔을 알아보지 못했습니다. 심지어 상처가 상대방 때문에 생긴 것으로 생각하기까지 이르렀습니다. 두 할머니들 사이에 깊어진 대립의 골은 영영 메워질 수 없는 것처럼 보였습니다.

삼촌이 돌아오기를 기다리던 어느 날, 구렁이 한 마리가 집으로 들어온 사건을 계기로 두 할머니는 화해를 하게 되었습니다. 외할머니가 구렁이를 죽은 삼촌의 분신으로 생각하며, 그를 해원해 주었던 것이지요. 상대의 상처를 이해했던 외할머니의 행동은 친할머니와의 사이에 있던 불신과 원망의 감정을 날려버렸습니다.

내게 생긴 상처가 상대방의 탓이라며 서로를 미워하고 있는 두 할머니의 관계는 남과 북의 관계를 보여주는 듯합니다. 하지만 분단 상황을 유지하고 있는 남북과는 다르게 두 할머니는 화해를 했습니다. 서로의 상처를 바라보고 그 슬픔을 이해했기 때문이지요. 이처럼 남북관계도 서로를 이해하고 마음을 열어 소통하려 노력할 때에 갈등의 해소와 치유의 첫걸음이 시작될 것입니다.

우리에게 남겨진 역사적 트라우마

우리 민족은 긴 역사 속에서 수많은 격동의 시대를 헤쳐왔습니다. 그중에서도 우리의 삶에 직접적인 영향을 미치고 있는 사건들은 일제 식민 지배 이후의 이산과 분단이었습니다. 이런 사건들은 우리 민족의 자존감에 심대한 상처를 입혔고, 아직까지도 회복되지 않은 아픔으로 남아 있습니다. 우리 민족이 역사적으로 입은 상처가 오늘날 우리에게 남기고 있는 흔적들에는 무엇이 있는지 알아봅시다.

역사적 사건을 경험한 집단의 정신적 아픔, 역사적 트라우마

'트라우마Trauma'란 전쟁, 폭력, 사고 등 충격적인 사건에 의해 생긴 정신적 '상처'나 '상흔'을 말합니다. 트라우마는 시간이 지나면 자연적으로 치유되기도 합니다. 하지만 어떤 경우에는 불면증, 악몽, 기억상실, 불안과 공포 등의 각종 증상들을 야기하기도 하죠. 예를 들어 '자라 보고 놀란 가슴 솥뚜껑 보고 놀란다'는 우리의 속담처럼 과거에 열차 사고를 경험한 사람이 기차를 보거나 기차 소리만 듣더라도 소스라치게 놀라고 불안해하면서 정서적 장애를 보이는 경우가 이에 해당합니다.

그런데 트라우마는 사건의 성격에 따라 개인만이 아니라 집단 전체가 경험할 수도 있습니다. 일제 식민 지배, 남북 분단, 한국전쟁과 같은 역사적 사건들은 몇몇 개인이 아니라 우리 민족 전체에게 트라우마를 안겨 주었습니다. 역사적 사건으로 인해 발생한 이런 트라우마를 '역사적 트라우마Historical Trauma'라고 부릅니다.

그런데 역사적 트라우마는 역사적 사건이 발생했을 때 살았던 사람들에게만 해당되는 문제가 아닙니다. 그것은 마치 전염병과 같이 그 사건을 체험하지 않은 사람들에게도 전이되며, 심지어 이후 세대를 거쳐 전이되는 경향을 가지고 있습니다. 예를 들어 우리는 한국전쟁을 경험하지 못했지만 남과 북의 군사적 긴장이나 대립이 고조될 때면 전쟁이 나지는 않을까 불안해집니다. 따라서 역사적 트라우마는 어떤 집단 전체가 경험한 역사적 사건으로 인해 발생하는 것이지만 비경험자인 후세대에까지 전이되는 트라우마로 정의할 수 있습니다.

식민의 역사가 남긴 상처, 식민 트라우마

19세기 말 일찍이 서구에 문호를 개방하고 근대화를 추진한 일본은 1910년 한일병합을 계기로 대한제국의 주권을 박탈하고 식민지화하였습니다. 부국강병한 근대 국가 건설을 목표로 1897년 조선에서 이름을 바꾼 대한제국은 13년 만에 막을 내리게 된 것이지요. 고려 이후 1,000여 년을 '한 민족이 한 국가'를 이루고 살아온 한반도의 우리 민족에게 국가를 잃었다는 사실은 엄청난 충격이 아닐 수 없었습니다. 민족은 있으나 국가가 없는 꼴이었습니다. 하지만 식민 트라우마는 이것으로 끝나지 않았습니다. 일제는 우리 민족에게서 토지와 식량을 수탈하였으며 민족문화를 탄압하였습니다. 심지어 '위안부', 강제 징용·징병뿐만 아니라 731부대의 생체 실험과 같은 반인류적인 범죄를 자행하기도 하였습니다. 식민 트라우마는 일제가 한반도를 식민지로 삼은 36년 동안 지속적이고 일상적으로 수탈하고 억압한 결과입니다. 그러나 1945년 해방이 되고 나라를 되찾았다고 해서 식민 트라우마에서 벗어나지는 못하였습니다.

가장 큰 이유는 동서 냉전 체제가 형성되면서 일본 제국주의 전쟁

일러두기

731**부대**

2차 세계대전 당시인 1932~1945년까지 중국 헤이룽장성 하얼빈에서 마루타 생체실험을 벌인 일제 관동군 산하 세균전 부대. 일본 국왕의 칙령을 받아 만든 특수부대로 일제의 꼭두각시 정권이었던 만주국 영토 내에 자리 잡았다. 조선인과 중국인 등을 대상으로 신체 해부, 냉동실험, 세균 투입 등 각종 비인간적인 생체 실험을 자행하였다. 일제 세균전 부대의 본대격으로, 이시이 시로 일본 육군 군의중장의 이름을 따 '이시이 부대'로 불리기도 한다. 731부대는 8개 부와 4개 지부로 나눠져 있었는데, 군의관들은 모두 대학 출신의 의학자와 과학자 등으로 구성되어 있었다. 특히 731부대는 인체 실험 대상자로 희생된 마루타(丸太, 일본어로 통나무라는 뜻)라는 말과 함께 널리 알려졌다.
출처: 『시사상식사전』

에 대한 전후 처리가 제대로 이루어지지 못했기 때문입니다. 미국은 1951년 샌프란시스코 강화 조약을 맺으면서 일본이 제국주의 침략에 대한 책임을 벗을 수 있게 해주었습니다. 일본은 지금까지도 독도 영유권을 주장하고 있으며, '위안부'나 강제 징용, 징병 피해자들에 대한 사죄나 배상을 거부하고 있습니다. 그렇기에 오늘날까지도 한일 간에 이러한 문제가 불거질 때면 우리는 어김없이 일제 식민지 지배를 떠올리며 일본에 대한 분노와 증오의 감정에 휩싸이기도 합니다.

원하지 않은 이별의 상처, 이산 트라우마

일본 제국주의 지배가 낳은 역사적 트라우마에는 식민 트라우마만 있는 것이 아닙니다. 일본 제국주의 지배는 우리 민족의 이산을 낳았습니다. 일제는 한반도를 식민화하고 제국주의 침략의 병참기지이자 군량 공급지로 만들었습니다. 많은 사람들이 식량과 토지를 빼앗기고 빈민이 되었습니다. 이에 농사를 주업으로 하던 우리 민족은 이 땅을 떠날 수밖에 없었습니다. 또 강제 징용과 징병으로 인해 한반도를 떠난 사람들도 있습니다. 이들은 결코 자발적으로 떠난 사람들이 아니라 박해를 피하고 생존을 위해, 혹은 강제적으로 한반도에서 분리된 사람들입니다. 이들을 가리켜 '코리언 디아스포라'라고 부릅니다. 오늘날 재중 조선족, 재러 고려인, 재일 조선인이라고 부르는 사람들은 주로 이때 이주한 사람들의 후손들입니다. 이들은 고향을 떠나 낯선 타국 땅에서 다른 종족들과 더불어 살아야 했습니다. 따라서 이산은 고향에 대한 그리움이라는 아픔을 남깁니다. 또한 낯선 땅에 살면서 거기에 적응해야 했기 때문에 소수 민족으로서의 차별과 억압을 견뎌내야 했습니다. 이산 트라우마는 바로 이와 같은 이주에 의한 분리가 낳은 상처입니다.

그런데 코리언 디아스포라의 이산 트라우마는 비단 거주국 내에서만 문제가 되는 것은 아닙니다. 이산 트라우마는 이들이 남 또는 북과 관계를 맺을 때에도 문제가 됩니다. 이들은 비록 해외에 거주하고 있지만 코리언이기에 대체로 한국 혹은 북한을 자신들의 조국 또는 모국이라고 생각합니다. 그것은 한반도가 자신의 뿌리라고 생각하는 경향과 한반도에 거주하고 있는 코리언이 자신들과 같은 민족이라는 의식이 강하다는 것을 의미합니다. 그래서 재러 고려인이나 재중 조선족의 경우 한 · 러(1990), 한 · 중(1992) 수교 이후 한국으로 많은 사람들이 일을 하러 왔습니다. 이들은 한국이 같은 민족이기 때문에 이왕이면 한국으로 오는 것이 더 낫다고 여겼습니다. 하지만 노동 현장과 주거지에서 한국 사람들로부터 차별과 멸시를 경험할 때면 같은 민족으로서 대우받고자 하는 이들의 욕망은 좌절되고 상처를 입게 됩니다. 재일 조선인의 경우에는 이들이 한국보다 경제적으로 더 우위에 있는 일본에 거주하고 있기 때문에 재중 조선족이나 재러 고려인과 같은 형태로 남북 주민들에 의한 차별과 멸시를 당하지는 않습니다. 하지만 이들은 과거 군사 정권 시절 재일 조선인 간첩 조작 사건 등에서 볼 수 있듯이 정치적 희생양으로 이용되기도 하였습니다. 집을 떠나 낯선 타지에서 살아가는 것도 서러운 일인데 거기에다가 믿었던 형제마저도 상처를 입힌다면 그 상처의 깊이는 더 깊어질 수밖에 없습니다. 이처럼 코리언 디아스포라의 이산 트라우마는 한반도에 거주하는 사람들과 만나면서 발생하는 상처와 결합하여 다시 환기되는 것이지요.

분단의 적대성이 낳은 상처, 분단 트라우마

8 · 15 해방과 함께 남북이 분단되면서 우리 민족은 또다시 상처를 입

일러두기

북방정책: 한 · 러수교, 한 · 중수교의 배경

중국 · 소련 · 동유럽 국가 · 기타 사회주의 국가 및 북한을 대상으로 하는 외교정책으로, 중국 · 소련과의 관계 개선을 도모하여 한반도의 평화와 안정을 유지하고, 사회주의 국가와의 경제협력을 통한 경제 이익의 증진과 남북한 교류 · 협력 관계의 발전을 추구하며, 궁극적으로는 사회주의 국가와의 외교 정상화와 남북한 통일의 실현을 목적으로 한다. 북방정책이 본격적으로 정부의 대외정책의 기조로 설정된 것은 1988년 2월 25일 대통령 노태우(盧泰愚)의 취임사에서였다. 그 후 한국 정부는 1989년 2월 헝가리와의 수교가 이루어졌고, 1990년 9월 소련과 수교하였으며, 1991년 9월 남북한이 국제연합에 동시 가입하였고, 1992년 8월 중국과의 수교가 이루어지는 등의 외교적 성과를 거두었다.

출처: 『두산백과』

었습니다. 2차 세계대전이 끝나고 해방이 되면서 미국과 소련은 일본군의 무장해제를 빌미로 한반도의 남과 북에 각각 진주하였습니다. 좌우 합작의 노력에도 불구하고 한반도는 두 개의 국가로 분단되었습니다. 해방이 되면서 우리 민족은 이제야 비로소 민족과 국가가 일치하는 나라를 세울 수 있다는 기대감을 가졌지만 분단이 되면서 그 기대가 가차 없이 무너져 내린 것입니다. 분단은 한 민족이 두 국가로 갈라지면서 다시 민족과 국가가 일치하지 않게 되었다는 것을 의미합니다. 남도 북도 민족 전체를 대표하지 못합니다. 그것은 일제 식민지 시절부터 우리 민족이 꿈꿔 온 통일국가가 아니었습니다.

그러나 어떤 열망이 좌절되었다고 해서 그 열망 자체가 사라지지는 않습니다. 우리가 가지고 싶은 물건이 있는데 부모님이 그것을 허락하지 않는다고 해서 그 물건을 갖고 싶다는 생각이 없어지지는 않지요. 비록 남과 북으로 갈라졌다고 하더라도 한 민족이 한 국가를 세우고자 하는 열망은 쉽게 포기할 수 없습니다. 더구나 미·소 중심의 냉전 체제를 따라 이념적으로 대립하는 한국과 북한은 서로 상대방을 인정하지도 않았습니다. 그러다 보니 상대를 부정하고 자신이 대표인 통일국가를 이루고 싶었습니다. 한국전쟁 이후 남북의 적대적 대립은 바로 이런 열망이 폭력적으로 드러난 결과입니다. 다시 말하자면 남북의 적대적 대립은 상대를 제압하거나 제거해서라도 통일국가를 이루고자 한 열망이 빚어낸 역사의 비극입니다.

한국전쟁이 남긴 것이 있다면 같은 민족을 죽였다는 '죄책감'입니다. 죄책감은 그 모든 책임을 자신에게 묻습니다. 그것은 스스로 그자신을 죄인으로 만들고 괴롭힙니다. 그렇기에 죄책감이 오래 가면 스스로 파멸할 수밖에 없습니다. 죄책감에서 벗어날 수 있는 가장 좋은 방법은 무엇일까요? 우선은 스스로 자신의 잘못을 인정하고 내가 피해를 입힌 상대에게 사과하고 용서를 구하는 방법이 있습니다.

청소년을 위한 통일인문학

하지만 자존심이 허락하지 않는다면 상대에게 싸움이 발생한 책임을 떠넘기면서 나는 오로지 피해자일 뿐이라고 말하는 방법이 있습니다. 남과 북은 후자를 선택했습니다. 전쟁이 끝난 후 60여 년이 흘렀지만 아직까지도 남과 북이 정치적이고 군사적인 충돌을 하고 있습니다. 분단과 전쟁에 대한 책임을 서로 떠넘기며 각자의 정당성을 강하게 주장하기 때문입니다. 그렇기에 우리는 일상적으로 전쟁에 대한 불안과 공포 속에서 살아갈 수밖에 없는 것이지요.

그런데 또 한 가지 문제는 남북 간의 갈등 양상이 남남 간에도 나타난다는 것입니다. 피해 의식에 가득 찬 사람은 자신을 무조건적으로 지지하지 않으면 참지 못합니다. 마찬가지로 분단의 책임을 상대에게 떠넘긴 남과 북은 각각 자신들을 내부적으로 통합시킵니다. 한국에서 북을 무조건적으로 악마화하고 북에 대한 어떤 이해도 거부하면서 친북이라고 몰아붙이는 것은 바로 이와 같은 외상 후 스트레스 장애PTSD가 낳은 결과입니다. 이것이 바로 남북 관계의 문제가 '남남 갈등'으로 바뀌어버리는 이유입니다. 따라서 거기에는 합리성이 아닌 비합리성이, 의식이 아닌 무의식이 작동합니다.

일러두기

외상 후 스트레스 장애
(post-traumatic stress disorder: PTSD)

보통 트라우마는 '외상 후 스트레스 장애'를 가리킨다. PTSD는 외상이라는 말에서 알 수 있듯이 상처의 원인이 내부에 있지 않고 전쟁, 폭력, 대형 사고 등 외부의 충격적 사건에 의해 생긴 정신적 상처를 의미한다. 즉 생명을 위협하는 극단적 사건을 경험한 이후의 장애로 '과도한 각성 상태(불면)', '반복적인 재경험(악몽)', '회피와 둔감화(기억상실=해리 현상)' 등 극단적인 흥분 상태와 극단적인 마비 상태가 반복되는 현상을 말한다.

짚고 넘어가기

코리언 디아스포라의 현재적 아픔

한국은 민족의 분단과 한국전쟁을 겪으면서, 혼란스러운 나라 안의 상황을 정비하고 국가 경제를 발전시키는 일에 집중하였다. 그러한 과정에서 코리언 디아스포라의 아픔에 대해서는 큰 관심을 갖기 어려웠다. 한국이 코리언 디아스포라에게 관심을 보이기 시작한 것은 1990년대 이후이다. 이곳저곳에서 코리언 디아스포라의 아픔이 전해지고, 세계화의 추세에 따라 세계 각지에 거주하는 동포들의 협력이 중요해지면서 그들에게 시선을 돌리기 시작한 것이다. 세계 각 지역에 퍼져 있는 동포들에 대한 한국의 제도적 지원 방안을 '재외동포 정책'이라 부른다. 각지의 동포들이 대한민국에 자유롭게 출입하고, 한국 주민에 준하는 법적 권리를 누릴 수 있도록 보장해 주는 제도이다. 이 제도로 인해 이들의 국내 취업이 가능하게 되었으며, 국내에 재산을 소유할 수 있는 권리도 가지게 되었다. 그중 일부는 의료보험의 혜택도 받을 수 있게 되었다.

그러나 모든 동포들이 이러한 권리를 누릴 수는 없는 상황이다. 예를 들어 일본에 거주하게 된 동포들 가운데는 일본의 국적도, 한국의 국적도 선택하지 않은 조선인들이 많다. 그래서 일제 강점기 이전의 국가인 '조선'을 국적으로 선택한 사람들은 북한 주민과 동일시되면서 한국에 자유롭게 왕래를 할 수 없을 뿐만 아니라 북·일 관계가 악화될 때면 사회적 폭력의 표적이 되기도 한다.

역사적 트라우마를 넘어 치유의 이야기로

우리 민족이 하나 되는 국가를 이루려는 소망은 우리 모두에게 있는 상처와 아픔을 이해하지 않으면 이룰 수 없는 것입니다. 지금까지 분열과 대립의 역사가 우리 민족에게 남겨놓은 상처와 아픔에 대해서 알아보았습니다. 이제 어떠한 방법을 통해서 상처를 치유하고 통일한반도를 꿈꿀 수 있는지 알아봅시다. 그리고 우리 민족이 분단을 넘어서 통일한반도를 건설했을 때 우리에게 펼쳐지는 미래의 비전은 어떤 것일지 생각해 봅시다.

일제 식민지 지배에 대한 역사적 청산

일제 식민지에서 해방된 지 70여 년이 흘렀습니다. 그럼에도 지금까지 일본은 한일협정 등을 근거로 강제 징용자 · 징병자, '위안부'와 같은 피해자들에게 제대로 된 사과조차 하지 않고 있습니다.

오히려 일본은 일제의 만행을 은폐하고 왜곡하려 합니다. 이로 인해 생존해 있는 피해자들은 과거 식민지 시절의 고통에서 벗어나지 못한 채 살아오고 있습니다. 대표적인 예가 지난 1992년부터 25년 동안 매주 수요일에 일본과 한국 정부를 향해 사과와 배상을 요구하는 집회를 이어오고 있는 '위안부' 할머니들입니다. 이들의 트라우마를 치유하기 위해서는 무엇보다 일본이 이들에게 진심으로 사과해야 하고, 이와 함께 배상 문제를 매듭지어야 할 것입니다.

하지만 이것들만으로는 우리 민족의 식민 트라우마가 치유된다고 할 수 없습니다. 왜냐하면 '위안부' 문제뿐만 아니라 독도 영유권, 역사 교과서 왜곡 등을 둘러싼 한·일 간의 분쟁이 발생할 때면 직접적인 피해자가 아닌 우리조차도 수치심을 느끼거나 일본에 대한 증오심을 느끼기 때문입니다. 따라서 피해자에 대한 사과와 배상 문제와 더불어 필요한 것은 역사적인 차원에서 일제 식민지 지배를 청산하고 식민 트라우마를 불러일으키는 일본의 도발을 방지하는 것입니다.

하지만 현실적으로 일본이 스스로 그러한 노력을 할 것이라고는 기대하기 어렵습니다. 그렇다면 어떠한 방법이 있을까요? 첫째, 일제 식민지 지배가 반인륜적 범죄라는 국제적 합의를 이끌어내야 합니다. 2차 세계대전이 끝난 후 1951년 샌프란시스코 강화조약에서 미국을 중심으로 한 연합국들은 남과 북을 배제한 채 일본에 대해 전범 국가의 책임만을 물었습니다. 식민지 지배에 대한 책임은 제외한 것입니다. 그것은 미국이 한국전쟁 이후 첨예화된 동서 냉전 체제에서 일본을 동맹국으로 세우기 위해서는 먼저 일본을 정상적인 국가로 만들 필요가 있었기 때문입니다. 그러므로 일제 식민지 지배가 제대로 청산되지 못한 것에는 국제 사회의 책임이 매우 큽니다. 국제 사회가 나치즘을 반인륜적 범죄로 다루듯이 일본 제국주의의 범죄 또한 엄중하게 책임을 물어야 합니다.

둘째, 우리 내부에서도 일제 식민지 지배에 대한 청산이 필요합니다. 실제로 일제 잔재가 청산되지 않으면서 친일파가 한국전쟁의 영웅 대접을 받기도 합니다. 친일파의 자손들이 선조의 매국을 대가로 취득한 재산에 대해 반환 소송을 하는 사례도 빈번히 발생하기도 합니다. '무릇 사람이란 반드시 스스로 업신여긴 다음이라야 남이 나를 업신여긴다 人必自侮而後人侮之'는 맹자의 말처럼, 우리가 스스로 일제 잔재를 청산하지 않고서는 일본과 국제 사회를 향해서 식민 지배의 잔재를 청산하라고 요구하는 것은 어불성설입니다. 따라서 2003년 '과거사 진상규명에 관한 특별위원회'의 구성과 2004년 〈일제강점하 친일반민족

일러두기

샌프란시스코 강화조약

샌프란시스코 강화조약(대일 강화조약)은 제2차 세계대전을 종식시키기 위해 일본과 연합국 48개국이 맺은 강화조약이다. 1951년 9월 8일 미국 샌프란시스코에서 조인되었고, 1952년 4월 28일 발효됐다. 이 조약은 한반도의 독립을 승인하고 대만과 사할린 남부 등에 대한 일본의 모든 권리와 청구권을 포기한다는 내용이다. 그중 중요한 것은 제3장의 안전 조항으로서, 미·일 안전보장조약의 체결을 위한 복선을 그어 놓은 것이다. 즉, 국제 정치의 입장에서 일본을 반공 진영에 편입시키는 성격을 띠었다. 이는 미국의 정치적 의도가 드러난 것으로, 미국이 이 회의를 주도하면서 상식선을 넘는 관대한 정책을 일본에 베풀었다는 지적이 있다. 또한 한국은 일본의 전승국에 대한 전쟁 배상을 위한 샌프란시스코 강화조약에 참가하지 못함으로써 전시 '손해 및 고통'에 대한 배상청구권을 향유할 수 없게 됐다. 한편 일본은 샌프란시스코 평화조약에 독도가 한국 땅이라는 명문 규정이 없다는 이유를 독도에 대한 일본 영유권 주장의 근거로 내세우고 있다.

출처: 『시사상식사전』

⋯⟶ 일본의 과거사에 대한 왜곡된 인식을 보여주는 영화 「내일에의 유언」의 포스터와 한 장면.
출처: 네이버 영화 정보

일러두기

**일제강점하 반민족행위
진상규명에 관한 특별법**

일제시대 친일반민족행위의
진상을 규명하기 위해 제정
된 법으로, 정식 명칭은 '일제
강점하 반민족행위 진상규명
에 관한 특별법'이다. 친일 진
상규명법은 일본 제국주의를
위하여 행한 친일 반민족 행
위의 진상을 규명하기 위해
2004년 3월 제정되었다. 하
지만 2004년 3월 제정된 친
일 진상규명법은 원안이 크게
수정되어 상당수 친일 반민
족 행위자를 구제해 주게 되
었다. 이에 따라 2004년 친일
반민족 행위자의 조사 대상을
대폭 확대하고, 조사 권한을
강화한 친일 진상규명법 개정
이 추진되었다.
출처: 『시사상식사전』

행위 진상규명에 관한 특별법〉 제정과 같은 노력들을 지속해야 합니다.

끝으로 일제 식민지 지배가 남북 분단과 밀접한 연관이 있다는 것을 인식해야 합니다. 앞서 보았다시피 일제가 제2차 세계대전에서 패하면서 전범 국가인 일본이 아니라 도리어 한반도가 분단되었습니다. 분단의 원인은 남이나 북에 있는 것이 아니라 일제의 식민지 지배에 있습니다. 그렇다면 식민 트라우마는 식민지 시대에 머무르는 것이 아니라 우리 민족이 그로 인해 분단되었다는 상처와 결합되어 있다고 할 수 있습니다. 또한, 민족과 국가의 불일치가 발생한 기원도 일제 식민지 지배였습니다. 분단 극복과 통일은 민족과 국가의 일치를 만들어내는 것입니다. 이러한 점에서 분단 극복과 통일은 코리언의 역사적 트라우마를 치유하는 데에 가장 결정적인 요인입니다.

다름의 인정과 협력적 관계의 모색, 코리언 네트워크의 꿈

남북 간의 체제 경쟁은 곧 자신이 민족의 대표임을 자임하는 결과를 낳습니다. 오직 자신만이 민족의 전통을 계승하는 국가라는 것입니다. 그러한 과정에서 일제 강점기에 해외로 이주한 코리언 디아스포라의 존재는 잊혔습니다. 또 남과 북은 분단과 한국전쟁이라는 수난의 역사를 겪으면서 너무나도 큰 상처를 입은 탓에 코리언 디아스포라 역시 이산과 거주국에서 겪는 폭력으로 인한 상처가 있다는 점을 잘 알지 못했습니다. 한국이 코리언 디아스포라에게 관심을 보이기 시작한 것은 1990년대 이후입니다. 이곳저곳에서 코리언 디아스포라의 아픔이 전해지고, 세계화의 추세에 따라 세계 각지에 거주하는 동포들의 협력이 중요해지면서 그 사람들에게 시선을 돌리기 시작했습니다.

그러나 이들과 교류가 잦아지면서 문제가 생겼습니다. 이 문제는 이들을 우리와 같은 민족으로 대우하지 않고 '차별'하면서 발생합니다. 여기에는 무엇보다 우리가 민족의 전통을 가장 잘 지킨다는 식의 자기중심적 사고가 깔려 있습니다. 다시 말해 우리만이 민족정체성을 잘 유지하고 있다는 것입니다. 하지만 예를 들어 오늘날 우리는 주로 설과 추석만을 쇠는 데 비해 이들은 우리보다 더 많은 민족 명절을 쇠거나 우리보다 한복을 더 자주 입기도 합니다. 또 관혼상제에서 우리보다 더 전통적인 격식을 따르기도 합니다. 그렇게 따진다면 우리가 오히려 이들보다 많은 부분에서 민족의 전통을 잃어버리고 사는 것입니다. 우리가 이들보다 민족정체성이 약한 것일까요? 그렇게 생각할 문제가 아닙니다. 민족정체성이라는 것은 단일한 기준으로 판단해서는 안 되는 것입니다. 다시 말해 우리와 그 사람들의 '다름'은 거주국에서 살아남고 적응하기 위해 문화를 변용한 결과로 이해되어야 합니다.

동북아시아의 국가 간 협력이 중요시되는 오늘날 이들과의 협력은

DMZ에 대한 새로운 상상

이제껏 DMZ는 남북 적대의 대표적인 상징으로 자리 잡아 왔다. 하지만 DMZ라는 공간 을 적대의 상징이 아닌 평화 와 생명의 공간으로 새롭게 상상할 수 있다면 분단으로 인한 상처와 불구화되고 왜곡 된 남북 사이의 인식을 극복 하는 데 기여할 수 있다. 분단 은 '국가의 분단' 이전에 '사 람의 분단'이기 때문이다. 실 제로 참혹한 역사적 상처가 곳곳에 자리 잡고 있는 DMZ 내 다양한 역사 유물에 대해 서는 여전히 상대방에 대한 적대심과 분노를 일으키게 하 는 설명 방식이 뒤따르고 있 다. 예컨대, 근래 들어 등장하 기 시작한 DMZ 내 '세계평 화공원' 건설안은 이 지역이 치유의 공간으로 전환될 때에 비로소 설득력을 가질 수 있 다. 이제 우리에게 필요한 것 은 이러한 DMZ에 대한 상상 력이다.

무엇보다 중요합니다. 이들은 한국어와 거주국의 언어를 모두 구사할 수 있거나 한국과 거주국의 두 문화를 잘 이해하기 때문에 양국 간 정 치·외교·경제 관계에서 중요한 교두보 역할을 할 수 있습니다. 또 한편으로 이들은 관계의 회복에 있어서도 조언자의 역할을 할 수 있 습니다. 남북은 적대적 관계 때문에 자신을 반성하는 데에 한계가 있 습니다. 이때 이들은 남북을 객관적인 입장에서 평가하고 앞으로 남북 관계가 나아가야 할 방향성을 제시해 줄 수 있습니다.

분단국가를 넘어 통일한반도 상상하기

분단의 세월 동안 남과 북은 서로 다른 정치·경제 체제를 유지해 왔 고 언어와 문화에서도 많은 차이를 가지게 되었습니다. 그렇다면 이제 여느 나라들과 같이 서로 인정하면서 떨어져 살면 되지 않을까요? 다 시 묻자면 왜 굳이 통일을 하려고 할까요? 그러나 이 질문은 어리석은 질문입니다. 왜냐하면 남과 북은 서로 사랑하면서도 증오하는 매우 특 수한 관계이기 때문입니다. 남북의 관계가 지난 70여 년 동안 긴장과 완화를 계속해서 넘나들었다는 것은 이것을 반증합니다. 그것은 '한 민족'이 서로 합치고자 하는 욕망이 있지만 국가적 차원에서 서로 이 해관계가 어긋날 때는 폭력적으로 변화해 온 모습을 보여주는 것입니 다. 따라서 남과 북이 분단되어 있는 이상 우리는 계속해서 지금과 같 이 서로 적대심을 유지하면서 충돌을 반복할 수밖에 없습니다. 그래서 통일은 그냥 당연히 무조건 해야 하는 것이 아니라 우리가 한반도에 서 평화롭고 안정적으로 살아가기 위한 삶의 조건으로 이해되어야 합 니다.

물론 이에 대해 어떤 이는 북한이 조만간에 스스로 붕괴하여 남한으

⋯▸ 금강산 철교.

출처: 건국대학교 통일인문학연구단

로 흡수될 것이라고 말하기도 합니다. 그러나 오히려 이러한 형태의 통일은 지금보다 더 큰 불행을 안겨다 줄 수 있습니다. 이는 마치 화해를 하지 않는 두 친구가 억지로 손을 맞잡고 있는 것과 같습니다. 서로 앙금이 남은 채 몸을 맞대고 있는 상황에서 언제고 상대방에 대한 감정이 폭력적으로 드러날지 모르는 일입니다. 남과 북이 분단과 전쟁에 대한 책임을 서로 전가하면서 원한과 증오의 감정을 가진 상태에서 통일만 된다는 것은 이와 같다고 할 수 있습니다. 한쪽이 흡수되는 방식으로 통일이 된다면 흡수되는 쪽은 패배자, 흡수하는 쪽은 승리자가 되어 어느 한 쪽이 다른 한 쪽을 지배하는 형태가 될 수밖에 없습니다. 그것은 지금보다 더 불행한 상태를 낳을 수 있습니다.

우리가 '통일한반도'를 상상해야 하는 이유는 여기에 있습니다. 그러한 고민이 없는 상태에서 어느 날 갑자기 통일이 이루어진다면 우리도 동서 간의 갈등과 반목이 사회적 문제가 되었던 독일과 같이 될 수 있기 때문입니다. 그렇다면 통일한반도는 어떠한 모습이어야 할까요? 무엇보다 그것은 서로를 향한 적대심이 우애와 상생으로 변화하여 차이를 인정하고 소통이 가능하게 되어 '내적 통일'이 된 사회일 것입니다. 왜냐하면 그럴 때 민족의 에너지는 분단으로 인해 저해된 발전을 도모하고 좀 더 풍요로운 사회로 나아갈 수 있는 '활력'이 될 수 있기 때문입니다. 하지만 이때의 발전과 풍요는 소수에게만 돌아가는 것이 되어서는 안 됩니다. 그것은 다시 상대적인 박탈감을 낳아 사회적 위계를 조성할 수 있습니다. 그러므로 우리는 지금부터 경제에서 문화, 정치에 이르기까지 남과 북의 주민이 모두 '민족'이라는 이름으로 평화롭고 안정적으로 살아갈 수 있는 통일의 실질적인 과정들을 고민해야 합니다.

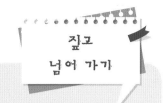

희망의 이야기

민족상잔의 비극인 한국전쟁 중에서도 우리 민족은 강렬한 생의 의지와 상대에 대한 희생과 사랑을 잃지 않는 기적을 발휘하기도 했다. 다음은 한국전쟁을 체험한 사람들의 구술담이다. 전쟁의 참혹함 속에서도 희망을 잃지 않고, 절명하는 순간에서도 가족을 사랑하는 마음을 버리지 않은 신화와 같은 이야기들이다.

희망의 이야기 1: 전쟁의 참혹함 속에서 '솜틀'로 발견한 희망

"그런데 거기서 아군들이 막 들어와서 저거 하니까 여기도 아군들이 들어왔을 거라고, 집이 들어가라고 그래. 집이라고 우리 아버님을 찾아오니까는 그놈들이 붙들어 가고 사람이나 있어. 저 마적구로 들어오니까 다 집도 타고 우리 집도 없어. 여기 집이 탔어. 우리 집도 타고 쌀 익은 것도 저것도 못하고, 그랬어. 그랬는데 쌀도 다 타고 없고 이래서, 그냥 집 탄 데 와서 쓸고서 헌집을 하나 얻어가지고서 거길 들어가서 살고 이랬어요. 그래서 거기서 집을 사는데, 우리 솜틀을 저기다 어디다 내다 놨는데, 그게 살았더라고. 그래서 그걸 틀어가지고선 그 집을 쌀 한 가마니 주고 사가지고, 우리가 거기서 산, 여기서 산 거여. 그냥. 남의 집에. 생전 살아가지고 여태 산 거에유."

전쟁을 경험한 한 할머니는 전쟁으로 인해 오빠의 행방을 모르게 되었다. 남편은 전쟁이 나자 군인 차출을 피해 금강산 쪽으로 갔다. 동란 때 강원도 횡성에서 시부모와 친정어머니, 아이 둘을 데리고 만삭의 몸으로 문막으로 피난을 갔지만 홍역으로 첫째를 잃었고, 먹을 것이 없어 둘째와 막내가 굶어 죽었다. 먹을 것을 찾으러 나간 시부모마저 소식을 알 수 없게 되자 친정어머니와 함께 다른 곳으로 피난을 갔다가 아군이 북진한다는 말을 듣고 횡성으로 돌아왔다. 돌아와 보니 집은 모두 타버렸고 20년간 사용했던 솜틀 하나만이 남았다. 솜틀 하나를 기반으로 돈을 조금씩 마련하여 집을 사고 지금까지 살 수 있었다.

희망의 이야기 2: 죽어가는 언니가 나를 살리려고 한 말, "내 생각 말고 피난 가라."

"언니는 그냥 우리 집에 있다가서는 그 미군이 와서 포 떨어지는 바람에 그냥 옆구리를 맞아서 그냥 배창구가 으깨져. 지금 같으면 아마 살았을 거야. 병원에 끌고 갔은. 포에 맞아서 그냥 죽었어요. 바깥 마당에 가 떨어졌으니 뭐 웬만한 사람 다 죽지. 화장실에 간 사람이 밭에 가 떨어질 정돈데 뭘. 아휴. 밭에 가 떨어진 거지. 바람에 그냥. 어휴 그러니 글쎄 그. 그래도 나는 살았어 거기서. 다른 사람들도 귀먹어 다 거 소리지르고선 그냥 가다가 보니깐 다들 죽은 거야. 나만 살았어. 이제 소리가 굉장허는 바람에. 귀먹었다고 그냥 소리지르고 났는데 다 죽었어. 아이고. 그래서 그냥 우리 언니는 그래도 한나절을 살았어. 목심(목숨)은 안 끊어지고 옆구리를 맞았으니간. 우리 큰 성은 그냥 그 자리에서 쓰러져 죽고. 그래가지고서는 우린 언니는 걔 그냥, '다들 피난들 가유. 다들 피난들 가유. 나 내 생각들 말고 피난들 가유.'"

또 다른 할머니는 미군의 포격으로 죽어가던 언니를 떠올렸다. 죽음에 이르기까지 한나절을 넘긴 언니는 가족들에게 자기를 남겨두고 어서 피난을 가라고 한다. 자신은 죽어가면서도, 다른 가족들을 살리려는 아량은 함부로 흉내 낼 수 없는 깊이가 있다. 가슴이 먹먹해지는 살신성인의 기적은 할머니에게 아직도 생생히 남아 있다.

출처: 건국대학교 통일인문학연구단

나의 역사서 만들기

한민족이 경험한 역사적 사건들을 떠올려 봅시다. 지금까지 우리는 식민, 분단, 전쟁의 역사에 대해 이야기했습니다. 이러한 역사는 당시 한민족에게 크나큰 상처를 안겨 주었습니다. 그 상처는 역사적 현장에 놓인 당사자들은 물론이고 현재의 우리에게도 영향을 끼치고 있습니다.

앞서 살펴보았던 한민족의 역사가 우리에게 남겨놓은 상처는 무엇일까요? 트라우마라고 부를 수 있는 상처가 있었나요? 이에 대해 생각해 봅시다.

이제 여러분은 역사적 트라우마를 기억하며 나만의 역사서를 만들어볼 것입니다. 자신이 직접 사관이 되어 남북 분단과 한국전쟁의 역사를 정리해 보면서, 역사 속 나 혹은 가족, 주변 사람 등 함께 살아온 사람들의 삶을 되돌아보는 시간을 가지는 것입니다. '나의 역사서'는 기억이나 상상으로 꾸려지며, 그 경험이 사실인가 아닌가는 중요하지 않습니다. 여러분이 만들어낸 역사가 분단과 전쟁에 대한 진실된 모습이 아닐지라도, 여러분이 생각하는 역사의 모

....→ 『역사 사용설명서』의 책 표지.

습을 그려보는 것이 중요합니다. 그 속에서 우리가 겪었던 역사적 트라우마를 찾아봅시다.

평소에 자신이 가지고 있던 생각을 바탕으로 나와 우리 가족의 삶을 기억하거나 상상하면서, 한반도가 겪었던 아픔의 역사와 그 속에 살던 사람들의 사이에 어떠한 관계가 있는지 생각해 봅시다.

활동 제목	나의 역사서 만들기
활동 목표	나의 역사서를 기술함으로써 사람들의 삶 속에 새겨진 역사적 트라우마를 확인한다.
활동 내용	내 주변 사람들이 직접 겪었던 분단의 역사, 혹은 내가 상상하는 분단의 역사를 사관의 입장에서 기술해 본다. 이를 통해서 실제로 역사적 사건을 겪었던 사람들에게 남아 있는 역사적 트라우마는 어떤 종류의 것인지, 내가 상상으로 만든 역사 속에서 확인할 수 있는 역사적 트라우마는 어떤 종류의 것인지 확인해 보고, 분단의 역사가 남긴 상처들에 대해 이해한다.
활동 방식	① '나의 역사서' 제작 과정 설명. ② 1차 서사 구성: 분단과 전쟁 중 나(혹은 가족)는 어떠한 삶을 살았는가에 대해서 서사 개요 구성하기. ③ 자신이 작성한 개요 발표하고, 토론하기. ④ 가족 인터뷰 후기 및 아이디어 발표와 토론. ⑤ 2차 서사 구성: 분단과 전쟁 중 나(혹은 가족)는 어떠한 삶을 살았는가에 대해서 다양한 형식으로 기술하기. ⑥ 교재에 나온 역사적 트라우마에 대한 간단한 요약 설명. ⑦ '나의 역사서' 제작 후 발표회(+감상평) 및 소감.
참여 인원	개인별 활동 및 발표
준비물	스케치북, 필기도구

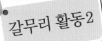

우리가 만드는 통일 이야기: 연극 활동

극본 「들판에서」를 상연해 보는 활동을 통해 남과 북의 특수한 관계를 이해하고, 화해와 상생의 힘을 일깨우고자 합니다. 팀을 짜고 각 팀 별로 역할을 분배하여 여러분이 새롭게 만들어낸 「들판에서」로 연극을 공연해 봅시다.

「들판에서」

한국의 희곡 작가 이강백(李康白: 1947~)의 1996년 작품으로, 당시 교육부의 의뢰로 남과 북이 화해하는 통일의 이야기를 담아냈다.

「들판에서」 줄거리

들판에서 평화롭게 살아가는 형과 아우가 있었다. 그들은 민들레꽃을 주고받으며 평생 우애롭게 살기를 맹세하였다. 이때 측량 기사가 찾아와 측량 실습을 핑계로 들판을 나누고 말뚝을 박고 밧줄로 금을 그어 놓았다. 금방 치우겠다는 측량 기사의 말을 믿고 형제는 밧줄을 사이에 두고 줄넘기놀이를 하였다. 그러다가 형제는 서로 다투게 되었다. 측량 기사는 형제들의 걱정과 두려움을 이용하여, 두 사람 사이를 이간질했다. 측량 기사가 거짓말로 형제의 위기의식을 조장하자, 형과 아우는 서로를 두려워하고 미워하게 되었다. 결국 형제는 측량 기사에게 벽과 전망대를 구입하여 서로를 적대시하고, 서로를 향해 총질까지 하게 되었다. 천둥소리가 나고 비가 내렸다. 형제는 이 싸움을 후회하며, 행복했던 시절로 돌아가고 싶어 하였다. 그러다가 들판에 핀 민들레꽃을 발견하고, 벽 너머 민들레꽃을 던지며 서로의 우애를 확인하였다. 형제는 화해하고 벽을 허물었다.

상징적 의미

형과 동생은 원래는 하나였으나 분단된 우리 민족을 상징하며, 측량 기사는 한반도의 분단을 조장한 외부 세력을 상징한다. 민들레꽃은 평화롭게 살아가던 우리 민족의 정체성을 의미하고, 벽과 전망대, 총은 남북 분단의 현실을 의미한다. 그리고 형제가 벽을 허물고 우애를 회복하는 지점은 남과 북이 평화로운 관계 회복을 의미한다.

활동 제목	우리가 만드는 통일 이야기: 연극 활동
활동 목표	극본 「들판에서」를 상연해 보는 활동을 통해, 남과 북의 특수한 관계를 이해하고, 화해와 화합의 힘을 일깨움으로써 참여자의 치유와 성장을 돕는다.
활동 내용	극본 「들판에서」를 읽고 작품에 담긴 상징적 의미를 남북 관계에 대비시켜 이해한다. 그리고 각 팀별로 극본을 각색하여 실제로 상연함으로써 화해와 상생의 힘을 지닌 남북 관계는 어떠한 모습일지 생각해 본다.
활동 방식	① 극본 「들판에서」에 대한 소개: 교수자의 이야기를 듣고 「들판에서」 줄거리와 상징적 의미를 이해하며, 남북 관계의 특수성과 그 화해의 길을 생각해 본다. ② 연극 팀 구성 및 세부 사항 결정: 「들판에서」 상연을 위한 팀을 구성하고, 각 구성원의 역할을 분배한다. 팀별로 자신이 원하는 소통과 화해의 방식을 작품에 적용하여 각색한 뒤, 연극 연습을 위한 스케줄을 기획한다. 팀별 상연 시간은 10분으로 한다. 팀원 역할: 연출가, 극본 작가, 연기자(최소 2명), 의상 및 분장, 소품 담당자 등 최소 5명으로 구성. ③ 팀별 「들판에서」 상연회 개최: 팀별로 준비한 「들판에서」를 상연하고, 작품상, 연출가상, 극작가상, 연기자상, 디자인상, 특별상, 인기상, 우애상 등을 선별해 시상한다. ④ 소감문 작성, 토론회
참여 인원	모둠별 활동 및 발표
준비물	「들판에서」 극본, 필기도구, 소품 제작을 위한 각종 문구류 등

여러분은 남북통일에 대해 곰곰이 생각해 본 적이 있나요? '통일이 되면 백두산에도 편하게 갈 수 있고, 얼마나 좋을까' 하며 통일 이후의 세상에 대해 상상해 본 적이 있나요? 물론 통일이 필요하지 않다고 생각하는 친구들도 있겠지요. 그런데 우리가 통일을 원하든 원하지 않든 간에 분단된 한반도에서 산다는 것은 변하지 않는 사실이지요. 만약에 해외로 이민을 떠난다고 하더라도 우리는 분단의 아픔을 외면할 수 없는 한민족의 일원입니다. 그래서 이 땅에 사는 나 자신과 사랑하는 사람들이 더 자유롭고 평화롭게 살기를 원한다면 분단의 극복이나 통일 문제는 피할 수 없는 문제입니다. 남북이 서로 대치하는 분단 상황은 왜 우리에게 중요한 문제일까요? 통일을 가로막는 것은 무엇이라고 생각하나요? 그리고 통일된 한반도는 어떠한 모습일지 상상할 수 있나요? 여기서는 솔직하게 자신의 생각을 친구들과 나누어 봅시다.

03

통일한반도를 위한 통합의 이야기

서로 다르지만 함께, 사람 중심의 통합을 향해

여러분은 남북통일에 대해 곰곰이 생각해 본 적이 있나요? '통일이 되면 백두산에도 편하게 갈 수 있고, 얼마나 좋을까' 하며 통일 이후의 세상에 대해 상상해 본 적이 있나요? 물론 통일이 필요하지 않다고 생각하는 친구들도 있겠지요. 그런데 우리가 통일을 원하든 원하지 않든 간에 분단된 한반도에서 산다는 것은 변하지 않는 사실이지요. 만약에 해외로 이민을 떠난다고 하더라도 우리는 분단의 아픔을 외면할 수 없는 한민족의 일원입니다. 그래서 이 땅에 사는 나 자신과 사랑하는 사람들이 더 자유롭고 평화롭게 살기를 원한다면 분단의 극복이나 통일 문제는 피할 수 없는 문제입니다. 남북이 서로 대치하는 분단 상황은 왜 우리에게 중요한 문제일까요? 통일을 가로막는 것은 무엇이라고 생각하나요? 그리고 통일된 한반도는 어떠한 모습일지 상상할 수 있나요? 여기서는 솔직하게 자신의 생각을 친구들과 나누어 봅시다.

···› 남쪽에서 바라본 판문점, 작은 경계선이 남북을 가른다.

출처: 건국대학교 통일인문학연구단

청소년을 위한 통일인문학

그런데 사실 일상 속에서 우리는 이미 통일을 준비하고 있습니다. 통일은 남과 북의 서로 다른 사람들이 만나서 조화를 이루며 함께 살아가는 일입니다. 나와 다른 환경과 배경 속에서 살아온 낯선 존재를 만났을 때 자신이 그 사람들을 대하는 모습을 한 번 돌아봅시다. 가족을 북에 두고 혼자 온 탈북민 친구, 지하철에서 시끄럽게 전화 통화를 하는 할아버지, 식당에서 일하는 조선족 아주머니, 능숙한 왼손잡이 친구, 우리말이 어눌한 재일 교포, 몸이나 마음이 불편한 장애인, 학교에서 만나는 백인 영어 강사, 덩치 큰 흑인, 일반적이지 않은 성적 취향을 가진 친구, 버스에서 만난 동남아시아의 노동자 등. 어떤가요? 우리는 그 사람들과 전혀 '다른' 존재이기만 한가요? 나와 다른 이들 사이의 여러 '차이'를 느낄 때 우리는 어떻게 반응하나요?

···▶ 2000년 6월 13일 역사적인 남북 정상의 첫 만남.

출처: 국가기록원

생각 열기

여러분은 어린 시절에 통일을 희망하는 포스터를 누구나 그려본 적이 있지요? 우리는 통일 이야기를 많이 들어 왔습니다. 그런데 많이 듣고 자주 본다고 해서 깊은 관심이 생기는 것은 아닙니다. 이제 통일이란 말 자체에 너무 집착하지 말고 주변 생활 속에서 남북의 분단 현실을 느껴 봅시다. 지뢰가 묻혀 있는 DMZ 지역에 가본 적이 있나요? 엄청나게

···→ 한반도의 허리를 잘라놓은 휴전선과 휴전선 주변의 비무장지대(DMZ).
출처: 건국대학교 통일인문학연구단

비싼 무기를 사고 대규모의 군대를 유지하면서 드는 비용을 아이들과 노인들의 삶을 돌보는 데 쓸 수 있다면 우리의 삶은 어떻게 달라질까요? 남북의 사람들이 서로 어울리는 날은 아주 먼 미래의 일이거나 아니면 아주 갑자기 찾아오는 것일까요? 이제 '결과보다 과정이 중요하다'는 말을 남북 분단을 극복하는 문제에 적용해 봅시다. 또한 '체제나 이념보다 사람이 중요하다'는 말을 되새겨 봅시다.

⋯→ 한국전쟁 전에는 북한의 땅이었던 철원에 뼈대만 남아 있는 노동당사(왼쪽 위).

철원-금강산 전기철도가 지나던 다리(오른쪽 위).

한국전쟁 당시 처절한 전투가 벌어졌던 백마고지에서 바라본 북녘(왼쪽 아래).

노동당사 기둥에 아직도 선명하게 남아 있는 총탄 자국(오른쪽 아래).

출처: 건국대학교 통일인문학연구단

기존 통일 방안의 한계

서로 다른 두 체제의 통합이 아니라, 분단 상황 속에서 고통받는 사람들이 어울려 살아갈 조건을 만드는 통일이 필요합니다. 무조건 당연히 해야 되는 통일이 아니라, 현대사가 남긴 여러 상처와 고통을 치유하는 통일 방안에 대해 고민해야 합니다. 새로운 통일 이야기는 딱딱한 지식이나 경제적인 수치보다는 사람들 사이의 따스한 교감에서 시작합니다.

체제 중심 통일 vs. 사람 중심 통일

우리에게 익숙한 통일의 논리는 단순한 전제에서 출발합니다. 한반도에는 두 개의 국가가 서로 대립하고 있으니 다시 하나의 통일된 민족 국가를 만들자는 것입니다. 이것은 서로 다른 체제와 이념을 가진 두 국가를 하나로 통합하는 체제 중심의 통일론입니다. 하지만 체제를 전제로 한 통일론은 분단을 극복하는 데 근본적인 한계가 있습니다. 왜냐하면 분단은 단순히 남북의 체제 대립만이 아니기 때문입니다. 즉 분단은 체제 대립만이 아니라 그 체제 속에 살고 있는 사람들의 가치·정서·문화의 분열이기도 합니다.

남북 주민들 사이의 정서적, 문화적 소통, 그리고 분단 상처의 치유 없이 이루어지는 통일은 혼란과 파국을 낳을 가능성이 높습니다. 독일 통일이 보여주듯이 사람의 통일을 경시하면 후유증이 클 수밖에 없습니다. 따라서 사람의 통일이 필요한 이유는 바로 그것이야말로 남북

⋯▸ 독일 통일 당시 서독 총리였던 헬무트 콜의 통일 선언, '우리는 하나의 국민입니다'. 그는 독일 사람들이 하나의 국민이 되었다고 선언했다.

출처: 미국연합통신(Associated Press, AP)

주민들이 화합하면서 평화롭게 어울려 살 수 있도록 만드는 근본적인 힘이기 때문입니다. 사람의 통일은 남북의 평화 공존이 절실한 지금 당장의 현실에서 필요할 뿐만 아니라, 사회 통합의 새로운 과제에 직면하게 될 통일 이후의 미래를 위해서도 필요합니다.

추상적 당위 vs. 구체적 고통

기존의 통일론은 통일의 당위성을 전제로 한 추상적 이론을 넘어서지 못합니다. 분단 70년 동안 통일의 당위성에 대한 정치적 · 사회적 차원의 주입식 교육이 강도 높게 이루어져 왔었죠. 그러나 정작 통일의 절실한 필요성에 대해서는 오히려 둔감하였습니다. 통일의 염원은 추상적 당위가 아니라 분단의 구체적 고통에서 비롯됩니다. 고통의 문제로 다가오지 않는 추상적 당위는 무의미합니다. 분단의 고통은 비단 이산가족의 아픔에만 그치지 않고 정치, 경제, 문화 등 우리 생활세계의 구석구석 스며들어 있습니다. 자유와 인권의 제약, 민족 자존의 손상, 반 세기 이상 지속된 정신적 동맥경화의 상태, 군사 · 외교적인 경쟁과 체제 수호를 위해 소모해야 했던 천문학적 규모의 '분단 비용' 등은 대표적인 분단의 고통입니다.

따라서 통일의 당위성은 분단의 고통을 해소하는 한편, 남북 주민의 인간다운 삶을 보장하는 차원에서 논의되어야 마땅합니다. 그런데 분단의 고통은 하루아침에 극복되는 것이 아니라 장기적이고 복합적인 처방을 요구합니다. 그러므로 분단의 고통을 고통으로 실감하지 못하는 불감증을 극복하기 위한 인문학적 통일 교육도 필요합니다. 또한 전쟁의 체험과 이념 대립이 빚은 적대감과 증오, 생활문화와 가치관의 갈등을 해소하려는 노력도 필요합니다. 나아가서 분단으로 인한 여러 상처와 고통을 치유하는 통일 방안에 대해서도 고민해야 합니다.

사회과학적 지식 vs. 인문학적 감수성

기존의 통일론은 지식 중심이었고, 그중에서도 사회과학적 지식이 압도적입니다. 사람들이 통일을 절감하지 못하는 것은 기존의 통일론에 인간적 감수성이 부족했기 때문입니다. 사회과학적 지식은 주로 인간을 외면적으로 수량화하여 다루는 경향이 있습니다. 이로 인해 사람들은 수치들과 자료들로 반영될 뿐 사람들의 내면에서 꿈틀거리는 고뇌, 욕망, 이상 등은 버려지고 맙니다. 따라서 통일 논의는 지식 중심적인 편향성을 벗어나 느낌과 감동, 치유의 영역으로 확대될 필요가 있습니다.

인문학은 욕망과 정서, 좌절과 희망, 사랑과 증오 등 다양한 인간의 내면적 성향에 관심을 기울이며 인간다움의 가치를 추구하는 학문입니

통일과 인문학

인문학(Humanities)은 라틴 어 '스투디아 후마니타티스 (studia humanitatis)'에서 유래한 말이다. 라틴어 후마니 타스는 인간의 가치나 인간다 움 또는 인간적인 교양을 갖춘 존재를 가리킨다. 따라서 인문학은 인간다움 자체를 다루거나 인간다움의 가치를 다루는 학문이다. 통일과 관련된 관점의 전환에서 반드시 필요한 것은 '사람 중심의 학문'이라고 할 수 있는 '인문학'이며, 앞으로 통일 담론의 새로운 관점은 바로 이러한 인문학을 토대로 전개될 필요가 있다.

청소년을 위한 통일인문학

⋯→ 통일인문학연구단의 발간 도서. 인문학의 눈으로 통일 문제를 바라보는 여러 가지 시도이다.
출처: 건국대학교 통일인문학연구단

다. 인문학은 사람다움의 가치가 실현되는 사회를 꿈꾸면서 인간의 삶에서 부단히 제기되는 가치와 의미의 문제를 성찰합니다. 따라서 통일에 대한 인문학적 접근은 분단으로 인한 사람들의 상처와 적대를 치유한다든지, 사람들의 통일을 향한 희망과 염원이 어디에서 비롯되는지 등 인간 내면의 정서와 욕망에 깊은 관심을 기울입니다.

'과정'으로서 통일을 이해하기

통일을 일회적인 사건으로만 바라보게 되면 우리는 마치 목표를 이루고 성과를 달성하듯이 분단 극복의 문제를 다루게 됩니다. 하지만 어느 순간 갑자기 남북통일이 이루어진다면 그동안의 모든 문제들이 한 번에 해결될까요? 70년 넘게 분단되어 있었던 남북 사람들은 이제 서로의 마음속에 높게 쌓은 적대감의 장벽을 허물고, 서로의 이해와 공감을 넓혀가는 과정으로 '통일'을 생각하는 '발상의 전환'이 필요합니다. 통일은 국토 · 이념 · 체제의 분단을 극복하는 문제이면서, 궁극적으로는 사람들 사이에 가로 놓인 마음의 장벽을 극복하는 문제이기 때문입니다.

일회적 사건이 아닌 지속적 과정으로서의 통일

"우리의 소원은 통일, 꿈에도 소원은 통일, 이 정성 다해서 통일, 통일을 이루자, 이 나라 살리는 통일, 이 겨레 살리는 통일, 통일이여 어서 오라, 통일이여 오라" 우리가 익히 부르는 노래인 「우리의 소원」이라는 노래의 가사입니다. 70년이나 된 남북의 분단만큼이나 사람들이 오랫동안 불러온 노래입니다. 지난 2000년 남북정상회담에서는 남북의 두 지도자가 손을 맞잡고 함께 부른 감동적인 노래이기도 하지요. 여기서 통일은 민족의 염원이자 소망이며, 나라와 겨레의 목표로서 다루어지고 있습니다. 그런데 남북과 전 세계에 흩어진 한민족이 힘을 모아 이루어 나갈 통일은 어떤 모습으로 우리에게 다가올까요? 정치적으로 또 경제적으로 남북통일이 갑자기 이루어지면, 영화 속 위급한 상황에서 멋있게 등장하는 주인공처럼 그동안 쌓인 남북의 불신과 적대감이 모두 한 순간에 사라지게 될까요? 우리가 추구하는 통일은 '일회적 사건'일까요, '마음의 장벽을 허무는 과정'일까요?

앞에서 살펴봤듯이 70년 넘게 분단되어 있는 남북 사이에는 체제나 이념의 분단보다 사람들의 분단이 근원적인 문제로 자리 잡고 있습니다. 그래서 이제 한반도의 통일을 일회적인 '사건'이 아니라 지속적인 '과정'으로 보는 관점이 필요합니다. 통일을 남북의 적대적 관계 속에서 사람들 마음속에 높게 쌓여진 '장벽'을 허물고, 서로의 이해와 공감을 넓혀 나가는 오랜 과정으로 바라보는 변화가 요구되는 것이지요. 이처럼 인문학의 관점에서 바라본 통일은 한 번 일어나면 끝인 일회적 '사건'이 아니라, 사람들이 서로 마음의 벽을 허물어 가며 진정한 공존과 상생의 장을 만들어 가는 '과정'입니다.

이러한 '과정으로서의 통일'이라는 관점은 냉전 시대가 지나간 이후에 남북 관계가 진전되면서 자연스럽게 확대되었습니다. 이것은 오늘날 분단을 극복하기 위해 남북의 사회문화적 통합을 중시하는 많은 사람에게 폭넓은 지지를 받고 있습니다. 왜냐하면 서로 다른 남북의 두 체제를 하나의 체제로 합치는 일회적 사건으로만 통일을 이해할 경우, 통일의 노력이 오히려 체제 대립과 갈등을 증폭시키는 경우가 많았기 때문입니다. 그러한 점에서 체제를 통합하는 하나의 역사적 사건으로서 통일을 바라보는 관점은 남북 관계와 주변 강대국들과의 관계에서 주도권 경쟁을 지속시켜서 한반도와 동북아시아의 평화를 위협하게 됩니다.

그래서 과정으로서 통일을 바라보는 관점은 남북 긴장의 완화와 교류의 확대, 그리고 화해 협력을 증진시켜 무력이 아닌 평화적 과정으로서 한민족의 통합을 서서히 준비할 수 있게 만듭니다. 또한 일방적으로 상대를 '흡수'하는 급격한 통일이 아니라 보다 점진적이고 장기적인 과정으로서의 통일은 남북이 서로 신뢰할 수 있는 기반이 됩니다. 결국 '과정'에 중점을 둔 통일은 상호신뢰와 평화의 든든한 기반

위에서 민족의 통합을 앞당기게 됩니다. 특히 독일과 달리 동족상잔의 전쟁을 겪은 한반도의 경우에는 골 깊은 마음의 장벽이 가로놓여 있기 때문에 '과정으로서의 통일'이 더더욱 중요합니다.

'과정으로서의 통일'에 대한 보완의 필요성

이처럼 '과정으로서의 통일'은 분단 극복을 평화적인 과정으로 이해하도록 하는 획기적인 발상의 전환입니다. 그러나 이것만으로 통일로 나아가는 길을 새롭게 정립하기에는 부족한 부분이 있습니다. 우선 '과정으로서의 통일' 개념은 '점진적 과정'과 '평화의 원칙'에 대해서만 원론적으로 강조했을 뿐, 그 이름에 걸맞게 지향점으로 삼을 만한 구체적인 가치가 빠져 있습니다. 그리고 분단체제를 계속 재생산하는 남북 주민들의 몸과 마음에 물들어 있는 습관적 요소, 일상적 삶에 스며들어 있는 분단의 장벽을 '해체'하기 위한 고민이 부족했습니다. 즉 분단체제에 길들여진 마음의 장벽을 실질적으로 허물어 가기 위한 구체적인 방안이 부족했던 것이지요. 더불어 통일을 추구해 나가는 과정 속에서 새롭게 '창조'해야 할 대상도 보다 분명하고 구체적으로 제시하지 못했습니다.

우선 '과정으로서의 통일'에서 해체해야 할 것은 남북 주민들이 서로에 대해 가지고 있는 적대적 성향과 믿음입니다. 이러한 성향과 믿음은 통일이 된다고 해서 사라지거나 손쉽게 제거될 수 있는 성질의 것이 아닙니다. 분단의 세월 동안 강화되어 온 남북의 적대성과 불신, 공포 등은 우리의 몸과 마음에 아로새겨져 있기 때문입니다. 한 개인이 분단체제에 적합하도록 길들여져 온 자기 마음속의 편견과 허위를 자각하는 것은 말처럼 쉬운 일이 아닙니다. 또한 자각했다고 하더라도

일러두기

동질성과 이질성

동질성(同質性)은 "어떤 집단을 구성하는 성원의 질이 같거나 거의 비슷한 성질"을 가리키는 반면 이질성(異質性)은 "어떤 집단을 구성하고 있는 성원의 질이 서로 다르거나 차이가 나는 성질"을 의미한다. 따라서 이 두 용어는 '질'적으로 '같음'과 '다름'이라는 점에서 서로 대립한다고 할 수 있다. 동질성을 의미하는 'homogeneity'와 이질성을 의미하는 'heterogeneity'에서 'homo'(같음)와 'hetero'(다름)은 서로 상반된 의미를 만들어낸다. 하지만 이들이 서로 정반대의 의미를 가지고 있는 것은 'gene', 즉 '유전자'를 공유하고 있기 때문이다. 따라서 동질성과 이질성을 나누는 잣대는 '그 집단이 공유하고 있는 유전자'가 있고 없음이라고 할 수 있다.

⋯› 제14회 부산 아시안게임 개막식에서 동시 입장하고 있는 남북한 선수단. 과정으로서의 통일을 상징적으로 보여주고 있다.

의지적 힘으로 그것을 떨쳐내는 것은 매우 어렵습니다. 따라서 분단을 극복해 나가는 실천의 과정에서 장애물이 되는 사람들의 가치, 정서, 생활문화는 어떤 성격을 지니며 그것이 어떻게 작동하고 있는지에 대한 구체적 관찰이 필요합니다.

둘째, '과정으로서의 통일'에서 창조해야 할 것은 남북의 민족적 동질성의 복원이 아니라, 서로의 사회문화적 차이들을 존중하고 이해하며 새롭게 만들어지는 통일한반도의 공통적인 가치 · 정서 · 문화입니다. 민족동질성에 대한 집착은 분단 이후의 남북 역사가 보여주듯이 민족 통합에 기여한다기보다 분단을 오히려 강화해 왔습니다. 이를테면 남북은 각각 자신이야말로 민족동질성을 지켜온 민족사의 정통이라고 주장한 반면, 상대방을 민족동질성을 훼손한 반민족 집단으로 매도하였습니다. 민족동질성에 대한 집착이 바람직하지 않다고 한다면, 남북 모두를 묶을 수 있는 민족적 연대는 어떻게 확보될 수 있을까요?

'사람의 통일'을 이해하기

앞에서 살펴본 '과정으로서의 통일'이라는 관점은 기존 체제 통합 중심의 통일 논의가 가진 문제점을 인식하였지만, 그 한계를 충분히 성찰하지 못했습니다. 또한 대안적인 통일 이야기를 만들어 내는 데까지 이르지도 못했습니다. 다시 말해 '과정으로서의 통일'에 보태어 우리는 기존의 통일 이야기를 보다 실질적인 것으로 만들기 위해 '사람의 통일'에 관심을 가질 필요가 있습니다.

독일 통일의 교훈과 '마음의 장벽' 허물기

'사람의 통일'이라는 관점은 '과정으로서의 통일'이라는 문제의식을 이어받으면서도, 그 불충분함을 보완함으로써 체제 통합 중심의 통일 논의를 극복할 수 있는 새로운 통일 패러다임을 지향합니다. 조금 전 통일을 이루는 과정에서 해체해야 할 것은 분단을 강화하는 사람들의 적대적 성향과 믿음, 곧 '마음의 장벽'이라고 이야기했습니다. 이러한 적대적 성향과 믿음을 지닌 채로는 비록 제도적 통일이 된다고 하더라도 혼란과 갈등은 지속될 수밖에 없습니다. 이 점을 잘 보여주는 것이 독일 통일의 사례입니다. 통일 독일은 동서독 주민들 사이에 서로를 경원하고 적대시하는 마음이 남아 있었기 때문에 이른바 '통일 후유증'에 시달리고 있습니다. 잘 알려져 있듯이 독일 통일은 서독이 막강한 경제력에 의해 동독을 흡수통일한 방식으로 이루어졌습니다. 통일 후 서독 사람들은 동독 사람들을 '2등 국민'으로 취급하였고, 동독 사람들은 당연히 이에

··→ 1989년 동베를린과 서베를린 사이에 놓인 '베를린 장벽'을 무너뜨리고 있는 동독 주민들.
출처: 프랑스 통신사(Agence France-Presse, AFP)

반발하였습니다. 다시 말해 통일 이후 25년이 지났음에도 불구하고 통일된 독일은 여전히 '사람의 통일'을 이루지 못하고 있습니다.

이러한 점에 비춰 볼 때 독일보다 분단 기간이 훨씬 길고 적대적 상태가 더욱 첨예한 한반도에서는 사람들의 지속적인 만남과 섬세한 상호 이해의 과정이 필요합니다. 지난 70여 년 동안 남북 사이에는 분단의 적대성과 상처의 악순환이 계속 이어졌고, 명절·의례·결혼관 등 생활문화의 이질성도 더욱 깊어졌습니다. 현재 해방과 분단 70년을 맞이하면서 남북 관계의 새로운 전기를 만들어야 한다는 목소리가 높지만, 여전히 남북 관계는 개선의 기미를 보이지 않고 있습니다. 개선은 커녕 남북 관계는 더욱 악화되고 북에 대한 혐오와 조롱이 넘쳐나고 있습니다. 우리 사회에서 지난 몇 년 동안 발생한 일련의 사건들은 북에 대한 적대와 혐오가 얼마나 우리의 삶을 지배하고 있는지를 여실히 보여주었습니다.

따라서 통일은 무엇보다도 남북 주민 사이에 오랜 세월에 걸쳐 고착

···〉 독일의 통일 포스터

출처: 위키피디아

화된 '마음의 장벽'을 허무는 과정이라고 할 수 있습니다. 그것은 무의식적으로 우리의 몸과 마음에 새겨진 남북 적대의 믿음과 성향을 허무는 과정인 동시에, 그러한 남북의 적대를 끊임없이 지속시키는 분단의 상처를 치유하는 과정입니다. 남북 주민들 사이에 가로놓인 상호 적대와 원한의 감정을 극복하려는 노력이 결여된 채, 법적·제도적 차원에서 이루어지는 통일 노력은 근본적으로 지속 불가능합니다. 생활방식이 이질적이고 70년 동안 서로를 적대해 온 사람들이 금방 하나가 될 수는 없을 것입니다. 적대적인 마음을 극복하고 분단의 상처를 치유하는 과정은 남북을 이어주는 민족적 연대를 회복하는 과정과 다르지 않습니다.

민족적 연대와 '미래의 고향'

통일의 길이 아무리 '과정'이라고 하더라도 남과 북의 민족적 연대에 바탕을 둔 통일한반도의 미래상을 그리는 것은 매우 중요합니다. '마음의 장벽'을 허무는 과제는 남과 북의 민족적 연대를 가능하게 하는 공통의 가치·정서·문화를 창출하는 과제와 뗄 수 없습니다. 그런데 앞서도 말했지만, 많은 사람들은 통일을 과거부터 이어져 내려온 민족동질성의 회복으로 보고 있습니다. 하지만 한민족은 20세기 들어 중국, 일본, 러시아, 미국 등지로 뿔뿔이 흩어졌습니다. 우리는 이 분들을 해외동포 혹은 코리언 디아스포라라고 부릅니다. 뿐만 아니라 우리 민족은 남과 북으

···▸ 2003년 8월 15일 평양 공연.

출처: KBS 〈전국노래자랑〉

로 분단되었습니다. 그렇다면 남과 북으로 분단되고 해외에 흩어져 사는 민족 구성원들이 과연 민족동질성을 한결같이 유지하고 있을까요?

한민족이 여러 국가에 흩어져 산 지 오래되었습니다. 그러면서 언어와 혈통 등 민족의 구성 요소들이 다양하게 변화되었습니다. 우리는 남과 북을 '같은 민족'이라고 부르는 데 익숙합니다. 하지만 자세히 들여다보면 언어, 가치관, 정서, 생활문화가 차이가 날 뿐만 아니라 심지어 대립적입니다. 이런 사정은 코리언 디아스포라도 마찬가지입니다. 우리는 이분들을 해외동포라 부르면서 같은 민족으로 여기는 데 익숙합니다. 하지만 그들과 우리는 서로 다른 국가, 정치경제적 조건에 살면서 언어, 가치관, 생활문화가 서로 달라졌습니다. 한민족은 20세기 들어 망국과 이산 그리고 분단의 역사적 소용돌이 속에서 다양한 정치공동체로 분리되었습니다. 그래서 한민족의 정체성은 남과 북 그리고 디아스포라가 각각 처한 정치경제적, 사회문화적 조건에 따라 다양하게 변용될 수밖에 없었습니다.

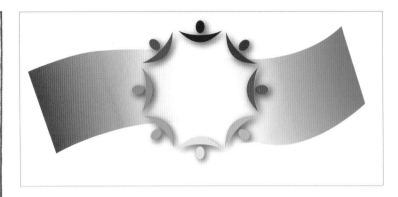

⋯→ **사람의 통일. 코리언이 가진 서로의 차이가 훼손되지 않고 연대와 통합을 이루는 모습을 형상화한 대학생의 작품.**
출처: 건국대학교 통일인문학연구단

일러두기

마음의 장벽

통일 독일이 들어선 지 25년이 지난 오늘날에도 독일 사람들은 여전히 견고한 '마음의 장벽'으로 인한 사회적 대립을 겪고 있다. 서독 출신 주민들은 동독 출신들을 가난한 '오씨(Ossi, 동쪽을 뜻하는 Ost에서 유래)'라고 경멸하며, 동독 출신들은 서독 출신들에게 거만한 '베씨(Wessi, 서쪽을 뜻하는 West에서 유래)'라고 손가락질한다. 베를린 장벽을 이루고 있던 시멘트 덩어리는 이미 다 부서져 역사의 유물이 되어버렸지만, 사람들의 마음속에 자리 잡은 분단은 여전히 현재진행형인 것이다. 한반도의 통일 과정에서도 결국 근원적인 통합은 이러한 마음의 장벽을 허무는 것일 수밖에 없다.

일러두기

미래의 고향

'미래의 고향'은 '통일한반도'를 상징하는 말이다. '미래'라는 표현은 통일이 분단되기 이전의 상태를 단순히 회복하는 것이 아님을 강조하기 위한 의미를 지닌다. 다시 말해 통일이 21세기의 달라진 환경 속에서 분단 이전과는 다른 새로운 민족공동체를 건설하는 과제라는 점을 강조하는 말이다. 뿐만 아니라 통일한반도가 한민족 구성원이면 누구나 자신의 진정한 고향으로 흔쾌히 받아들일 수 있는 인간다운 삶의 정치공동체가 되기를 바라는 염원도 담겨 있는 말이다.

따라서 오늘날 우리는 한민족의 민족적 연대를 민족동질성에서 더 이상 찾을 수는 없게 되었습니다. 다시 말해 통일은 한민족이면 누구나 가지고 있다고 생각되는 혈연·언어·문화의 동질성에 근거할 수가 없게 되었습니다. 그렇다면 한민족의 민족적 연대는 어디에서 찾아야 할까요? 그것은 과거 지향적인 방향이 아니라 미래 지향적인 방향에 있습니다. 민족적 연대는 서로 다른 가치관과 정서, 문화를 지니고 있는 남과 북 그리고 디아스포라가 서로의 차이를 소통하면서 새로운 공존적 삶의 양식을 확대하는 미래적 방향에 있습니다. 따라서 통일한반도의 미래상은 서로 다른 지역에 살고 있는 민족 구성원들이 접촉하면서 차이를 교류하는 가운데 창출될 수밖에 없습니다. 앞서 '사람의 통일'을 이루려면, 서로를 적대하는 '마음의 장벽'을 허물어야 한다고 말했습니다. 이제 '사람의 통일'을 이루려면, 한민족 구성원들을 묶어주는 통일한반도의 새로운 미래상, 다시 말해 아직 한 번도 밟지 못한 '미래의 고향'을 만들어야 한다는 말을 덧붙일 수 있습니다. 그렇다면 '마음의 장벽을 허무는 과제'와 '미래의 고향을 만드는 과제'란 구체적으로 무엇을 말하는 것일까요?

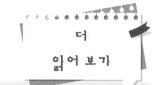

「굿바이 레닌」을 통해서 본 독일 통일의 단면

영화는 1989년 독일이 통일될 무렵, 동독의 어느 아들과 엄마의 이야기를 통해 통일 과정의 당혹스러움과 놀라움을 유쾌하고 잔잔한 감동으로 담아 냈다. 독일의 경우를 통해 한반도 통일 과정은 어떠해야 하는지 되돌아보게 만든다.

동독의 열혈 공산당원이자 교사인 크리스티아네는 베를린 장벽 철거를 주 장하는 시위에 참여하는데, 이 모습을 본 그의 어머니는 그 충격에 쓰러져 혼수상태에 빠지게 된다. 8개월 후, 그녀는 사회주의 체제의 동독이 역사 속으로 사라지고 통일 독일이 만들어진 뒤에 의식을 되찾는다. 아들은 엄 마가 깨어났다는 것이 말할 수 없이 기뻤지만, 엄마는 심장이 약해서 약한 충격에도 다시 목숨이 위험할 수 있다고 의사가 경고한다.

⟶ 영화「굿바이 레닌」의 포스터.
출처: 네이버 영화 정보

갑자기 사라진 동독의 모습과 크게 변해 버린 사회에 엄마가 놀라지 않을 까 걱정된 아들은 엄마를 위한 '거짓말 프로젝트'를 준비한다. 엄마가 살던 아파트를 과거 동독 시절의 모습으로 되돌려 놓고 쓰레기통을 뒤져 가며 엄마가 찾는 동독 시절의 오이 피클 병을 구해 오고, 급기야 엄마의 만족시키기 위해 동독의 발전과 서방의 붕괴를 담은 TV 뉴스를 친구와 함께 제작한다. 알렉스의 거짓말이 점점 커져 가던 시기에 엄마는 심장마비에 걸리고 아들에게 소원을 부탁하는데……

영화를 보게 된다면 여러분들도 아래와 같은 의문들이 꼬리에 꼬리를 물 것이라 생각한다. 궁금한 것들에 대해 자료를 찾아보고 친구들과 함께 이야기를 나누어 보면서 '사람의 통일'이 무엇인지 음미해 보길 바란 다. "독일은 어떻게 동/서로 분단되었고, 베를린 장벽은 왜 생겼나요?" "독일의 통일 과정은 어떤 방식으로 진행되었나요?" "혼수상태에서 깨어난 어머니에게 독일의 통일은 왜 그토록 충격적으로 다가왔을까요?" "서독 중심의 흡수통일을 겪으며 동독 사람들은 어떤 변화를 겪게 되었으며 일상적으로 어떤 감정을 느꼈을 까요?" "독일통일이 가진 한계점이 우리의 통일 문제에 주는 교훈은 어떤 것일까요?"

'사람의 통일'을 위한 상상력 키우기

한국전쟁이 한창이던 때, 태백산맥 산골에 자리 잡은 오지 마을인 동막골에 미군 전투기 한 대가 추락합니다. 이어서 인민군과 국군의 일부가 마을로 들어오면서 조용한 이 마을은 한 순간 일촉즉발의 긴장감이 감돌게 됩니다. 하지만 그곳에서 얼마간 생활하면서 그들은 자연스럽게 전쟁의 무의미함을 깨닫게 되었고, 목숨을 걸고 서로 힘을 합쳐 이 마을을 간절하게 지키려고 합니다. 과연 동막골에서는 무슨 일이 있었기에 서로를 죽이려고 기를 쓰던 그들이 함께 화합하여 마을을 지키려고 한 것일까요?

→ 영화「웰컴 투 동막골」중 한 장면.
출처: 네이버 영화 정보

독특한 상상력으로 이념과 체제를 넘어서서 사람들 사이의 소통과 연대를 강조한 영화「웰컴 투 동막골」(2005)은 우리가 생각하던 기존의 '통일'을 되돌아보게 만듭니다. 어떤 친구는 이 영화를 본 후, 통일이 국가가 하나가 되는 문제이면서 동시에 함께 어울려 살아가야 할 사람들 사이의 통합 과정이라는 점을 깨닫게 되었다고 말합니다. 통일은 정치인들만이 관심을 가질 주제가 아니라 바로 이 땅의 주인인 우리 미래의 새로운 가능성을 상상하는 이야기인 것이지요. 이 영화를 보고 '사람의 통일'이 필요한 이유와 사람들의 소통과 화합이 만들어내는 '힘'에 대해 생각해봅시다. 그럼 기존에 우리가 생각했던 통일은 주로 어떤 가치에 주목한 것인지 알아볼까요.

활동 제목	'사람의 통일'을 위한 상상력 키우기
활동 목표	영화 「웰컴 투 동막골」을 보고 영화가 주는 메시지를 보다 깊이 이해해 보면서, 왜 통일을 해야 하며 어떻게 통일을 해야 하는지에 대해 친구들과 함께 능동적으로 서로의 생각을 나누어볼 수 있다.
활동 내용	여러 친구들의 통일에 대한 의견에 담겨 있는 가치들은 어떤 것인지 생각해 보고, 아래의 물음에 대해 간단히 답변을 써 보자.
활동 방식	상효: "국군, 인민군, 유엔군이 하나가 되어 마을을 지키는 장면은 처절하면서도 가슴 뭉클했는데, 그 동막골은 마치 한반도에 대한 '은유'인 것 같아. 한반도의 분단된 사람들도 통일로 나아가기 위해선 그렇게 서로 소통하고 공감하는 것이 우선인 것 같아. 근데 통일만 되면 정말 대박인 것 같아." [물음1] 이 영화가 주는 메시지는 무엇이라고 생각하나요? [물음2] 통일이 일부 사람들에게만 '대박'인 것이 아니라, 남북한 사람들과 세계 각지에 흩어져 있는 한민족이 보다 자유롭고 평화롭게 살아갈 터전이 되려면 어떤 것이 꼭 필요할 것 같나요? 재인: "이 영화가 주는 메시지는 감동적이지만, 실제로 통일이 되면 우리나라 사람들은 살기가 더 힘들어질 수도 있어. 우리가 원하지 않았지만 분단이 된 것처럼 통일도 남북만 서로 원한다고 이루어질 수 있는 것이 아닐 거야. 통일을 너무 낭만적으로만 생각하면 위험해." [물음1] 사람들이 통일에 대해 관심이 없거나, 오히려 통일을 두려워하는 이유가 무엇이라고 생각하나요? [물음2] 통일 이후에 필요한 국가 재정은 어떻게 충당할 수 있다고 하나요? 반대로 통일을 통해 우리 민족이 얻을 수 있는 정치적·경제적·사회문화적 효과는 어떤 것이 있다고 하나요? 지섭: "영화처럼 무자비한 동족상잔이라는 최악의 비극을 겪은 우리 민족에게는 무엇보다 평화적으로 통일을 이루자는 약속이 중요한 것 같아." [물음1] 통일을 준비하는 과정에서 평화와 신뢰라는 가치는 어떤 점에서 필요하다고 생각하나요? [물음2] 한반도가 통일된 이후에 꼭 필요한 사회적 가치는 무엇이라고 생각하나요?
참여 인원	집단 토론
준비물	연습장, 필기도구

'DMZ 통일 · 평화 · 생태 공원'을 내가 기획한다면?

DMZ는 남북 분단의 상징적인 지역으로서 서로의 무력충돌을 방지하고 군사적 대립을 완충시키는 비무장지대(demilitarized zone)를 말합니다. 이 비무장지대는 1953년 휴전협정에 의해서 군사분계선이 확정되고 이 휴전선으로부터 남·북으로 각각 설정된 2km의 지대를 말합니다. 현재 한반도의 155마일에 이르는 휴전선 지역에는 총 4km의 폭으로 군대가 주둔하거나 무기가 배치될 수 없는 지역이 60년 넘게 존재하는 것이지요. 예전에는 이 지역에 한국 주민이 거주하는 '자유의 마을'과 북한 주민이 거주하는 '평화의 마을'이 만들어지기도 했습니다. 또한 비무장지대는 오랜 시간 동안 사람들이 자유롭게 오갈 수 없는 출입 통제 구역이었기 때문에 내부의 자연 환경과 생태계가 비교적 잘 보존되어 있습니다.

이처럼 DMZ 지역은 군사분계선과 지뢰 매설 지대 등 군사적 대립이 첨예한 지역이면서, 한반도의 분단과 통일을 상징하는 역사적 의미가 뚜렷하고 그 생태적 가치가 주목받고 있는 지역입니다. 그래서 통일 이후에 DMZ의 중요성은 더욱 부각될 것이며, 그 활용 방안에 대한 다양한 논의가 일어날 것으로 예상됩니다. DMZ 지역은 분단을 보여주는 비극적인 현장이면서 동시에 통일 이후 평화와 생태를 상징하는 세계적인 공간이 될 수 있습니다. DMZ는 분단의 고통을 상징하면서도 '평화와 생태'를 상징하는 우리의 자부심 어린 공간이 될 수도 있으니 참 아이러니하지요.

여기에서는 여러분들이 통일한반도를 상상하며, DMZ 지역의 개발 및 보존의 설계자가 되어 여러 아이디어를 구상해 봅시다. 통일 후에 DMZ 지역에서 사람들이 평화의 소중함을 공감하고 통일의 역사적 의미를 체험할 수 있는 공간을 상상해 봅시다. 그리고 그 아이디어를 친구들과 공유해 보세요. 이처럼 우리가 살아가고 있는 한반도의 '잘린 허리'를 복원할 프로젝트에 주체적으로 참여하면서 통일한반도를 위한 상상력을 더 키워 봅시다.

활동 제목	'DMZ 통일·평화·생태 공원'을 내가 기획한다면?
활동 목표	분단의 상징인 DMZ가 지닌 역사적 의미와 가치를 드러낼 수 있도록 디자인해 본다.
활동 내용	① 통일 이후 DMZ의 중요성이 부각되고, 그 활용 방안에 대한 다양한 논의가 일어날 것으로 예상된다. DMZ 지역은 분단 현장을 보여주는 비극적인 공간이면서 통일 이후 세계적으로 가치 있는 평화와 화합의 상징적 공간이 될 수 있다. ② DMZ 지역 곳곳에 있는 명승지와 거기에 스며들어 있는 역사적 인물과 사건들의 이야기, 사람의 손을 덜 타고 보존되어 있는 생태적 가치, 통일한반도의 허리를 차지하는 이 지역의 중요성 등을 포괄적으로 조사하고 정리해 본다. ③ 250km에 이르는 휴전선 주변의 지역적 특징을 살려서 저마다의 방식으로 DMZ 지도를 간단히 만들어 보자. ④ DMZ를 보존하거나 많은 사람들이 와서 공감하고 느끼고 즐길 수 있는 지역으로 꾸밀 수 있는 방안에 대한 다양한 아이디어를 나누어 보자.
활동 방식	〈내가 만든 'DMZ 통일·평화·생태 공원' 기획안〉 ▶ 제목: ▶ 어느 지역에 만들까?: ▶ 무엇을 테마로 어떤 특징을 갖도록 만들까?: ▶ 사람들이 어떤 것을 체험하고 느낄 수 있을까?: ▶ 예상되는 효과나 긍정적 영향은 어떤 것일까?: ▶ 예상되는 문제점이나 한계점은 무엇일까?:
참여 인원	개인 활동 및 발표
준비물	연습장, 필기도구

앞에서 우리는 '사람의 통일'에 대해 이야기해 봤습니다. 체제 통합은 두 국가가 합의하면 내일이라도 당장 이루어질 수 있습니다. 하지만 사람의 통일은 그렇게 쉽게 이루어질 수 없습니다. 분단은 남북 두 국가 체제의 분단만이 아니라 사람의 분단을 가져왔습니다.

…→ '분단의 아비투스'가 드러나 있는 남북의 포스터.

남과 북의 사람들은 가치·정서·문화의 측면에서 서로 다릅니다. 게다가 이런 것들은 우리의 몸과 마음에 내면화되어 있습니다. 알게 모르게 내면화된 집단적 습성들은 남과 북의 주민들을 두 집단으로 갈라놓습니다.

통일이 되어도 그전에 각각의 체제에서 살아오면서 체화된 습성은 바뀌지 않습니다. 그리고 그것이 서로 오해와 선입견, 사회적 갈등과 충돌을 낳습니다. 이러한 까닭에 독일은 통일 이후 심각한 사회적 갈등을 겪었습니다. 사람의 통일은 현재 남과 북에 살고 있는 사람들의 몸과 마음을 하나로 만들어 가는 것입니다. 따라서 이 단원에서 우리가 다루고자 하는 것은 바로 이런 내면화된 '분단의 아비투스'를 '우애의 아비투스'로 바꾸어 가는 것에 대한 이야기입니다.

···▶ 제14회 부산아시안게임에서 한반도기를 들고 동시입장하고 있는 남북선수단.
출처: 국가기록원

'분단의 아비투스'에서 '우애의 아비투스'로

분단된 두 국가는 한반도에서 유일하게 자신만이 정통성을 가진 국가라는 점을 내세우기 위해 경쟁해 왔으며 상대를 적대시해 왔습니다. 또한, 분단된 두 국가에 살고 있는 주민들도 서로 상대를 적대시하면서 자신들이 상대에 비해 우월하다고 생각해 왔습니다. 따라서 남북의 적대적 대립은 국가 간의 대립을 넘어서 주민들 간의 대립으로 이어지고 있습니다. 분단의 아비투스란 바로 이처럼 사람들의 신체에 아로새겨져 있는 분단의 적대적 성향, 습성을 가리키는 말입니다. 이 단원에서는 분단의 아비투스를 우애로운 관계로 바꾸어는 문제를 다루고 있습니다.

'민족 ≠ 국가'라는 어긋남과 정통성 경쟁

우리는 '한민족' 하면 '한국인'을 떠올립니다. 하지만 코리언에는 한국인들만 있는 것이 아닙니다. 한국인은 한국 국민을 가리키는 개념이며, 북쪽에 사는 사람들은 자신들을 조선인이라고 말합니다. 이것은 북쪽의 국가 명칭이 조선이기 때문입니다. 따라서 한국인/조선인이라는 명칭은 한국(대한민국)/조선(조선민주주의인민공화국)이라는 국가의 대립을 보여주는 것입니다. 마찬가지로 한반도도 한국에서 사용하는 개념이며 북쪽 사람들은 조선반도라고 합니다. 우리말에 대해서도 북쪽 사람들은 한국어가 아니라 조선어라고 합니다.

그렇다면 왜 우리는 같은 코리언이면서도 이처럼 동일한 대상에 대해 다른 표현들을 사용하는 것일까요? 그것은 바로 한반도에 살고 있는 한민족의 국가가 두 개이기 때문입니다. 만일 한반도에 국가가 하나만 존재한다면 우리는 아마도 동일한 대상에 대해 동일한 단어를 사용했을 것입니다. 또한 한국인과 조선인이라는 명칭이 보여주듯이 남과 북에서 사는 주민들은 두 개의 국민으로 분열되어 있지 않을 것입니다. 따라서 한국인/조선인이라는 명칭의 대립은 민족과 국가가 일치하지 않는다는 것을 보여줍니다.

현재처럼 남북이 분단되어 있는 상황에서 코리언은 한국인과 조선인 중 어느 하나와 동일해질 수 없습니다. 그것은 한국이라는 국가가 한반도에 살고 있는 코리언 전체를 포괄하지 못하기 때문입니다. 통일은 이를 일치시키는 것입니다. 통일국가에서 민족과 국가는 일치합니다. 즉 '민족=국가'라는 등식이 성립하는 것입니다. 그러나 현재와 같은 분단국가에서 민족과 국가는 일치하지 않습니다. '민족≠국가'라는 어긋남이 존재하는 것입니다. 따라서 분단 이후 통일국가의 자리를 차지하기 위해 남쪽의 국가와 북쪽의 국가는 서로 경쟁할 수밖에 없었습니다. 남과 북의 정통성 경쟁은 남북 두 국가가 민족의 '대표' 자리를 놓고 벌이는 경쟁을 의미합니다.

특히 한국전쟁 이후 전쟁의 공포와 상처가 각종 국가 행사나 대규모 캠페인을 통해서 끊임없이 환기되며 남북의 적대성을 만들어 온 원인이었습니다. 월남 파병, 북한의 무장 게릴라 침투, 팀스피리트 군사훈련 등 남북은 서로 적대적인 대치를 통해서 상대를 '적'으로 규정하고 자신의 정통성을 확보해 왔습니다. 심지어 남과 북은 서로를 '괴뢰 집단'으로 규정하고 내부의 체제 비판자들을 '간첩'으로 몰아 제거하면서 독재 권력을 강화하는 수단으로 삼기도 했습니다. '북풍'이니 '총풍'이니 하는 이야기도 이와 같은 남북의 적대성을 이용한 남북 내부의 정치를 보여줍니다.

남의 유신 체제나 북의 유일 체제는 서로 닮았습니다. 남과 북은 각각 '반공'과 '반미'를 내세우면서 집단적으로 군중을 동원했습니다. 남쪽의 유신 체제가 '한국적 민주주의'를 내세운 것처럼 북쪽도 '주체 사

일러두기

1.21 **사태**

1968년 1월 21일 북한 민족보위성 정찰국 소속의 무장게릴라들이 청와대를 습격하기 위하여 서울 세검정고개까지 침투하였던 사건을 말한다. 그러나 이들은 세검정고개의 자하문을 통과하려 비상근무 중이던 경찰의 불심검문을 받고 그들의 정체가 드러나자 검문경찰들에게 수류탄을 던지고 기관단총을 무차별 난사하는 한편, 그곳을 지나던 시내버스에도 수류탄을 던져 귀가하던 많은 시민들이 살상당하였다. 군 · 경은 즉시 비상경계태세를 확립하고 현장으로 출동, 29명을 사살하고 1명을 생포하였다. 이 사건으로 많은 시민들이 인명피해를 입었다. 그날 유일하게 생포된 김신조는 그동안 김일성의 허위선전에 속아 살아왔음을 깨닫고 한국으로 귀순하였다. 이 사건을 계기로 정부는 북한의 비정규전에 대비하기 위한 향토예비군을 창설하였다.

출처: 두산백과

회주의'를 내세우면서 '유일영도체제'를 만들어 왔습니다. 따라서 남과 북의 정통성 경쟁은 서로를 '적'으로 규정함으로써 국민들을 통합하는 기제로 작용했으며, 지배 권력을 강화하는 수단으로 쓰여 왔습니다. 그에 따라 분단국가의 정통성 경쟁은 남북 주민들의 몸과 마음에 적대성을 아로새겨 놓았습니다.

적대성의 재생산과 분단의 아비투스

남과 북의 분단국가가 서로를 적으로 규정하면서 분단의 아비투스를 재생산하는 방식은 여러 가지입니다. 하지만 그중에서도 분단의 트라우마가 재생산된 가장 중요한 계기는 '한국전쟁'입니다. 여기서 분단의 트라우마는 분단의 아비투스와 만납니다. 한국전쟁은 남과 북의 주민들에게 가장 큰 공포를 유발하는 '트라우마적 사건'이었습니다. 그런데 한국전쟁과 같은 트라우마적 사건은 남과 북의 국가에 의해 끊임없이 환기되어 왔습니다.

남과 북은 한국전쟁과 같은 사건을 계속해서 상기시킵니다. 남은 북의 남침에 대한 공포를 불러일으키고, 북은 미국에 의한 북침을 늘 경계합니다. 그리고 한국전쟁이 멈춘 '휴전일'이 아니라 6월 25일 '개전일'을 기념하며 그날이 되면 다양한 행사들을 진행합니다. 그리하여 '북'은 남에게 동족상잔의 비극을 일으킨 '원수'이자 호시탐탐 남침을 노리는 전쟁광이 되며, '남'은 북에게 미제와 영합하여 조국을 팔아 넘기려고 하는 '괴뢰도당'이 됩니다.

게다가 남과 북은 집단적인 대중 동원과 학교 교육을 통해서 반복적으로 이와 같은 상호 적대성을 생산합니다. 그것은 각종 대회나 의례 행위를 통해서 반복됩니다. 반공 글짓기 대회와 집단 체조, 학교 의례와 카드섹션, 대규모 군사훈련과 핵무기 및 미사일 개발 등은 바로 이와 같은 적대성을 반복적으로 생산하는 양식들입니다. 예컨대 남쪽에서는 교련과 국민의례가 진행되었다면 북쪽에서는 군사 행진과 집단체조가 진행되었습니다. 따라서 남북의 적대성은 각종 의례나 행사들을 반복적으로 수행함으로써 사람들의 몸과 마음에 직접적으로 아로새겨지게 됩니다.

분단의 아비투스는 반사적으로 작동되어 사람들은 그것을 의식하지 않습니다. 마치 무릎을 망치로 때리면 다리가 올라가듯이 '북'을 떠올릴 때 그것은 반사적으로 '적대적 이미지'를 불러옵니다. 바로 여기에 분단 아비투스의 위험성이 있습니다. 분단의 아비투스가 작동하면 상호 대화나 합리적 토론은 더 이상 가능하지 않습니다. 왜냐하면 남에게 북은, 북에게 남은 무조건적으로 나의 생명과 안전을 위협하는 '파괴적인 타자'로 즉각 떠올려지기 때문입니다. 평상시에는 매우 이성적이고 합리적인 사람들조차 남북 관계에 대해서만 합리적인 토론이 불가능한 것은 바로 이 때문입니다.

사람의 통일: 우애의 아비투스 만들기

일반적으로 우리가 다른 사람과 대화를 하기 위해서는 서로 상대방의 주장에 귀를 기울이고 그 사람의 생각을 존중해야 합니다. 그러나 남북 관계에서 작동하는 분단의 아비투스는 이런 상호 존중과 개방적인 자세를 가질 수 없게 만듭니다. 따라서 남과 북이 함께 통일을 이루어가기 위해서는 우선적으로 자신에게 있는 분단의 아비투스를 끊임없이 반성적으로 성찰하면서 이를 극복하려는 자세를 가져야 합니다. 하지만 그것이 그리 쉬운 것은 아닙니다. 왜냐하면 분단의 아비투스는 앞의 사례에서 보듯이 '무의식적으로' 작동하기 때문에 나도 모르는 사이에 말려들 수밖에 없기 때문입니다.

그렇다면 어떻게 해야 할까요? 무엇보다도 먼저 남과 북의 적대성을 벗어나 남과 북이 모두 같은 민족이라는 관점에서 '우애'를 갖고 서로 바라볼 필요가 있습니다. 남과 북의 관계는 한국이 미국, 일본, 중국과 맺는 일반적인 국가 관계와 다릅니다. 한국과 미국, 일본이 맺는 관계는 국가와 국가의 관계이며 자기 국익을 최우선하는 외교적인 관계입니다. 하지만 남과 북의 관계는 이것을 벗어나 있습니다. 그것은 '하나의 민족'이라는 특별한 감정, 즉 우리는 하나의 가족이라는 감정과 같은 특별한 욕망이 작동하는 관계입니다. 그래서 남과 북이 합의한 〈남북기본합의서〉에서는 남과 북의 관계를 "나라와 나라 사이의 관계"가 아니라 "통일을 지향하는 과정에서 잠정적으로 형성되는 특수관계"라고 규정합니다.

남과 북이 통일을 향해 나아가기 위해서는 바로 이런 남북 관계의 독특성을 이해하고 이로부터 만남과 대화를 시작해야 합니다. 그리고 그렇게 되었을 때 '분단의 아비투스'는 더 이상 작동할 수 없습니다. 왜냐하면 형제들 사이의 복잡한 과거에도 불구하고 형제들은 함께 더불어 살아가야 하는 가족이기 때문입니다. '우애의 아비투스'는 바로 이런 '형제애'를 통해서 만들어집니다. 그것은 〈남북기본합의서〉(1991)에서 밝히듯이 '통일을 지향하는 관계'로 바꾸어 놓습니다. 따라서 분단의 아비투스를 우애의 아비투스로 바꾸는 것은 무엇보다도 먼저 우리 자세를 '적대성'에서 '형제애'로 바꾸면서 시작될 수밖에 없습니다.

'우애의 아비투스'는 '분단의 사회적 신체'를 '통일의 사회적 신체'로 바꾸는 것입니다. '아비투스'는 특정한 성향과 믿음의 체계입니다. 이해와 욕구가 다양한 개인들이 모여서 공동체를 이루고 그 공동체를 유지하기 위해서는 그 구성원들끼리 암묵적으로 공유하는 믿음과 성향의 체계가 필요합니다. 예를 들어 한국인들은 한국인들끼리만 공유하는 특별한 믿음과 가치의 체계가 있습니다. 이것은 미국인이나 영국인들의 체계와 다릅니다. 따라서 아비투스는 한 공동체를 유지하기 위해서 각 개인들이 가질 수밖에 없는 것입니다.

'분단의 아비투스'는 남북이 상호 적대성을 근거로 하여 만들어진 믿음과 성향의 체계입니다. 이와 달리 '우애의 아비투스'는 남북이 '민족애'를 기반으로 하여 통일을 이루어 가면서 남북 주민들 사이에서 형성되는 믿음과 성향의 체계라고 할 수 있습니다. 남과 북의 주민들이 공유하는 특별한 믿음과 성향의 체계를 만들고 그것을 모든 사람이 무의식적으로 행동할 수 있을 때 남과 북의 통일이 사람의 통일이 될 것입니다. 따라서 '사람의 통일'은 남과 북에 살고 있는 사람들이 서로 믿고 행동하는 약속을 만들어가는 것이라고 할 수 있습니다. 그렇다면 '우애의 아비투스'를 어떻게 만들어 가야 할까요? 그것은 바로 이어서 다루게 될 '민족공통성'을 만들어가는 것입니다.

일러두기

무의식

무의식(unconsciousness)은 말 그대로 'un'-의식(consciousness)이다. 따라서 무의식은 의식의 저편에 존재하며 의식에 의해 파악될 수 있는 것이 아니다. 의식은 우리의 감각이나 지각 작용을 그대로 인식하면서 이성적인 통제의 대상으로 만드는 기능을 수행한다. 반면 무의식은 의식의 영역 이면에 존재하기 때문에 이성의 통제를 벗어나 있다. 프로이트는 이런 무의식의 영역을 욕망의 억압과 관련하여 파악한 반면 아비투스를 말하고 있는 부르디외는 신체에 체현된 자동반사적인 행위양식과 관련하여 파악하고 있다.

'민족동질성'을 넘어 '민족공통성'으로

세계화에 따른 인구의 이동은 민족이라는 경계를 허물기만 하는 것이 아니라 오히려 강화시키기도 합니다. 세계화가 진행될수록 국가 간, 민족 간의 경쟁은 격화되기 때문입니다. 하지만 이때의 민족은 동질적인 것이 아닙니다. 흔히 우리는 민족을 단일한 언어와 혈통을 가진 집단으로 생각하는 경향이 있습니다. 그래서 민족 내부에 다른 언어를 사용하고 피부색이 다른 인종을 차별합니다. 하지만 민족 내부의 차이는 제거되어야 할 것이 아니라 오히려 우리들의 삶을 풍요롭게 만드는 것입니다. 민족공통성은 바로 이런 차이와 다름을 서로 가르치고 배우면서 만들어가는 것입니다.

과연 세계화는 민족의 경계를 허물고 있는가?

하나의 민족이 한 국가를 건설하는 바탕은 그 민족이 오랜 세월 동안 공유해 온 가치 · 정서 · 문화입니다. 그러나 우리 민족의 경우 분단으로 인해 가치 · 정서 · 문화가 많이 달라졌습니다. 따라서 통일은 새로운 역사, 남북으로 갈라져 살아온 사람들의 삶을 통합하여 새로운 공동체를 건설하는 것이라고 할 수 있습니다.

물론 어떤 사람들은 굳이 한 민족이 한 국가를 건설하고 살아야 하는지 의문을 제기하기도 합니다. 특히 어떤 사람들은 '탈민족'을 주장하면서 민족 통일을 이야기하는 것은 낡은 사고라고 비판합니다. 여기서 '탈민족'은 말 그대로 민족이라는 경계와 울타리를 벗어난다는 것을 의미합니다. 오늘날 세계화는 사람들로 하여금 자신이 태어난 곳이 아닌 다른 나라와 인종들 속에서 살아가게 합니다. 탈민족을 주장하는 사람들은 이러한 세계화 시대에 '민족'은 시대착오적인 개념이라고 비판합니다. 따라서 과거와 같은 민족이라는 경계, 울타리는 더 이상 유지될 수 없는 것처럼 보입니다.

하지만 이런 '탈민족'론은 비록 태어난 곳과 다른 곳에서 살아가고 있더라도 여전히 자신들의 조상이 살던 땅에 대해서만 느끼는 독특한 유대감을 무시하고 있습니다. '외국에 나가면 누구나 애국자가 된다'는 이야기가 있습니다. 이것은 사람들이 외국에 나가면 자신들의 고향에 대한 애착이 더욱 커진다는 것을 의미합니다. 또한 많은 사람은 경제적·문화적 이득을 위해 다른 나라로 나가지만 돈을 벌면 본국으로 돌아가고자 하는 '귀환의 욕망'을 가지고 있습니다. 바로 이런 점에서 세계화에 따른 인구의 이동이 민족이라는 경계나 울타리를 허물기만 하는 것은 아닙니다.

한반도 민족주의의 특수성: 역사적 국가

남과 북 사이에서 작동하는 서로 하나가 되려는 욕망은 서구에서 진행된 '민족국가' 양상과 근본적으로 다릅니다. 서구는 근대에 이르러 '민족국가'라는 상상의 정치공동체를 만들었습니다. 서구인들은 근대 이전까지만 하더라도 단일한 정치공동체를 가지고 있지 않았습니다. 하지만 한반도에는 적어도 고려 시대 이후부터 단일한 정치공동체를 유지해 온 '역사적 국가historical states'를 가지고 있었습니다. 게다가 사회문화적 통합 능력도 매우 높았습니다. 조선 시대의 정치적·문화적 영향력은 지역의 촌락까지 뻗어 있었습니다. 한국 사람들이 다른 나라 사람들에 비해 혈연적·문화적 유대감이 강한 것도 이 때문입니다.

그럼에도 한반도에서 근대 민족국가를 세우고자 하는 시도는 좌절

⋯> '저항적 민족주의'를 잘 보여주는 광복군 제1지대의 기념 사진(중국 산서성).

출처: 국사편찬위원회

되었습니다. 한반도의 근대화는 동양 삼국이 그러하듯이 서구 제국주의 열강의 침략과 함께 시작되었습니다. 한반도에서도 근대 민족국가를 세우기 위한 노력들이 있었습니다. 갑신정변(1884)과 갑오농민전쟁(1894) 등이 그런 시도들이었습니다. 하지만 대한제국(1897~1910)은 일본 제국주의에 의해 식민화됨으로써 무너졌습니다. 오랜 세월 동안 단일한 국가를 형성하고 살아온 한민족으로서는 받아들일 수 없는 일이었습니다. 만주 지역을 중심으로 한 무장투쟁 등 일제강점기에 강렬하게 전개된 독립운동은 이런 '저항적 민족주의'에 근거를 두고 있었습니다.

그러므로 한반도의 민족주의에는 두 가지의 특징이 있습니다. 첫째는 '역사적 국가'라는 오랜 경험에 토대를 두고 있다는 점입니다. 둘째는 제국주의에 저항하면서 민족국가를 건설하고자 하였으나 식민과 분단에서 드러나듯이 '민족=국가'의 열망이 '좌절된 민족주의'라는 점입니다. 따라서 한반도의 민족주의는 다른 어떤 나라와 지역의 민족주의보다 강렬하다고 할 수 있습니다. 좌절당한 욕망일수록 그 욕망은 더 강해지는 경향이 있기 때문입니다. 남과 북이 처음으로 통일 원칙에 대해 합의한 〈7 · 4 남북공동성명〉(1972)이 '민족'에서 출발하는 것도 이 때문입니다.

민족동질성론의 문제점 비판

한반도에서 통일론은 기본적으로 한국 민족주의의 특수성을 반영한 '우린 하나의 민족'이라는 민족동질성론에 근거를 둡니다. 이것은 북도 남도 마찬가지입니다. 그래서 통일이 반드시 되어야 하는 이유를 '우린 하나의 민족'이라는 점에서 찾습니다. 남과 북이 하나의 민족이라는 감정과 욕망을 가지고 있다는 것이 통일을 이루어 가는 힘이자 통일이 이루어질 수밖에 없는 이유라는 점은 분명합니다. 그러나 분단 이후 남북이 지속적으로 적대적 관계를 맺어 왔다는 점에서 보듯이 이런 민족동질성론은 문제를 가지고 있습니다.

민족동질성은 하나의 문화, 하나의 혈통이 과거로부터 지금까지 변하지 않고 이어져 오고 있다는 전제에서 출발합니다. 따라서 통일을 주장하는 사람들 가운데 일부는 이렇게 말합니다. '남북의 이질성을 극복하고 동질성을 회복하자'고 말입니다. 그런데 이렇게 말할 경우 '회복'이라는 단어는 마치 우리가 되돌아가야 할 어떤 것, 즉 민족적 원형이 있음을 전제합니다. 하지만 이렇게 되었을 때 '회복해야 할 민족적 원형'이 무엇인지 정하는 것이 문제가 됩니다. 남과 북은 각자 자신들의 가치 · 정서 · 문화가 민족적 원형이라고 주장합니다. 따라서 남과 북은 통일을 하자고 하면서도 서로 싸울 수밖에 없습니다.

또한 '민족적 원형이라는 것이 과연 존재하는가'도 물어볼 수 있습니다. 남쪽에서도 전라도와 경상도, 강원도와 충청도 등 지역마다 각기 조금씩 다른 문화가 있습니다. 게다가 제주도의 방언은 현재 우리

⋯▸ 일본 조선인학교에서 장구춤을 추고 있는 재일 조선인 학생들.

출처: 건국대학교 통일인문학연구단

일러두기

문화변용

둘 이상의 서로 다른 문화가 접촉하였을 때, 한쪽 또는 양쪽의 문화 형태에 변화가 일어나는 현상을 의미한다. 이때 변용은 부정적 의미를 지니고 있는 '변질'과는 달리, 서로 다른 문화가 접촉하였을 때 발생하는 자연스러운 현상이다.

들이 쉽게 이해하기 어렵습니다. 이러한 상황에서 어느 것이 과연 '민족적 원형'이라고 할 수 있을까요? 민족적 원형을 확정지을 수 없다는 점은 역사적 기원상으로도 그렇습니다. 과연 한민족의 민족적 원형은 무엇일까요? 샤머니즘일까요, 아니면 유교 문화일까요? 그중 어느 것 하나만 한민족적인 것이라고 할 수는 없습니다. 모두 한민족의 문화이면서도 동시에 순수하게 한민족의 문화이기만 한 것도 아닙니다. 일반적으로 말해 모든 문화는 다른 문화와의 접촉을 통해 변용됩니다. 우리의 문화 또한 마찬가지입니다. 그런데 민족동질성론은 이러한 문화 변용을 한민족의 순수한 문화를 변질시킨 것으로 이해합니다.

다소 극단적이지만 통일한반도에서 충분히 일어날 수 있는 코리언들의 만남을 상상해 봅시다. 만약 함경북도 무산에서 태어나 군대 제대 후에 구리 광산의 광부로 살아가는 김철수, 서울의 강남에서 태어나 미국으로 유학을 가서 뉴욕에서 증시분석가로 일하는 김철수, 강제이주의 설움을 간직한 할아버지 슬하에서 고려인으로 성장했지만 한국 말을 거의 못하는 카자흐스탄의 택시기사 김철수가 한 자리에서 만난다면 대체 이 세 사람의 민족동질성은 어디에서 어떻게 찾을 수 있을까요? 아마도 세 사람은 대화하면 할수록 이름과 피부색 이외에는 서로에게서 같은 것을 찾기 어렵지 않을까요?

민족공통성의 의미와 중요성

그렇다면 우리는 어디에서 '하나의 민족'이라는 특징을 찾아야 할까요? 20세기 철학자 비트겐슈타인의 '가족유사성family resemblance'이라는 개념이 있습니다. 우리는 일반적으로 가족 구성원들은 모두 닮았다고 생각합니다. 하지만 가족 구성원인 아버지, 어머니, 아들, 딸의 생김새가 모두 일치하는 것은 아닙니다. 아버지와 아들은 눈이 닮았지만 귀가 다르고, 어머니와 딸은 코가 닮았지만 입이 다르고, 아들과 딸은 얼굴형과 이마가 닮았지만 눈과 귀가 다릅니다. 따라서 그들은 '닮지 않았습니다.' 하지만 우리는 그들이 가족이라는 것을 알 수 있습니다. 그것은 각각의 부분적 닮음들이 중첩하여 전체적으로 닮음의 형상을 이루기 때문입니다. 여기서 닮음은 동일성이 아닙니다. 그것은 '차이'가 있는 닮음입니다. 이것을 비트겐슈타인은 '가족유사성'이라고 개념화하였습니다.

마찬가지로 코리언들 또한 그런 닮음의 중첩성을 가지고 있습니다. 한민족을 규정하는 것은 우리 말과 글을 사용한다는 한 가지 지표, 핏

일러두기

루드비히 비트겐슈타인
(Ludwig Wittgenstein)

오스트리아에서 태어난 철학자. 처음에는 항공공학에 뜻을 두었지만, 수학의 기초에 관심을 갖게 되어 프레게의 권유로 케임브리지의 버트란드 러셀 밑에서 공부한다. 제1차 대전 중에 써둔 메모에 기초하여 쓴 것이 『논리철학논고』(1921)이다. 이 책에서 철학의 주요한 문제는 모두 해결했다는 신념하에 한동안 철학을 떠나 있었지만, 1929년에 다시 철학으로 돌아왔다. 1939년부터 케임브리지 대학의 교수가 되었으며, 그의 수업은 많은 전설을 낳았다. 철학으로 돌아온 후 쓴 방대한 초고는 생전에는 전혀 출간되지 못하고 사후에 비로소 제자들의 손에 편집, 발간되었다. 그 가운데 가장 중요한 것은 『철학적 탐구』(1953)이다.

줄이 같다는 한 가지 지표, 문화가 같다는 한 가지 지표, 국가가 같다는 한 가지 지표로 이루어지지 않습니다. 재중 조선족은 우리말과 글을 가장 많이 쓰지만 자신들을 중국 국민이라고 생각합니다. 재일 조선인은 자신들을 코리언이라고 생각하면서 일본 국민이기를 거부하지만 우리말과 글을 포함하여 우리 문화에 익숙하지 않습니다. 그렇다면 누가 우리 민족이라고 할 수 있을까요? 사실 둘 다 우리 민족입니다. 코리언 디아스포라는 언어, 문화, 핏줄 모든 측면에서 코리언의 특성을 공유하고 있는 것은 아닙니다. 그럼에도 불구하고 그들은 마치 가족이 닮은 것처럼 언어의 닮음이나 문화의 닮음, 핏줄의 닮음 등 중첩된 닮음의 끈을 가지고 있습니다.

그렇다면 이렇게 겹치는 것들을 연결하면서 새로운 민족공통성을 만들어 갈 필요가 있습니다. 통일한반도는 '지금 여기에' 있는 것이 아니라 앞으로 건설되어야 할 미래의 고향입니다. 따라서 서로 다른 차이들을 배제하지 말아야 합니다. 오히려 통일한반도는 이런 차이들이 만나서 형성되는 새로운 정치공동체라고 할 수 있습니다. '공통성 commonality'은 바로 이와 같은 차이들이 만나서 공명하고, 이를 통해 서로의 정체성을 변화시켜 나감으로써 만들어집니다.

예를 들어 내가 특정한 사람을 만나서 친교를 나누고 우정을 쌓는 경우를 생각해 봅시다. 나와 그 사람은 원래 서로 다릅니다. 성장해 온 배경도 다르고 가치·정서·문화도 다릅니다. 그런데 서로 만나면서 이야기를 나누거나 심지어 다투면서 상대방을 이해하게 됩니다. 그리고 그렇게 이해의 폭이 넓어지면서 서로 공유하는 것도 그만큼 늘어나게 됩니다. 이때 둘 사이에서 공유하는 것은 내가 그 친구를 만나기 전에는 없던 것입니다. 이것은 둘이 만나서 새롭게 만들어낸 것입니다. 흔히들 말하는 '부부는 닮는다'는 말도 마찬가지입니다. 부부의 인연을 맺기 전에 두 사람은 서로 다릅니다. 하지만 부부는 오랜 시간 함

청소년을 위한 통일인문학

께 살아가면서 서로 달랐던 차이들을 이해하고 소통하며 새로운 정체성을 변화시켜 갑니다. 그리고 그런 변화들 속에서 서로 닮아가게 되는 것입니다. 공통성은 바로 이렇게 생성되는 것을 말합니다.

그러므로 '민족공통성national commonality'은 '이질성'을 제거하고 '동질성'을 회복하는 것이 아닙니다. 그것은 남과 북의 차이와 다름을 서로 가르치고 배우면서 새롭게 만들어 가는 것입니다. 통일한반도는 새롭게 건설되는 국가입니다. 따라서 이 국가의 이념과 헌법, 정신과 가치들은 통일을 이루는 과정 속에서 생성되는 것입니다. 요컨대 민족공통성은 나의 규칙이나 가치들을 내세우는 것이 아니라 상호 소통과 협력을 통해서 형성되는 것입니다. 물론 그러기 위해서는 남과 북이 서로 우애 있는 관계가 되어야 합니다. 분단의 트라우마와 아비투스를 극복하고자 하는 것도 바로 이 때문입니다.

「무산일기」를 통해서 본 우리 안의 타자들

가난한 영화감독 지망생은 절친이었던 탈북자 친구를 병으로 잃고 나서 한 편의 영화를 힘겹게 만들어 냅니다. 영화 「무산일기」(2011)는 그렇게 만들어진 독립영화이지만 세계의 수많은 영화제에서 상을 받았습니다. '무산'이라는 말은 북한의 지명이면서 동시에 한국에서 가난한 존재로 살아가는 사람들의 삶을 떠올리게 만듭니다.

→ 영화 「무산일기」의 포스터.

탈북자라는 이유로 제대로 된 일자리를 얻기 힘든 승철은 벽보를 붙이는 일로 먹고 사는데, 그에게 유일한 낙은 일요일마다 같은 교회에 다니는 숙영을 만나는 일입니다. 어느 날 승철은 숙영이 일하는 노래방에서 함께 일하게 됩니다. 그런데 숙영은 승철에게 교회에서 자신을 보면 모른 척 해달라고 매몰차게 이야기합니다. 한편 승철의 유일한 친구였던 경철은 탈북자 브로커 일이 잘못되어 도망자 신세가 되고 승철의 삶도 더 고달파집니다.

「무산일기」는 탈북자를 주인공으로 내세웠지만 그들의 삶에 대해서만 말하지는 않습니다. 영화는 함경북도 무산 출신의 탈북자가 한국에서 겪는 차별과 소외를 보여주며, 한국 사회의 비정한 현실과 우리가 낯선 이들을 대하는 방식을 되돌아보게 만듭니다. 영화를 통해 우리의 일상 속에서 차별받는 타자들은 없는지, 혹은 우리가 다른 누군가에게 그런 타자로 대접을 받는 것은 아닌지 생각해 보는 시간이 되면 좋겠습니다.

Q1. 탈북한 승철이에게 한국 생활은 왜 낯설고 외롭고 힘들었을까요?

Q2. 승철이는 한국 생활에 적응해 가면서 왜 점점 다른 사람이 되어갔을까요?

Q3. 이 영화를 통해 한국인의 삶의 방식과 탈북자를 새롭게 보게 되는 경험을 했다면 어떤 점에서 그런지 이야기해 봅시다.

활동 제목	「무산일기」를 통해서 본 우리 안의 타자들
활동 목표	사람들은 저마다 고정관념이나 편견이 있다. 그런 생각들을 솔직하게 표현해 보고 서로 토론하면서 자신을 객관적으로 바라볼 수 있는 훈련을 해보자.
활동 내용	북한 주민이나 탈북자, 해외동포들에 대해 우리가 갖고 있는 적개심이나 편견을 글이나 그림으로 표현해 보고, 그것을 발표한 후에 종이를 찢어 버리는 놀이를 해보자.
활동 방식	아래의 물음에 대한 답변을 자유롭게 적어보자. 1. '북한'이라는 말을 들으면 어떠한 것들이 떠오르나요? 2. 탈북자라고 하면 떠오르는 인물은 누구이며, 그 사람을 떠올릴 때 갖게 되는 느낌은 어떠한가요? 3. 일상생활 속에서 재중 조선족을 만날 때 어떤 생각이 드나요? 4. 재일 조선인이라고 하면 떠오르는 인물은 누구이며, 그 사람에 대해 어떠한 느낌이 드나요? 5. 재러 고려인에 대해서는 어떠한 점을 알고 있으며, 모른다면 그 이유는 무엇이라고 생각하나요? 6. 재미 한인이라는 말을 들으면 우선 떠오르는 것이 무엇이며, 그 이유는 무엇인가요? 자신의 답변을 친구들 앞에서 이야기하며, 자신이 왜 그러한 생각을 가지게 되었는지 이유를 말해 보자. 합리적이거나 객관적인 판단이 아니라고 생각되는 것들이 있다면, 발표가 모두 끝난 후 답변이 적힌 종이를 친구들과 함께 천천히 찢어보자. 부정적인 생각들이나 감정의 찌꺼기들과 함께.
참여 인원	개인 활동 및 발표
준비물	연습장, 필기도구

'닮은 듯, 닮지 않은, 닮은 것 같은' 우리의 공통성

영화 「언터처블(Untouchable): 1%의 우정」(2011)은 불의의 사고로 돌봐주는 사람이 없으면 아무것도 할 수 없는 전신불구의 상위 1% 백인 백만장자 필립과, 가진 것이라곤 건강한 신체가 전부인 하위 1% 무일푼 백수 흑인 청년 드리스가 만나서 일어나는 갈등과 우정의 이야기를 보여줍니다. 극과 극으로 달라서 전혀 어울릴 것 같지 않은 두 사람이 어떻게 서로에게 좋은 친구가 될 수 있었을까요? 이처럼 여러분들에겐 없으면 못 살 것 같은 아주 소중한 친구들이 있나요? 그런데 지금 내 곁

··· 영화 「언터처블」의 포스터.

의 친구와 어떤 과정을 거쳐 지금처럼 서로를 잘 이해하게 되었는지 가만히 생각해 보세요. 사람들은 처음 만날 때 서로의 함께 공유할 수 있는 부분들을 계속 발견하면서 점점 마음을 열어가며 친구 사이가 됩니다. 신기할 정도로 비슷한 부분이 많아서 친구가 될 수도 있지만, 그것보다 더 귀한 것은 서로의 차이를 이해하고 존중하면서 형성되어 가는 우정일 것입니다.

미래에 다가올 통일한반도에서 우리가 살아갈 삶도 마찬가지입니다. '공통성'은 동질성을 찾고 이질성을 폐기하는 과정이 아니라, 차이를 존중하며 이해하는 과정 속에서 새롭게 만들어지는 것입니다. 친구들과의 우정, 연인이나 부부의 사랑, 그리고 남북 주민들의 만남은 공통적인 것들을 만들어가는 진정한 통합의 과정 속에서 상생할 수 있고 서로 발전할 수 있는 계기를 마련할 수 있습니다.

여기서는 그러한 공통적인 것들이 실제로 어떻게 존재하는지를 가족의 얼굴 비교를 통해 직접 느껴보는 활동을 해보려고 합니다. 앞에서 설명한 '가족유사성' 개념을 실제로 재현해 보는 활동인 것이지요. 서로 다른 조건과 환경 속에서 오랫동안 떨어져 살아 온 한민족의 어울림은 이질적인 것들과 서로 닮은 것들이 함께 어우러져야 가능할 것입니다.

활동 제목	'닮은 듯, 닮지 않은, 닮은 것 같은' 우리의 공통성
활동 목표	민족공통성 개념을 쉽게 설명하기 위해 활용된 '가족유사성'을 '가면 놀이'의 형식으로 직접 체험해 보면서, 가족과 마찬가지로 한민족에게도 이미 정해져 있는 동질성이 아니라 서로 조금씩 닮아 있는 공통성이 있음을 발견해 보자.
활동 내용	쌍둥이가 아니라면 가족끼리 똑같이 생긴 경우는 없지만, 가족 밖의 다른 사람들을 만나게 되면 우리는 가족들의 얼굴이 서로 얼마나 닮았는지 비로소 알게 된다. '유사하지만 서로 같지는 않은' 가족들의 얼굴을 비교해 보면서, 여러 차이들이 모여서 새롭게 만들어지는 '민족공통성'을 이해해 보자.
활동 방식	① A4 용지 1장과 고무줄 2개를 이용하여 얼굴에 간단히 쓸 수 있는 가면 3개를 만든다. ② 각각의 가면을 '눈 부분만 크게 뚫린 것', '코 부분만 크게 뚫린 것', '입 부분만 크게 뚫린 것'으로 준비한다. ③ 가족들이 모두 모여 준비한 가면을 써보며 번갈아 사진을 찍는다. ④ 각각의 사진을 인화 또는 인쇄하여 눈, 코, 입을 가위로 오려낸 후, 다른 종이에 서로 조합하여 얼굴 모양으로 붙인다. 새롭게 만들어진 얼굴은 가족 구성원들 중에 누구를 닮았는지 이야기해 본다. ⑤ 친구들 앞에서 위의 자료를 이용하여 서로 닮은 듯 닮지 않았지만, 크게 보면 '가족'이라고 불릴 얼굴의 유사함에 대해 설명하면서 가족 소개를 해본다.
참여 인원	개인별 활동 및 발표
준비물	A4 용지, 고무줄, 칼, 가위, 풀

생각 열기

코리언 디아스포라'란 일제 강점기의 식민통치 때문에 한반도를 벗어나 이주하게 된 한민족의 후손들을 가리킵니다. 일본 제국주의가 식민지에서 벌였던 정치적인 탄압과 강제적인 수탈은 코리언들을 해외로 떠나도록 내몰았던 것이지요. 결과적으로 현재 코리언 디아스포라는 약 700만 명으로 추산되고 있으며, 이들의 절반 이상은 한반도 주변의 동아시아에 거주합니다. 현재 중국에서는 '조선족'이라 불리는 약 200만 명, 중앙아시아에는 '고려인'으로 불리는 약 50만 명, 일본에는 '재일 조선인' 또는 '자이니치'라 일컬어지는 약 80만 명의 코리언 디아스포라가 거주하고 있습니다.

그렇다면 같은 민족이지만 한반도를 떠난 코리언과 그 후손들인 코리언 디아스포라는 우리에게 어떤 의미를 지니고 있을까요? 최근 한반도의 통일을 고민하면서 코리언 디아스포라의 의미와 역할이 새롭게 주목을 받고 있습니다. 지금까지 대부분의 통일 논의에서 코리언 디아스포라는 제외되었고, 통일이란 남과 북의 문제로만 간주되어 왔던 것이 사실입니다.

코리언 디아스포라는 단순한 해외 이주민이 아니라 일제 식민지와 분단체제라는 역사적 경험을 남북의 주민들과 더불어 공유하고 있는 존재입니다. 그래서 분단을 극복하는 과제에서도 그들이 겪었던 다양한 경험은 민족의 개념을 확장하고 통일의 의미를 풍부하게 만드는 데 도움이 되는 것이지요. 또한 그들은 남북이 적대적으로 대립하는 한반도를 벗어나 제3국에 거주하면서 외부자의 시선에서 남북을 볼 수 있습니다. 그래서 비교적 중립적인 위치에서 남북 사람들 간의 갈등과 이해관계를 중재할 수 있습니다. '문화적 다양성'은 코리언 디아스포라가 가진 중요한 민족적 자원이기 때문이지요.

　나아가 코리언 디아스포라는 통일뿐만 아니라 동아시아의 평화 공존과 협력을 위해서도 중요한 역할을 수행할 수 있습니다. 통일 문제는 남북의 문제이면서 동시에 한반도 주변의 강대국들이 서로의 이해관계 속에서 관심을 갖고 있는 주제입니다. 코리언 디아스포라는 '분단 극복'과 '동아시아의 평화와 공존'이라는 두 가치를 연결하면서, 통일을 각국의 소통과 연대를 향한 과제로 만들어가는 데 기여할 수 있습니다.

⋯▶ 재중 조선족 출신인 장률 감독은 오늘날 코리언 디아스포라가 겪는 소외와 고난을 영화로 만들고 있다.
출처: 네이버 영화 정보

한반도를 넘어 전 세계 코리언의 통합

우리 민족 중 많은 사람들이 한반도를 떠나 살게 된 이유는 무엇일까요? 한반도를 둘러싸고 있는 중국, 일본, 구소련 지역에 코리언 디아스포라가 집중적으로 살고 있는 까닭은 무엇일까요? 코리언 디아스포라와 만나본 경험이 있나요? 있다면 그들과 대화를 하며 어떤 인상을 받았나요?

한국 중심의 사고방식 돌아보기

앞서 살펴봤듯이 새로운 통일론은 남북의 통일을 체제와 이념의 통일만으로 협소하게 생각하는 방식을 극복하기 위한 과정입니다. 바로 이런 점에서 대한민국 중심의 사고방식을 다시 한 번 곰곰이 생각해 볼 필요가 있습니다. 한국에만 해당하는 언어 · 문화 · 역사 등을 기준으로 코리언 디아스포라의 문화를 평가하려는 경향을 반성해야 합니다.

대한민국 중심적 사고방식은 전 세계 각지에 거주하는 코리언 디아스포라를 한국과 동일한 시각 속에서 규정하려고 합니다. 예컨대 이러한 사고방식은 코리언 디아스포라에게 한글 사용, 한반도의 풍속 유지, 한반도에 대한 귀속감 선택 여부를 확인하고자 합니다. 그래서 만약 그들에게 그러한 요소들이 보존되지 않을 경우 우리와 다른 이질적인 집단으로 규정해 버립니다. 대한민국 중심적 사고방식의 문제는 그러한 이질적인 집단에 대한 배타심과 차별 의식을 무의식적으로 드러낸다는 점입니다.

하지만 코리언 디아스포라는 자신들의 거주국에서 습득한 나름의 풍속과 가치 체계가 있어서 우리와 전적으로 같을 수 없습니다. 거주국의 역사적 조건과 주위 환경 속에서 생존과 적응을 위해 나름의 변화된 문화양식을 만들어 왔다는 뜻입니다. 따라서 한국인의 가치관과 생활문화를 기준으로 삼아 평가한다면 결코 코리언 디아스포라를 이해할 수 없습니다. 따라서 대한민국만의 시선으로 그들을 규정하면서 무시하거나 차별하지 않고, 수평적이고 대등한 관계 속에서 바라볼 필요가 있습니다.

그러기 위해선 우선 코리언 디아스포라의 고유한 특성을 먼저 이해해야만 합니다. 코리언 디아스포라는 고난으로 점철된 한반도의 역사가 낳은 비극적인 존재입니다. 각자 자신들의 환경에서 겪는 이산의 아픔, 남북 분단의 아픔, 거주국에서 받는 차별의 아픔은 모두 우리 민족이 현대사 속에서 감당할 수밖에 없던 공통의 문제입니다. 그래서 그 사람들의 삶과 고통이 우리의 삶과 고통과 서로 연결되어 있다는 깨달음은 새로운 미래를 이루어 가는 데 아주 중요한 요소입니다.

코리언 디아스포라와 함께 이루는 통일

대한민국 중심의 사고방식을 극복하기 위해서는 남북 주민과 세계 각국으로 흩어진 코리언 디아스포라가 모두 평등하다고 인식해야 합니다. 그러한 인식은 코리언 디아스포라가 할 수 있는 고유한 역할을 주목할 때 가능합니다. 특히 통일 문제가 대표적입니다. 이제껏 대부분의 한반도 통일 논의에서 코리언 디아스포라는 제외되었으며, 통일은 전적으로 남과 북의 문제로만 여겨진 것이 사실이기 때문입니다. 하지

일러두기

대한민국 중심주의

대한민국 중심주의란 탈북자나 코리언 디아스포라와의 관계맥락에서 대한민국 체제에 통용되는 가치와 문화를 기준으로 그들의 가치와 문화를 평가하려는 일체의 경향을 의미한다. 정치적으로는 냉전기에 훈육된 분단체제 중심적, 국가주의적 사고를 말한다. 문화적으로는 한국의 문화를 표준으로 삼아 코리언 디아스포라의 문화적 변용을 민족동질성의 훼손으로 파악하는 자문화 중심주의적 사고를 말한다. 나아가 경제적으로는 압축적 근대화 과정에서 체화된 경제주의적 사고를 가리킨다.

…제1회 코리언 디아스포라 영화제 수상작인 다큐 영화 「60만 번의 트라이」의 포스터와 한 장면.
출처: 네이버 영화 정보

만 통일은 단순히 남북 두 국가만의 문제가 아니라, 한민족 전체가 직면한 핵심 문제라고 할 수 있습니다.

한반도 주변에 거주하는 코리언 디아스포라의 문제는 일제 식민지 잔재 청산, 그리고 분단 극복의 문제와 깊이 연관되어 있습니다. 코리언 디아스포라는 단순한 해외 이주민이 아니라 일제 식민지와 분단 체제라는 역사적 경험을 남북 주민과 더불어 공유하는 존재입니다. 바로 그렇기에 분단 극복의 과제에 그들만의 역할을 담당할 수 있습니다.

또한 코리언 디아스포라는 남북의 적대성이 직접적으로 작동하는 곳을 벗어난 제3국에 거주하면서 외부자의 입장에서 남북을 볼 수 있습니다. 그래서 중립적인 위치에서 남북의 사람들을 중재할 수 있습니다. 디아스포라 특유의 '문화적 다양성'을 통해 교류와 소통을 매개하며 '민족공통성' 형성을 위한 풍부한 자원을 제공할 수 있습니다.

마지막으로 코리언 디아스포라는 동북아시아의 평화 공존을 위해서도 중요한 역할을 수행할 수 있습니다. 그들의 대부분은 분단과 직접적인 이해관계에 있는 미국·중국·일본·러시아 등에서 살고 있습니다. 또한 이러한 거주국에서의 문화적 접촉을 통해 나름의 사상적·문화적 변용을 만들어내고 있습니다. 따라서 코리언 디아스포라는 '분단 극복'과 '동북아시아의 평화와 공존'이라는 두 가치를 연결하는 존재입니다. 다시 말해 그들은 통일을 한반도에만 한정된 문제가 아니라 동아시아 각국의 소통과 연대를 향한 과제로 만드는 데 기여할 수 있는 위치에 있습니다.

코리언 전체의 민족적 합력 창출

앞에서도 말했듯이 통일은 단순히 남북한만의 문제가 아니라, 한민족 전체가 받은 상처를 극복하는 과정입니다. 따라서 이제 우리에게 필요한 것은 차별받고 소외된 코리언 디아스포라의 처지를 이해하자는 막연한 요청이 아니라, 남북의 분단을 넘어 한민족 전체가 통합해 가는 방향에 대한 고민입니다. 그것은 코리언 디아스포라와 민족적 합력을 이루는 것에 대한 새로운 문제 설정입니다.

민족적 합력은 한민족 구성원들 각자 거주국에서 어떤 방식으로 민족적 양식과 가치들을 변용하면서 한민족의 공통성을 이루는지에 관심을 갖는 것에서 출발합니다. 그들이 창조한 새로운 문화양식, 가치관, 풍속 등을 단순히 이질화된 형태로 폄훼할 것이 아니라, 한민족이 만들어 낸 새로운 문화적 자산으로 이해하고 포괄하려는 노력이 필요합니다.

또한 민족적 합력은 한민족 상호 간의 적극적인 소통과 배움을 통해서 새로운 민족적 연대의식을 형성하는 노력이라고도 할 수 있습니

일러두기

민족적 합력

물리학적 의미에서 '합력'이란 물체에 여러 가지 힘이 동시에 작용하고 있을 때, 각각의 힘의 합(벡터량)을 말한다. 따라서 '민족적 합력'이란 남북 주민과 코리언 디아스포라 모두의 문화적 역량 및 역사적 경험이 분단 극복의 동력으로 작용할 수 있도록 지혜롭게 그 힘을 모으는 것을 의미한다.

···→ 통일은 남, 북, 해외동포가 만나 민족적 합력을 창출하는 것이다.

다. 민족적 연대의식을 마련하기 위한 노력은 결국 한민족 전체가 공존하는 삶의 방식들을 새롭게 마련하는 데 목적이 있습니다. 그리고 이것이 곧 통일이 나아갈 방향이기도 합니다. 따라서 이러한 미래 지향적인 자세는 한민족 전체의 합력 창출에서 가장 중요한 기반이라고 할 수 있습니다.

마지막으로 민족적 합력은 한민족이 정착한 지역의 가치관과 생활문화에 대한 상호 인정과 동시에 그 속에서 각자의 정체성을 변모시켜 나가고자 하는 실천적 의지가 결합될 때야 비로소 가능합니다.

유라시아 대륙횡단철도와 코리언 네트워크

유라시아 대륙횡단철도는 시베리아 횡단철도와 이란과 중국을 잇는 노선 등을 포함하여 유라시아 대륙을 종횡하는 철도 노선 전체를 말한다. 이중에서 시베리아 횡단철도는 러시아가 운영하는 철도 노선이다. 러시아 모스크바부터 블라디보스토크까지의 구간을 연결하는데, 단일 노선으로는 세계 최장 거리의 철도로 그 길이는 무려 9,334km에 이른다. 역은 60여 개가 있으며 모스크바에서 블라디보스토크까지는 6박 7일이나 걸리는 대장정의 노선이다.

한반도 통일 이후 남한과 북한의 철길이 이어지고 북한의 철도와 시베리아 횡단 철도도 연결된다면 철도 여행을 통해 부산에서 서유럽까지도 갈 수 있게 된다. 이러한 철도 연결은 매우 큰 경제적 가치가 있다. 선박 운송이나 항공 운송 등의 물류 시스템보다 철도를 통한 물류 시스템이 더 경제적이다. 그런데 한반도의 분단이 극복된 후 얻을 수 있는 효과는 경제적인 부분에만 한정되지 않는다. 대륙에서 해양으로 돌출된 반도이면서도 분단으로 인해 고립된 섬처럼 존재하던 한반도가 철도를 통해 유라시아 대륙과 직접 연결되면 유라시아 문화권 전체와 더 밀접하게 여러 방면에서 교류할 여건이 마련되는 것이다. 또한 먼 곳에서 흩어져 살던 재러 고려인과 재중 조선족도 한반도와 더 쉽게 교류할 수 있을 것이다.

이처럼 사람과 사람 사이의 소통과 통합은 코리언 네트워크를 구성할 수 있는 조건이자 지향점이다. 통일 이후 우리가 맞게 될 여러 상황은 코리언 네트워크의 인적 교류를 활성화하고 코리언들의 상호 이해를 증진할 것이다. 한반도를 벗어나 코리언들이 자유롭게 만날 수 있는 미래의 통일한반도를 상상해 보면 흐뭇한 미소를 짓게 된다. 오늘 점심은 평양에서, 내일 점심은 압록강에서, 모레 점심은 바이칼 호수에서!

통일 시대 이후 부산에서 출발한 기차가 유럽의 끝까지 갈 수 있는 유라시아 대륙횡단열차를 타는 상상을 해보면서, 그 과정에서 한민족이 겪은 역사의 아픔이 서려 있는 장소를 이해해 보자.

코리언 네트워크의 형성과 통일한반도의 세계사적 비전

통일은 남북 주민들 간의 다각적인 의사소통과 연대의 확대를 모색하면서 서로 다른 생각을 가진 사람들이 합의하는 과정입니다. 소통 · 치유 · 통합의 가치를 지향하는 한반도의 통일은 평화와 연대라는 세계사적인 의미를 띠는 이정표가 될 것입니다.

한반도 통일의 새로운 비전

70년 가까이 서로 만나지 못한 남북한 주민들이나 세계 각지에 흩어져 사는 코리언 디아스포라가 함께 공유할 수 있는 규칙이나 원칙은 미리 주어지는 것은 결코 아닐 것입니다. 그것은 한민족 전체의 평화로운 공존과 통일을 위한 노력 속에서만 비로소 새롭게 구축될 수 있습니다. 새롭게 형성되는 규칙과 원칙 속에서 이루어지는 한반도 통일은 분단과 전쟁으로 대표되는 한반도의 아픈 과거사를 극복하고, 한민족 전체가 행복하게 살 수 있는 새로운 전망을 제공할 것입니다.

분단 이후 체제가 달라지면서 발생한 반통일의 정서, 한국전쟁으로 야기된 적대 감정, 경제적 격차에서 나온 괴리감, 이산가족의 상처 등은 고스란히 분단의 상처로 민족 개개인의 마음에 남아 있습니다. 그리고 우리 사회 내부에 서로에 대한 미움 역시 집단적으로 내면화하고 각인되어 있습니다. 따라서 통일은 궁극적으로 분단의 상처와 이념

⋯→ 실화를 바탕으로 세계대회에서 탁구 '남북 단일팀'이 서로 차이를 이해해 나가며 교감하고
소통하는 과정을 그린 영화 「코리아」.
출처: 네이버 영화 정보

적 적대를 극복하는 데 기여할 것입니다.

또한 한국 사회는 최근 결혼 이민자와 이주 노동자가 증가하면서 인
종적 · 문화적 다양성이 증가하고 있습니다. 그런데 외국인 이주민에
대한 한국 사회의 문화적 · 인종적인 선입견과 편견이 큰 문제로 대두
하고 있습니다. 하지만 우리가 앞서 살펴봤듯이 통일의 길을 열어 줄
민족정체성에 대한 새로운 인식을 통해 이러한 다문화적 상황에서 흔
히 생기기 쉬운 배타적 민족주의를 반성할 수 있습니다. 그리고 궁극
적으로 우리 사회 내 다양한 문화를 인정하고 존중하면서 그들과 공
존하는 데 기여할 수 있습니다.

마지막으로 통일 논의는 정부 차원의 성명이나 입장 표명에만 국한
되어서는 안 될 것입니다. 양쪽 주민 집단의 의사를 반영하고 동의를
얻는 민주적 절차가 반드시 필요합니다. 이런 점에서 통일은 새로운
정치공동체에 참여할 시민들이 자발적으로 주체가 되어 자신들의 의
지로 새로운 질서를 세우는 과정이라고 할 수 있습니다. 통일은 결국
남북 주민들 간의 다각적인 민간 교류를 통해 의사소통과 연대의 확

대를 모색하면서 서로 다른 생각을 합의하는 과정이라고 할 수 있습니다. 이처럼 남북 주민이 주체가 되어 통일을 이루는 과정은 남북 주민들의 민주적 역량 강화에 기여할 수 있습니다.

통일한반도의 세계사적 비전

누누이 설명했듯이 단순히 한반도에 거주하는 사람들만의 문제가 아니라 한민족 전체를 포함하는 문제입니다. 지역적으로 볼 때 통일은 한반도라는 지리적 공간만이 아니라 동북아시아 전체를 포괄하는 문제라고 할 수 있습니다. 다시 말해 통일한반도는 작게는 동아시아, 넓게는 세계사적인 의의가 있는 사건입니다. 남북 분단과 통일의 문제는 동아시아를 중심으로 형성되는 국제 관계와 뒤엉켜 있기에, 통일의 가치는 좁게는 동아시아적 맥락에서, 넓게는 세계사적 맥락에서 이해되기 때문입니다.

우선 통일한국에서 우리는 국력의 신장이나 경제적 가치뿐만 아니라 소통을 통한 상생과 공존을 발견할 수 있습니다. 또한 동아시아 전체에 평화로운 가치관을 확산시킬 수 있습니다. 더욱이 전 세계적으로도 현대 사회에 반드시 필요한 평화의 한 모델을 제공할 것입니다.

실제로 통일은 남북한 주민들이 현 단계보다 나은 인간다운 삶을 누릴 수 있도록 하는 일입니다. 그런데 '인간다운 삶'은 평화, 인권, 생태, 민주주의와 같은 보편적 가치를 실현할 때 비로소 가능합니다. 이렇게 보면 한반도 통일이 전 세계에 제시하는 전망은 분명합니다. 통일은 결국 세계의 연대와 평화라는 역사적이며 상징적인 의미를 띠는 이정표가 될 것입니다. 지금까지의 한반도는 고난의 역사로 점철된 갈등과 긴장의 땅이었습니다. 그러나 평화로운 통일 시대로 나아가게 된다면

청소년을 위한 통일인문학

한반도는 소통 · 치유 · 통합의 가치가 세계사적으로 실현되는 대표적
인 공간으로 자리매김할 수 있을 것입니다.

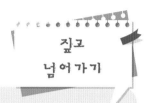

짚고
넘어가기

통일 언제 될까?

통일 언제 될까?
아무도 그 날 그 때는 모른다.
모르기 때문에 날마다 대기 태세
우리가 할 일만 어서 바삐 하는 것이 문제다.
어서 회개해야지.
가난과 압박 없어야지.
우리의 자아 발견을 해야지.
쉬지 않고 기도해야지.
오천 년 긴 역사에
이루 헬 수 없는 희생내고
다듬어 낸 이 말.
이 도덕,
이 예술,
이 믿음을 건지기 위해
어서 한 나에 돌아가기를 눈물로 빌어야지.
또 막혔던 담 무너지고
손에 손을 서로 잡는 날
모든 부문에 있어서
어떻게 할 것을 미리 짜두어야지.

출처: 함석헌, 『함석헌 전집 17 민족통일의 길』(한길사, 1984) 중에서

'통일한반도'를 무한 상상해 보자!

통일한반도에서는 그동안 우리가 상상해 보지 못했던 일도 일어날 것이고, 온 민족이 힘을 합쳐 함께 헤쳐나가야 할 여러 가지 고난도 생길 수 있을 것입니다. 통일한국에 대한 무한한 상상력을 펼치는 것은 현실의 분단을 극복하는 데 도움이 될 것입니다.

⋯→ 태양을 품은 한반도

통일한반도에서 학생들은 백두산에서 한라산까지 원하는 대로 수학여행을 갈 수도 있고, 멀리 유럽까지 연결된 유라시아 횡단철도를 타고 세계여행을 떠날 수도 있을 것입니다. 여러 나라에서 태어나고 자란 친구들이 함께 어울려 살면서 서로 다른 문화가 공존할 수 있는 토대가 마련될 수 있지만, 예기치 못한 사회적 갈등과 문화적 충돌도 발생할 수도 있지요. 분단 시대만큼 국방력에 많은 예산을 지출하지 않아도 되니 복지 예산도 늘어날 수 있을 것이구요.

여기에서는 이러한 '통일한반도에서 일어날 수 있는 여러 가지 상황이나 일', '서로 다른 사람들이 어울려 살아가기 위해 필요한 방안', '통일한반도에서 생겨날 사회적 갈등을 조정할 수 있는 정책'을 상상해 봅시다. '통일 이후'에 대해 적극적으로 상상하고 준비하는 것은 진정한 한민족의 통합으로 나아가는 데 아주 중요한 요소이니까요.

활동 제목	'통일한반도'를 무한 상상해 보자!
활동 목표	통일한반도에서 코리언 네트워크가 보다 활발해지면 중요하게 부각되거나 필요해질 정책, 각 기관의 역할을 자유롭게 생각해 보자.
활동 내용	미래의 어느 날, 남북이 서로 자유롭게 왕래할 수 있을 만큼 통일이 되었지만, 한민족의 진정한 통합으로 나아가기 위해서는 아직 갈 길이 멀다고 생각해 보자. 사회 곳곳에서 여러 가지 '통일 후유증'이 발생하고 있으며, 서로 너무나도 다르게 살아왔던 집단이나 개인 사이의 갈등이 일어나고 있는 상황이다. 이런 상황에서 여러분이 대통령의 자문 집단의 역할을 수행하게 되었다면, '통일 후유증'에 대응하기 위해 어떤 대책 및 방안이 필요할까? 또 그 일을 추진하기 위해 어떤 기관이나 부서가 필요할까?
활동 방식	① 대통령 역할을 할 학생을 선정하여 가상 국정회의의 진행자를 맡긴다. 대통령은 현재 통일한반도에서 일어나고 있는 사회적 갈등이나 예상되는 문화적 충돌 같은 문제점 등을 해결할 방안에 대한 자문을 구한다. ② 각 모둠에서는 여러 가지 아이디어를 모으고 토의를 통해 핵심적인 문제 상황들의 원인과 조건에 대해 정리한다. 그리고 그에 대한 합당한 대책이나 정책을 생산하여 그 일을 담당할 기관이나 부서를 모색해 본다. 〈통일한반도 대통령 자문단의 정책 제안〉 ▶ 모둠 이름: ▶ 제목: ▶ 문제 상황의 원인과 상태: ▶ 그 문제에 관한 대책 및 방안: ▶ 구체적인 정책으로 만들기 위해 필요한 것들: ③ 각 모둠은 대통령과 다른 집단을 상대로 통일한반도가 겪고 있는 문제와 해결 방법이 지닌 장점에 대해 설명한다. 다른 모둠의 발표 내용에 대해 서로 평가를 해주며 토론한다. ④ 대통령은 국정 회의를 통해 통일한반도에 관한 각 모둠의 발표를 종합하고 의견들을 조율하여 각 문제에 대한 실질적인 대책에 대해 정리한다.
참여 인원	모둠별 토론 및 발표
준비물	연습장, 필기도구

통일한반도를 위한 가치관 경매

지금까지 공부하며 했던 생각들을 떠올려보며, 한반도가 통일되었을 때를 상상해 보면서 자신이 가장 소중히 여기는 사회적·미래적 가치들이 무엇인지 '경매'라는 방식을 통해 알아봅시다. 친구들과 할 수 있는 이 놀이 과정을 통해 공동체 문제에서 자신이 우선순위에 두는 것이 무엇인지 알아가면서 스스로의 가치관을 점검해 볼 수 있을 것입니다. 자신이 통일한반도에서 정책을 추진할 수 있는 정치나 관료라고 상상하며 가치관 경매에 적극적으로 참여하길 바랍니다.

친구들과의 가치관 경매 게임은 이렇게 진행됩니다.

1. 우선 경매를 진행할 경매사를 뽑아 주세요. (경매사들이 하듯이 낙찰가를 알릴 수 있는 나무망치가 있으면 더 좋겠지요.)

2. 참여 인원은 많아도 10명을 넘지 않는 것이 좋을 것입니다.

3. 경매에 참여하는 사람들은 1인당 사용할 수 있는 금액을 1천만 원으로 똑같이 설정합니다. 참여자들은 이 금액 내에서만 경매가를 지불할 수 있습니다.

자, 이제 경매 과정이 모두 끝났나요? 친구들과 함께 돌아가면서 자신은 어떤 가치관을 낙찰받았는지, 경매에 참여할 수 있는 금액은 얼마나 남았는지 이야기를 나누어 보세요. 어떤가요? 자신이 앞으로 살고 싶은 나라, 내가 원하는 통일한반도의 모습이 보다 선명하게 그려지시나요? 그 모든 가치들은 여러분들의 마음속에만 있으면 단지 '꿈'으로 묻혀버리겠지만, 민족 구성원들이 함께 지혜를 모아 합의하고 추구하는 가치가 된다면 미래에 다가올 통일한반도에서는 '현실'이 될 것입니다.

질문 및 가치관	경매 참여 여부	나의 응찰 가격	낙찰 가격	낙찰자
1. 통일된 한반도에서 추구해야 할 가장 중요한 가치는 무엇이라고 생각하십니까?				
정치적 자유의 보장				
확대된 복지정책				
보편적 인권의 보장				
공평한 법의 적용				
생태 친화적인 삶				
강력한 국방력				
국민들의 생명 보호				
교육에 대한 무상지원				
차별 받지 않는 기회의 평등				
2. 통일한반도가 나아가야 할 방향은 어떤 것이라고 생각하십니까?				
세계적인 경제 강국				
문화선진국				
주변 나라들과의 협력 및 공존				
해외 동포들과의 연대 강화				
분단시대의 상처 치유				
첨단분야 산업의 활성화				
통일된 국가의 자부심을 바탕으로 한 관광대국				
인권과 평화를 존중하는 국가				
자연환경의 보존과 관리				

청소년을 위한
통일인문학

1판 1쇄 발행 2015년 5월 20일
2판 1쇄 발행 2017년 5월 20일

지은이 | 건국대학교 통일인문학연구단
펴낸이 | 조영남
펴낸곳 | 알렙
디자인 | (주)디플랜네트워크

출판등록 | 2009년 11월 19일 제313-2010-132호
주소 | 경기도 고양시 일산서구 중앙로 1455 대우시티프라자 715호
전자우편 | alephbook@naver.com
전화 | 02-325-2015
팩스 | 02-325-2016

ISBN 978-89-97779-50-5   43340

이 책은 2009년 정부(교육과학기술부)의 재원으로 한국연구재단의 지원을 받아 연구한 결과입니다.(NRF-2009-361-A00008)

이 도서의 국립중앙도서관 출판예정도서목록(CIP)은 서지정보유통지원시스템 홈페이지(http://seoji.nl.go.kr)와 국가자료공동목록 시스템(http://www.nl.go.kr/kolisnet)에서 이용하실 수 있습니다.(CIP제어번호: CIP2015014211)